高等职业教育"十三五"规划教材
高等职业教育传统文化精品教材

天府文化

余晓萍　徐　溦　著

东北师范大学出版社

图书在版编目（CIP）数据

天府文化 / 余晓萍，徐潋著 . -- 长春：东北师范
大学出版社，2019.2（2021.10 重印）
ISBN 978 - 7 - 5681 - 5499 - 4

Ⅰ . ①天… Ⅱ . ①余… ②徐… Ⅲ . ①地方文
化—成都 Ⅳ . ① G127.711

中国版本图书馆 CIP 数据核字（2019）第 032297 号

东北师范大学出版社出版发行
长春净月经济开发区金宝街 118 号（邮政编码 :130117）
电话 :0431—84568084
传真 :0431—84568203
网址 :http : // www.nenup.com
四川煤田地质制图印刷厂
成都市草堂寺西侧青华街
2019 年 2 月第 1 版　2021 年 10 月第 2 次印刷
幅面尺寸 :185mm×260mm　印张 :12.5　字数 :315 千

定价 :45.00 元
如发现印装质量问题，影响阅读，可直接与承印厂联系调换

前 言

《华阳国志·蜀志》有记曰："蜀沃野千里，号为陆海……水旱从人，不知饥馑，时无荒年，天下谓之天府也。"诸葛亮在《隆中对》中曰："益州险塞，沃野千里，天府之土。"

在我国四川盆地西部，有一片西南地区最大的河流冲积平原——成都平原，这片土地地阜物丰，灌溉自如，人杰地灵，被誉为"天府之国"，是古蜀文明重要的发祥地，孕育出开明、乐观、悠长厚重、独具魅力的天府文化。

本书分十一章介绍了天府文化起源与发展历程、文化特质、宗教、科学技术、民风民俗、名都名城、名人古迹等方面的内容，史实准确，文字精练，图文并茂，通俗易懂。具体内容如下：

第一章，"天府文化的起源、发展历程及特质"。主要讲述了古蜀文明的兴衰史、古蜀文化区的形成阶段、传承巴蜀文化，发展天府文化、文化特质等内容。

第二章，"水润天府：都江堰与古蜀水文化"。主要介绍了成都著名的水利工程——都江堰与古蜀水文化方面的内容。

第三章，"剑门雄关：金牛古道"。主要讲述了蜀道的发展由来及蜀道对天府文明传播的重要作用。

第四章，"绝代风华：天府历史名人"。主要讲述了天府历代名人及其事迹。

第五章，"蜀学之盛，冠天下而垂无穷"。主要从学术和思想学派等方面概述了蜀学在中国学术方面的发展历程，显现蜀学的地域特色及蜀学方面的成就。

第六章，"天府艺术"。主要介绍了川剧、蜀锦、蜀绣、漆器、银丝工艺品等。

第七章，"天府移民文化和方言文化"。主要介绍了移民文化和方言文化的演变和发展。

第八章，"仙乡禅源：天府佛道文化"。主要介绍了道教和佛教在天府的发展与文化传播。

第九章，"'食'在天府"。主要从四川的菜、酒、茶及火锅等方面介绍了天府的饮食文化。

第十章，"天府人文旅游"。主要介绍了三星堆、金沙遗址、武侯祠等名胜古迹。

第十一章，"传承创新天府文化，建设世界文化名城"。主要介绍了文学中的成都以及天府历史上的突出成就。

本书在编写过程中受时间、编者水平及其他条件的限制，难免存在疏漏和不足之处，恳请各位专家、同仁及读者批评指正，有待日后加以补充和完善。

编　者

目 录

第一章　天府文化的起源、发展历程及特质

第一节　天府文化的起源

位于成都西北部的岷江，水源丰富，滚滚向前。2000 多年前，李冰父子在此兴建都江堰水利工程，将丰富的岷江水引入成都平原。从此，成都平原告别洪荒，"水旱从人，不知饥馑"，泽被千秋，得"天府之国"之美誉。直至今天，"天府"之名仍是成都重要的城市符号。

说起巴蜀的源流，就不得不提到三星堆文化遗址，它以悠久的历史感和独特完美的艺术感受给我们留下了深刻的印象。作为巴蜀历史的一个重要见证，三星堆文化遗址的源头要追溯到 200 万年前在四川巫山居住着的古人类。当时的人使用石器在丛林中追逐猎物，从事原始劳动，为巴蜀地区古文明的发展拉开了序幕。经历了长期的人类智能积累和对大自然的改造后，大约在 4000 年前，巴蜀地区进入了文明社会，而三星堆文化就出现在这一时期。到了周朝，这一地区出现两个重要的国家——巴国和蜀国，后来被强秦征服。虽然这两个国家对当地文化的影响很大，但是它们很快被历史的洪流淹没了。它们的土地渐渐与中原融合、共生，成为其不可分割的部分，并在 2000 多年的历史长河中不断发生着各种变化。

一、原始社会

早在 200 万年以前，四川地区就出现了旧石器时代早期的史前人类文明。20 世纪 80 年代，我国考古人员在四川巫山县（今重庆市巫山县）的龙坪村龙骨坡发现一批古人类的内侧门齿和下颌骨骨骼化石。由于这些骨骼是在巫山县发现的，所以人类学家将其命名为"巫山人"。此外，考古学家还在四川省资阳市黄鳝溪发现了旧石器时代晚期的人类头骨化石。经古人类学家推测，这些古人类大约生活在 10 万年前。随后，考古学家又相继在四川境内发现了 3 处旧石器时代晚期的文化遗址，即铜梁旧石器遗址、鲤鱼桥旧石器遗址和富林文化遗址。

铜梁旧石器遗址位于四川省铜梁县西北（今重庆市铜梁区西北），鲤鱼桥旧石器遗址位于资阳市孙家坝。经科学仪器测定，这两处遗址上的居民是生活在距今约 25 万年前的原始人类。富林文化遗址位于大渡河与流沙河汇合处的四川汉源县，距今约有 2 万年历史。距今 7000~8000 年前，四川地区的原始居民逐渐进入新石器时期。这一时期的人类文明遗址聚集在东起长江三峡，西至大渡河，北达广元、阆中，南到西昌的广阔地区内，共发现 200 多处。在这些遗址中，具有代表性的是广元营盘梁文化遗址、大溪文化遗址和广汉三星堆文化遗址。

广元营盘梁文化遗址位于广元市东北部、四川与陕西交界处的中子铺附近，是我国长江流域首次发掘的、以细石器为特征的原始文化遗址，距今有 6000 多年历史。大溪文化遗址位于瞿塘峡以东、大溪与长江交汇处的台地上，距今有 5300 多年历史。后者早期属于母系氏族公社，晚期出现了父系氏族公社的萌芽。居民以农业生产为主，也从事渔猎活动，还出现了产品交换。广汉三星堆文化遗址位于广汉市南兴镇，遗址分布范围达 12 平方千米，是四川境内范围最大的一处文化遗址。1929 年春，当地农民在宅院旁挖水沟时发现了很多精美的玉器和石器，从此拉开了轰轰烈烈的三星堆考古发掘的序幕。此后，前华西大学美籍教授葛维汉和助手林名均与省、市考古研究所等相继对三星堆文化遗址进行发掘，整个发掘工作延续了半个多世纪。经考古发掘证实，三星堆遗址距今有 3000~5000 年，始于新石器晚期，延续到商末周初。在最初的考古发掘中还发现了大量原始木骨泥墙式房屋。

四川地区在原始社会产生的新石器时代文化，既与其他地区的人类发展轨迹相同，又具有不同的文化面貌，这就是当地独具特色的早期人类文明。

二、传说时期

经历了原始社会后，蜀地进入古史传说时期，这些传说包括蜀王世系传说和蜀先王的活动传说。古史传说时期相当于中原地区的夏、商、周时期。这一时期，居住在四川地区的上古先民在与大自然进行英勇搏斗以求生存、繁衍和发展的过程中创造了灿烂的上古文明，三星堆青铜文化和成都十二桥遗址就是典型的代表。

在广汉三星堆遗址中，考古人员发现了一段宽约 10 米、长约 40 米、高约 3 米的土埂，据推断是上古蜀人修筑的城墙。在城墙南侧还发现两个器物坑，坑内藏有数千件大型青铜像、青铜器物、黄金、玉石、象牙、海贝器物等。在成都十二桥遗址中，考古学家还发掘出规模宏大的木结构宫殿建筑群和一个三级四方礼仪土台。此外，还出土了许多陶器，其上都刻着类似文字的符号。这说明，在商周以前，四川地区就建立了奴隶制的国家，而这与古史传说中的三代蜀王——蚕丛、柏灌、鱼凫可能有很大关联性。他们当时是地处岷山与岷江河谷地区的蜀人部落的首领，于夏商时期迁徙到成都平原上，并建立了政权。

三代蜀王之后就进入传说时期的杜宇王朝。杜宇从云南地区进入成都平原，之后又同江源地区的首领梁利联合，并在当地人的支持下成为蜀国统治者。当时，杜宇还把蜀国的都城迁至汶山下的郫邑（今郫县城北，传说中的杜鹃城），后来又在牧马山（四川省双流区内）建立陪都。传说中，杜宇教民众从事农业生产，并发展了水稻种植。他是最早开发成都平原的功臣之一，深得人心，因此后世人将其奉为农神。

杜宇王朝采用中原的王位世袭制和职官制，且农业生产较发达，很快就成为当时西南地区的大国。其势力扩大到北至陕西汉中，南至四川凉山州和宜宾，西至岷山，东到嘉陵江的范围。这一时期相当于中原的西周时期，而商周时期的湖北西部地区和四川东部地区的清江流域，也出现了廪君建立的巴国政权；在汉江中游，也有势力比较强大的姬姓巴国。但是它们属于分散型的部落国家，没有组建成统一的巴国。随着杜宇王朝的逐渐强大，巴国慢慢被吞食掉。在杜宇氏族统治的后期，开明氏因治水有功受到蜀人拥戴，最终当上蜀王，建立开明王朝。这时巴、蜀两地已经统归蜀国，时间大约在公元前 7 世纪初的春秋时期。

1. 古蜀的原住民

羌族是中华民族大家庭中最古老的民族，也是巴蜀地域最古老的原住民。不过，上古时代的"羌"与现代意义的"羌"在内涵与外延上并不一致。现代的羌族，主要分布于四川省阿坝藏族羌族自治州的茂县、汶川、理县、黑水、松潘及绵阳北川羌族自治县等地，人口总计 20 万。而古代中国的"羌"，东汉的应劭在《风俗通义》中说："羌……主牧羊。故'羌'字从羊、人，因以为号。"台湾的民族与人类学学者王明珂先生在其《羌在汉藏之间——川西羌族的历史人类学研究》一书中写道：

> 华夏民族在形成的历史过程中，称呼西边的那些民族如西方牧羊人为"羌"……从族群理论出发来看，那时所谓的羌人是不可能形成共同的民族认同的。所以，历史上"羌"或"氐羌"的概念，一直是华夏心目中西方族群的概念。

那么，这一时期的羌人主要分布于何处呢？王明珂先生指出："根据卜辞地理研究，'羌'大致分布于豫西、晋南或陕西东部。"对王明珂先生的前半段认识，笔者表示赞同，但不认同他的后半段话——那就把"羌"的分布范围说得太窄小了。已故著名学者任乃强先生在《四川上古史新探》一书中曾有过大段表述，大意是：上古时的羌人乃分布于古康青藏大高原（包括今四川甘孜、阿坝两个自治州，青海省和西藏自治区的全部）的广大地域上，古羌是亚洲最早创造牧业文化和进入农业生产的族群。古史记载中关于"神农生于姜（羌）水""黄帝长于姬水""昌意降居若水""青阳降居江水""禹生于石纽"等传说所涉地段，在上古时期都属这一族群的地域。上古羌人向东进入中原，"与原住民的华族杂处，共同发展农业，从而孕育中华文化"。他们向东南从岷山而下，循岷江河谷进入四川盆地，进入成都平原，并在这一"进入"过程中形成蜀族。古代被称为"羌"的族群，其实乃是古巴蜀地域（今川渝地区）最古老的原住民。

2. 走出岷山的蚕丛氏

大约在距今 6000 年的时候，一部分古羌人开始向今松潘的镇江关与茂县的叠溪之间的岷江河谷迁徙。这一时期的古羌人仍以牧业为主（已开始少许农耕），也兼营狩猎和养殖。养殖的一项主要内容就是拾野蚕茧制锦与抽丝。《尔雅·释山》云："大山垣，属者峄，独者蜀。"孔颖达《尔雅·释山》疏曰："虫之孤独者蜀。是以山之孤独者亦名蜀也。""蜀"字在甲骨文中像虫形，为野蚕。因为古羌人经营野蚕，所以后人便将这一时期流动及居住于岷江河谷的羌人称为蜀山氏。蜀山，指岷江两岸的岷山山地。

蜀山氏时期经历了几百年至一千年。按古史传说讲，在蜀山氏后期，其氏族与中原黄帝部落联姻，岷江谷地的西陵氏（即蚕陵氏）之女嫘祖嫁给了黄帝为正妃（参见《史记·五帝本纪》）。这一时期，蜀山氏的一支在蜀山养殖业方面大致已从拾野蚕过渡到饲养家蚕阶段，即"聚（丛）野蚕于一器而采桑饲养"阶段——蚕丛氏阶段。所以，嫘祖大致是属于蜀山氏中蚕丛氏部落的女子。后来才有她教中原人民养蚕缫丝，并被奉为"蚕神"的传说。

黄帝与嫘祖联姻，说明距今约 5000 年前，中原华夏族已有人众进入岷江谷地；差不多同时或稍后，也有部分岷山系羌人走出巴蜀，进入黄河中下游流域。古巴蜀特别是古蜀地区，是中国（也是世界上）蚕桑业的一大发源地，抑或是第一发源地。我们在已出土的巴蜀器物中，发现有大量的蚕桑图画或文字；与此相应，巴蜀民间亦有不少关于蚕神（包括青衣神与马头娘）的种种记载与传说。这也可佐证古蜀地区蚕桑业历史的悠久，且是独立发生与发展的。任乃强先生在《四川上古史新探》一书里考证蚕丛氏的得名说：

丛者聚也（《说文》）。自聚为集，被聚为丛（丛，繁体作"叢"），故丛聚之字并从取。蚕丛氏始聚野蚕于一器而采桑饲养之，使便于管理。结茧于簇，则茧无遗佚。选蛾交配，则种可优良。产卵于皿，则卵不散乱而便于冬藏控制孵化。凡此种种，皆今世养蚕者遵奉之法而导始于聚饲者也。野蚕性不聚食，共初强之聚食，须经多次失败。迨其成功，则使制丝之术成为一次飞跃，故世遵行其法者敬之，颂为"蚕丛氏"。不言丛蚕而曰蚕丛者，羌语宾语在谓语后。盖其时蜀族仍为羌之一支，群羌称之如此。

邓少琴先生引《诗经·豳风·东山》的"蜎者蠋，蒸在桑野"指出："蠋（'蠋'通'蜀'）为野蚕，经蚕丛氏之驯养而为家蚕，此为古代蜀人大发明，故以蚕丛称之。"（《巴蜀史迹探索》）

蚕丛氏这一支系，我们姑且称之为"古羌—蜀族团"。这一支系，后来走出岷山，进入成都平原，建都立国。换言之，蚕丛氏乃是以后三星堆蜀人的正宗先祖。《华阳国志·蜀志》说：

> 有蜀侯蚕丛，其目纵，始称王。死，作石棺石椁，国人从之，故俗以石棺椁为纵目人冢也。

考古工作者曾在岷江上游发现不少石棺葬遗存。对此，王明珂先生指出："学者普遍认为代表春秋战国时期南迁之古羌人遗存，也就是岷江上游的'石棺葬文化'，此一当地古文化人群主要是葬于石棺的。"（《羌在汉藏之间——川西羌族的历史人类学研究》）

3. 鱼凫氏瞿上建都

《华阳国志·蜀志》中提到，蜀地在蚕丛氏之后是柏灌氏，然后为鱼凫氏。柏灌氏事迹不详。鱼凫氏，不少学者认为即《山海经》里的鱼妇氏。《山海经·大荒西经》说：

> 有鱼偏枯，名曰鱼妇。颛顼死即复苏。风道北来，天及大水泉，蛇乃化为鱼，是为鱼妇。颛顼死即复苏。

按《史记·五帝本纪》的说法，颛顼是黄帝之子昌意在蜀地若水（今雅砻江）娶蜀山氏女所生。另据郭璞引《淮南子·地形》注云："后稷垅在建木西，其人死复苏，其半鱼在其间。"后稷即弃，是帝喾（黄帝后裔）元妃姜嫄踏巨人脚印感孕所生之子，为周始祖。而从《山海经》和《淮南子》所记可以知晓，作为黄帝一脉的颛顼、后稷死后都化作了鱼神（半人半鱼之神）。这其实就是中华先民的一种以鱼为图腾的图腾神。

比较有趣的是，后稷之葬，在建木西，即成都平原。《山海经·海内西经》说："后稷之葬，山水环之，在氐国西。"对后稷葬所，郭璞注云："在广都之野。""广都"，又言"都广"。《华阳国志·蜀志》云：

> 广都县，郡（指成都）西三十里，元朔二年（前127）置，有盐井渔田之饶。

而后稷墓葬所毗邻的氐人国，也是一个鱼人国。《山海经·海内南经》说：

> 氐人国在建木西，其为人，人面而鱼身，无足。

神话传说反映出一定时期的社会经济和社会风貌。四川至今也是全国水资源最为丰富的地区之一，更不用说四五千年以前的远古时代了。按照任乃强先生的看法，在传说中的鱼凫时代,"成都平原还是一片水域,不可居人"(《四川上古史新探》)。也正是由于这个原因,羌——蜀部落中的一支才会从世居很久的茂汶盆地(在四川省茂县、汶川间)进入成都盆地来捕鱼,形成后人传说中的鱼妇(或鱼凫)——鱼人国(渔人国)。在维持旧业的基础上,这支渔人部落又"发觉这块湖沼未涸的沮洳地内,仍有局部的陇冈丘陵是可以住人的……从而开始在丘陇上试行耕种,逐步拓展,终于开辟了成都平原,以至于建成国家"。不用说,这支渔人部落先前在茂汶盆地居住时,大致也是以打鱼为生,并驯养鱼凫(今俗称"鱼鹰")的,而且很可能是以鱼和凫为图腾,以后又奉为始祖和神灵的。

在广汉三星堆遗址第二期至第四期上,人们发现大量类似鱼鹰的鸟头勺把,还发现雕刻有两对两两相背的鱼的金杖(不少人认为这是王族的权杖)、鱼形牙璋、长12.4厘米的青灰色鱼形玉佩与形似蚕茧、中穿孔,直径2.5厘米,长仅3厘米的陶质网坠模型,以及9件鱼形箔饰挂架和59件鱼形箔饰(均为铜质)。此外,在成都金沙遗址出土的金带(金冠带)上,也发现有与三星堆金杖一致的四鱼图案及数量较多的鱼形铜箔(应为挂饰)。它们正是这支鱼人(渔人)部落曾在成都平原建立过国家的实证。

《周易·井卦》有"井谷射鲋"句,李鼎祚在《周易集解》中说"鱼为阴物",所以《周易·剥卦》云:"六五,贯鱼以宫人宠,无不利。"其大意是,"六五"的皇后率后宫众嫔妃依照次序,鱼贯(像游鱼一样一个接一个地)而入,去接受君王的宠幸。《周易》之所以以鱼比女人,除因鱼的繁殖力强外,还由于鱼的轮廓形象(特别是双鱼轮廓形象)与女阴相似。所以,在古羌—蜀先民的鱼图腾崇拜里,包含十分明显的女阴崇拜——生殖崇拜的内容,这是不言而喻的。这样来看,我们对闻一多关于《诗经》里的"鱼是匹偶的隐语"的发覆之论便不得不点头称是了;至于对三星堆及金沙遗址出土的众多表现鱼意象的金、铜、玉器,我们亦可豁然释怀了。我们相信鱼凫氏时期的古蜀国上下已自觉或不自觉地开始重视人的生殖繁衍,期盼人丁兴旺,并将它作为古蜀国赖以发展壮大的首要前提。

古羌—蜀族团的鱼人(渔人)部落曾在湔江之滨的瞿上扎营建都。这支鱼人(渔人)部落以瞿上为中心,边打鱼边农耕,是为蜀族开垦成都平原之始。由于他们又是烛龙—蚕丛的后裔,所以还高扬着光明崇拜或称太阳崇拜的金乌的标识——双目炯炯、光芒四射的眼睛。他们的都城瞿上之"瞿",《说文》释为"鹰隼之视",正是鱼凫(鱼鹰)的象形。以后他们又开拓发展到更为富饶的广汉与成都金沙地区,在那里创造了称雄千载的三星堆—金沙文化。广汉在汉代甚或更早即称雒城。其中之"雒",《说文》释为"鵒鵋",是属鸥鸺类的猛禽,以双目鼓圆犀利为特征——从图腾学角度看,可视为对金乌—鱼凫的一种继承发展或是对二者的糅合,带有一种复合图腾的意味。三星堆遗址大量出土的不同类型的眼睛(包括纵目)造型、鸟造型(包括"鸟头勺把"),都可以与它对号入座。

4. 杜宇氏教民务农

《华阳国志·蜀志》说,在鱼凫之后,代之而起的杜宇王"教民务农,一号杜主……巴亦化其教而力农务,迄今(此指东晋)巴蜀民农时,先祀杜主君"。杜宇王是古蜀鱼凫王朝的最后一代国王,但他并不是蜀地原住民。《史记索引》引《蜀王本纪》说,杜宇是朱提人。任乃强先生在《四川上古史新探》里考证说,朱提"在今云南昭通,是万山丛中一幅海迹平原,海拔两千米以上的可耕之地……杜宇实华夏人亡命至朱提,实以农艺技术教朱提人,开发了一方农业文化"。而农业考古证明,云南的稻作文化与长江中下游的稻作文化同样灿烂悠久。

按来敏在《本蜀论》中的说法，杜宇是与江源（岷江河源）地区女子联姻而进入岷江河谷与成都平原的。《华阳国志·蜀志》则讲，那位江源（有人认为江源当为江原，即今崇州地区）女子名叫梁利，亦来自朱提。不管怎么说，在鱼凫之后，有一支外来部族进入蜀地，带来了云南先进的水稻栽培技术。而杜宇很有可能就是云南朱提人，是云南稻作文化的传播者。他带入蜀地的这支部族，当是农耕部族。正因为杜宇氏教民务农，带来了先进的、全新的生产方式，赢得蜀地人民的普遍尊重，从而顺理成章地进入鱼凫王朝的统治核心。

杜宇氏是古史传说中继"三代蜀王"——蚕丛、柏灌、鱼凫之后崛起并进入成都平原，加入古蜀统治集团的。他们不属于古羌（或氐羌）系统，而属于濮越系统。按当代民族学、人类学学者的看法，古濮越人属南蒙古利亚小种族，与我国古代华南居民人体特征接近，为扁宽鼻型，椎（魋）髻插筓（三星堆"祭祀坑"即出土有这种特征的青铜人面像）。《史记·西南夷列传》中提到云南高原上的古民族——南夷中的夜郎、靡莫、滇、邛都等都与杜宇氏同属濮越系统。三星堆"祭祀坑"中出土的大量青铜人及人头的面部特征，则以古羌系统的高直鼻型为多。他们主要为辫发，属北蒙古利亚小种族，与古代华北居民接近。三星堆二号坑中的大青铜立人像，便属高直鼻型，是古羌—蜀族团鱼凫氏王族的国王形象或巫师形象。但是，濮越系统的杜宇氏进入蜀国社会、进入鱼凫王朝统治集团，则说明当时古蜀社会的开放性，说明古蜀族团到后来已逐渐成为一个多元民族集合的族团。以后开明氏取代杜宇氏成为蜀国新的统治者，更是一个有力证明。

5. 开明氏入蜀治水

代替鱼凫—杜宇王朝的开明王鳖灵，据《蜀王本纪》说是荆人。任乃强先生在《华阳国志校补图注》里指出，鳖灵这位荆人，"即云梦大泽地区生长之人"。笔者揣测他不会孤身入蜀，而是因为荆地内部的矛盾斗争而率领族人溯长江而上，经巴地辗转入蜀，或者他们本身就是巴人的一支。按《华阳国志·蜀志》的记载，似乎"开明"才是这位荆人或巴人首领的名字，他的部族就称开明氏。

《山海经·海内西经》说，"昆仑之虚（墟）……面有九门，门有开明兽守之"；"开明兽，身大类虎而九首，皆人面，东向立昆仑上"。虚、墟，义同山岳、山丘。任乃强先生认为："鳖令（灵）氏族以开明兽为图腾，自丛帝开始。是用昆仑神兽之义，以示威灵也。"（《华阳国志校补图注》）据《山海经》中的《海内西经》《西次三经》《大荒西经》的说法，守卫昆仑山东方天门的开明兽，与守卫昆仑山黄帝下都的陆吾同为白虎神。

《后汉书·南蛮西南夷列传》还记有巴人祖先廪君在今湖北西部的清江地区射杀盐水女神，建立了以夷城为大本营的聚居地（大约可认为是最早的巴国）后，"廪君死，魂魄世为白虎。巴氏以虎饮人血，遂以人祠焉"。这段文字无疑认可白虎为巴人的图腾，因为它是廪君魂魄所化，与巴人有着血亲关系。

毋庸讳言，古代神话传说乃是原始人类幻想的、异己的、超自然的力量，具有很大的神秘性，倘若将它当作历史来读，自然是错误的，可是神话也绝非是不着边际的谬说。《山海经》一类的神话传说以及流传至今的包括羌族、彝族、土家族在内的各民族创世神话、始祖神话，可以帮助我们辨析远古图腾部落的分布、迁徙和融合情况，从中了解人类自发的原始宗教和信仰，以及生活、生产（包括人类自身的繁衍）与发展方式。曹振峰先生根据《山海经》的描述，以及羌族、土家族神话传说，结合考古发掘资料分析说，"远古时期，崇拜虎图腾的氐羌人，从古康青藏高原东迁北徙，进入黄河流域的中游和下游，一直到胶东半岛。有的进入冀、晋、内蒙古和辽河流域，分成了若干支系；有的保留着原始部族的独立性；有的与东方部族融合，构成了华夏部族；有的建立了《山海经》中所谓的"国家"；有的从嘉陵江上游沿长江而下，进入两湖和江浙一带水乡。留在西部的虎部族，又有若干独立的支系"国家"。有的因受其他强大部族的逼迫，向西藏和新疆的天山南北迁徙。最早进入中原的虎部族，率先从游牧向农耕转化，创造了仰韶文化；沿长江而下的部族，在江浙创造了良渚文化"（《中国民艺与中国虎文化》，载于《民间文学论坛》1990 年第 4 期）。

上古时期的巴人是以渔猎为生的族群。他们沿水而居，以船为家，死后亦以船为棺（或将棺椁制成船形）。张勋燎先生认为，"巴"就是"鱼"，"古代巴人以'巴'名族，是由于他们在生活中和鱼有着特别密切的关系，而又把'鱼'读作'巴'音的特点所致"。（《古代巴人的起源及其与蜀人、僚人的关系》，载《南方民族考古》第一辑）。所以，巴人不仅崇虎，而且崇鱼。这后一点则与古蜀鱼凫氏相近（成都商业街大型船棺、独木棺群，很可能是崇鱼或鱼凫的古蜀人、古巴人的共同遗存）。所以，开明氏在荆地待不下去了，便想溯长江西上，来投奔蜀人（如前所述，古巴人也属于古羌大系统，与古蜀人血缘相近）。因为他们经历过大江大湖，比蜀人更擅长作堤御水、凿沟泄洪，所以迅速获得蜀人信任，共同治理好了岷江水患，使得战国时期与蜀（及巴）相邻的秦、楚等国都对秦岭以南、三峡以西的这片沃土垂涎欲滴。《华阳国志·蜀志》记司马错、中尉田真黄对秦惠文王言："蜀……其国富饶，得其布帛金银，足给军用。"《战国策·楚策一》记张仪说楚王言："秦西有巴蜀，方船积粟。起于汶山，循江而下，至郢三千余里。舫船载卒，一舫载五十人与三月之粮，下水而浮……"古巴蜀特别是古蜀国那时的富足，乃是当地原住民羌—蜀族团与外来移民——杜宇氏和开明氏在数百年间携手开发、共同努力的结果，这当是不言自明的。商周时期自成一格、与中原文明同样辉煌的三星堆文明——成都文明正是接纳和吸收了来自四面八方的移民与移民智慧（在三星堆、金沙及十二桥遗址出土文物中，有比较明显的黄河流域、长江中下游流域史前文明因素，有中原夏、商、周文化因素与濮越文化、荆楚文化因素，甚至还有西亚及地中海、爱琴海文化因素），才在中华民族的发展史上书写下光芒四射的一章。

三、战国秦汉三国时期

开明王朝建立后，蜀王室为开拓疆土而发动战争。在激烈的征伐中，他们曾经攻打到了秦国的国都雍城（今陕西凤翔）。战国中期，为了争夺南郑（今陕西汉中）地区，蜀国与秦国曾发生多次战争。最终，蜀国得到了这一地区，成为威震西南的霸主。

大约前 4 世纪，开明帝仿效中原礼乐制度建立宗庙，并迁都成都。同属这一时期在夷水流域活动的巴人则到达川东地区，建立了规模较大的巴国，并实行君主世袭制度，其太子称巴王子。前 316 年，秦惠文王看中了巴蜀富足的人力和资源，想将其作为自己攻打楚国和统治其他国家的基础，于是派遣大夫张仪、司马错、都尉墨率兵伐蜀。经过短暂的征战，秦军攻占了蜀国的国都，蜀灭亡。

秦国统一巴蜀后，在当地设立了巴、蜀、汉中三郡，且都设有掌管本郡事务的郡守和辅佐郡守的武官郡尉。郡下设县，万户以上设令，不足万户设长，下面还有县丞和县尉，以辅佐令和长处理事务，少数民族较多的县则称为"道"。这些政治机构在巴蜀地区执行秦国的政令，使得此时的巴蜀逐渐进入封建社会。

在秦昭襄王统治时期，李冰担任秦国蜀郡守，到任后就开始建设农田水利设施和发展经济，如修建都江堰、开凿广都盐井、疏通成都附近的江河等，使川西平原的农业生产有了很大发展，社会经济繁荣，这一切都为秦统一六国提供了物质保障。秦统一六国后，将关中和六国的很多旧贵族迁到蜀地，使蜀地的工商业更为繁荣。巴蜀的郡守、县令也开始仿照咸阳建制兴建成都城，并在城内设置城防、粮仓以及盐官、铁官、市官等，还修筑道路。这些举措都促进了巴蜀地区经济和文化的发展，使得这一地区在汉代十分繁华。

到了西汉初期，封建统治者继续向巴蜀移民，当地经济持续发展，但文化还是比中原落后一些。汉景帝时期，文翁出任蜀郡守，到任后就开始在巴蜀兴办教育、创建官学，此后蜀地学风大盛。很快，巴郡和中郡也设立官学，发展本地教育和文化。汉武帝时期，封建统治者又开始开发巴蜀的西南地区，最终把西南地区归入汉朝的版图。西汉末年，公孙述占据益州，自立为蜀王，建都成都，割据一方。

东汉时期，四川再次被汉朝收复。东汉末年，地方割据势力纷起，而封建统治者的权力则日益衰弱，刘焉、刘璋父子割据四川。后来，四川被另一割据势力——刘备占领。221年，刘备在成都称帝，定国号汉，历史上称为蜀汉。当时，蜀汉政权的势力范围包括四川、云南的大部分，贵州全部，陕西汉中和甘肃的部分，并与当时的魏、吴形成三国鼎立的局面。蜀汉虽然在三国中的地域最小、国力最弱，但在丞相诸葛亮的精心治理下，社会经济得到很大发展。其间，蜀分别与魏、吴两国发生了一些战争，其中以蜀魏战争最为激烈。

秦汉三国时期，是巴蜀民族文化大融合、大发展的时代。这是一个动态的过程。首先，民族分布与构成大变。秦人主巴蜀后，大量外来移民进入，原世居成都平原的氏人等或外徙或汉化，并在西汉中期后逐渐形成了在平原和许多城镇以外来移民，即以后的汉族为主体的局面。其次，秦汉政府在巴蜀和对民族地区持续的开发建设，推动了民族经济的大交流、大发展。这一时期，一些地区、一些民族在文化观念上也有了显著变化，如从汉武帝开始推行的儒家文化等，在一定程度上影响了成都平原内部分民族的传统观念。

四、两晋隋唐时期

263年，蜀国被北方的魏国消灭。两年后，魏国的权臣司马炎取代魏王建立西晋。到了西晋后期，由于统治者的残酷剥削，四川爆发了大规模流民起义。306年，流民起义领袖之一的巴族首领李雄在成都称帝，定国号大成。至东晋时期，李雄的侄子李寿继位，改国号为汉，疆土东到三峡，南至南中，西到岷山，北至汉中。347年，东晋大将桓温征讨汉，很快就灭了李寿统治的汉王朝，四川又划归晋朝的版图。此后，四川地区历经东晋、前秦、谯纵，南朝的宋、齐、梁，北朝的西魏、北周8个政权的统治。在长达200多年的时间里，四川地区政局动荡、战乱频发，社会经济几乎处于停滞状态。隋统一全国后，隋文帝杨坚派儿子杨秀镇守蜀地，此后一直到唐朝，四川地区始终没有发生大规模的战争。社会局势的稳定使经济得到快速发展，四川经济很快进入强盛时期，成为唐朝赋税的支柱之一。安史之乱发生后，唐玄宗逃到了四川，此后的唐德宗和唐僖宗为了避难也都逃到了蜀地。正是由于这个缘故，唐朝统治者多派重臣、贵戚担任益州长史和剑南节度使等职，由他们来稳守四川。唐朝后期，朝廷的宰相主要从剑南三川节度使及淮南节度使中挑选。

据统计，自宪宗元和元年（806年）至僖宗乾符六年（879年）的70多年间，先后有40名曾担任过剑南三川节度使的人入朝为相。

907年，朱温废掉唐朝的皇帝建立后梁。很快，四川的王建和孟知祥也凭仗当地的财力和物资，先后建立了前蜀和后蜀政权。这两个割据政权在早期都采取休养生息的政策，努力发展农业，促使四川经济持续快速发展。但是，后期的统治者却改变了前期的政策。好在当时没有较大规模的战争，社会经济没有受到太大影响。

赵匡胤建立宋朝后，为了迅速统一全国，首先把攻占的目标锁定在经济发达的后蜀。964年，宋朝大军从剑门和三峡进川，仅仅两个多月就消灭了后蜀。

五、宋元明清时期

宋朝初期，统治者在四川大肆劫掠财物，引发多次武装反抗斗争。993年，四川大旱，但官府依然追缴赋税，很多农民破产，以王小波为首的数百名农民在青城起义，还提出了"均贫富"的口号。许多农民纷纷响应，起义军很快就发展到数万人，并一举攻占了青城县，此后又占领了邛、蜀各州县。当起义军攻江原县时，王小波牺牲，他的妻弟李顺被众人推举为起义军领袖。李顺继续大力推行"均贫富"措施，得到更多群众的热烈支持，起义很快就席卷了川西各地。

994年，起义军攻克成都，李顺在此称大蜀王，定年号为"应运"。这时起义军队伍已经扩大到数十万人，并分兵多路攻占了四川的许多州县。宋太宗得到消息后，派宦官王继恩率禁军前往镇压，后来又派雷有终为副将前往增援，宋军由此分两路进川。起义军阻击失利，成都很快失陷，李顺在征战中阵亡，起义军余部在首领张余等人的带领下继续同宋军战斗。995年，起义军彻底失败，四川等地重新划归宋朝版图。

南宋年间，四川发生了吴玠（1093—1139年，字晋卿，南宋抗金名将）领导的抗金战争，致使四川经济遭到巨大破坏。

元朝末年，明玉珍割据四川，建立大夏政权。1371年，朱元璋发兵攻占四川，消灭了该政权，将四川统一到明朝的版图中。但是明朝后期，阶级矛盾更加尖锐，农民起义不断发生，1506年发生了延续5年多的正德农民起义。这次农民起义的范围包括川南、川北、川东及川中等几十个府、州、县。紧接着，张献忠又率领农民起义。他带领农民起义军进入四川，并以成都为都城建立大西政权。起义军在全盛时期甚至占领了四川的大部分地区。

到了清代，清政府虽然在官制方面进行了规范，但是阶级矛盾与民族矛盾依然没有得到有效缓和。在清初的几十年时间里，四川地区一直处于战乱之中。后经过短暂的稳定，1796年又爆发以四川为中心的白莲教起义，历时8年之久，先后有几十万农民参加。清政府最终以耗费2亿两白银、损失400多名官员和无数士兵的生命为代价，将起义镇压下去。在这长达数百年的时间里，四川地区饱受战乱之苦，人口锐减、经济萧条。明初和清初时的统治者针对这个问题推行了两次大规模的移民运动，把湖南、湖北、广东、广西等地的大量农民迁徙到四川，在一定程度上缓解了当地人口缺乏、田地荒芜的问题，使四川的经济得到恢复和发展。

第二节　天府文化的发展历程

文化，是一座城市的独特印记，更是一座城市的根与魂。成都平原被誉为"天府之国"，是古蜀文明的重要发祥地，孕育积淀出思想开明、乐观向上、悠长厚重、独具魅力的天府文化。

一、古蜀文明的盛衰

作为一种历史过程，古文明的盛衰兴亡不可避免，留下了一部高潮与低谷相激荡的文明演变史，并形成分期。各个分期相互衔接，便形成了文明演进的时序。

古蜀文明的兴衰史经历了 5 个时期，先后延续 1700~1800 年之久。

1. 滥觞期

滥觞期约为夏商之际，形成了以广汉三星堆古城为中心的早期蜀文明。其显著标志是建于早商时期的规模宏大的古城，它是在宝墩文化的基础上发展起来的，表明最初城市的聚合过程已达到相当水平，早期城市生活方式初步确立。这一时期，青铜器制造业已出现，器种主要是兵器和工具，表明古蜀已步入青铜时代。对应于历史文献，这一时期正是"三代蜀王"角逐争雄，以鱼凫王的胜利为标志，确立古蜀王国统治的时期，意味着高于酋邦组织的国家组织已然诞生，古蜀文明逐步走向兴旺发达。

2. 勃兴期

勃兴期约为商代中晚期至周初。在此期间，城市生活方式基本确立，并初步形成了以广汉三星堆古城为中心，以成都、雅安、汉源、汉中盆地和鄂西等为战略支撑点的，在政治上分级、在功能上分区的广阔的空间构架。社会结构日益复杂化，神权政治臻于极盛，经济空前繁荣，青铜文化进入全盛期，文字逐步产生表明古蜀文明已经走向成熟。在这个时期的最末阶段，古蜀政治史上发生了第一次王朝更迭，杜宇王朝的统治者取代了鱼凫王朝的统治者，号蜀王，一号"杜主"。随着鱼凫王国的终结，神权政体基本宣告结束，人治取代了神治，标志着古蜀文明出现了巨大的历史性转折和进步。

3. 扩张期

扩张期约为西周时代和春秋早期。古蜀文明在物质和技术方面的文化广延性大为增强，空间构架不断扩大。虽然这一时期的物质文化遗存在考古上发现还不多，但古文献却可说明，其精神领域和政治制度、社会结构等方面已向纵深发展，城市体系扩大，国家形态日益成熟。

4. 鼎盛期

鼎盛期约为春秋至战国晚期，显著特点是青铜文化的中兴，城市体系的发展，文字制度的形成以及社会制度的完善。这个时期政治史上最引人注目的变化恰好位于它的首尾两端。前一个变化是春秋早期鳖灵取代杜宇王朝，建立无论是政治势力还是文化影响都比较大的开明氏王朝。后一个变化是前 316 年秦灭蜀，古蜀政治史随之结束，古蜀文明相对独立的发展进程也随之被阻断，并逐步汇入中华文明的一体化大潮中。

5. 转型期

转型期约为战国晚期到西汉初叶。古蜀王国虽已灭亡，然而古蜀文明的一些基本因素并没有一同消亡，而是一方面与汉文化迅速融合，一方面仍在继续发展演变，开始了统一王朝下地域文化的整合重组。

二、古蜀文化区的形成

古蜀文化区大约形成于 4000 年以前，略与中原二里头文化相当，属于夏代纪年范围和早期阶段。

1. 夏商时代

古蜀文化区主要分布在横断山脉以东到长江三峡鄂西之间。以成都平原为根据地，以广汉三星堆为中心，向东连续辐射到丘陵、川东平行岭谷，东出三峡，与江汉平原相接。在成都平原以北，跨过川边缘的山地是又一片高原绿洲——汉中盆地。它通过嘉陵江河谷与成都平原相联系，是商代蜀文化区的北部边缘。在成都平原以南，顺岷江而下，即达青衣江和大渡河流域，也是古蜀文化的传播辐射之地。依靠长江、岷江、沱江、嘉陵江四条大江，凭借地理的向心形结构，古蜀文化得以形成独具一格、分布广阔的连续性空间构架。

2. 西周时代

古蜀王国政权的更迭，使古蜀文明的运作机制发生变动，文化面貌出现一系列演变。与此相应，古蜀文化区的空间分布形态也发生了一些变化。文化中心从广汉稍南移至成都，"以汉山为畜牧，南中为园苑"，"巴亦化其教而力务农"。其北缘的进退不大，西缘和南缘有较大幅度的进展，东缘则保持了稳固的连续性空间。

3. 春秋至战国时代

蜀文化区的东部边缘，由于巴国文明的入川而向川中退缩，但在西部却扩展不少。向南，由于开明王"雄张僚僰"，又得以形成新的次级文化中心。当古蜀文明全盛之时，其地域"东接于巴，南接于越（此指南中楼越之地），北与秦分，西奄峨蟖"，而其影响和渗透范围，则远远超出了这一地域。以后，直至汉初，古蜀文化区的演变仍在继续。

三、丰厚的历史底蕴

当下的事物总是与历史息息相关，文化更是如此。在成都悠久的历史中，总能看到天府文化最初的薪火、成长的足迹。

成都是 2300 多年城址未变、城名未改、中心未移的首批中国历史文化名城之一和十大古都之一，城市的历史文脉相对独立，自成体系。天府文化正是在这样的环境中，生生不息、世代相传、绵延至今的。

成都历史源远流长，既是长江上游古代文明起源与发展的中心，也是中华文明的重要发祥地之一。据考古发现，成都平原在 4500 年前就已出现了以宝墩遗址为代表的古蜀先民聚落中心。2400 多年前，古蜀国开明九世"徙治成都"，因"一年成聚、二年成邑、三年成都"取名"成都"，一直沿用至今。前 311 年，蜀郡守张若建大城、少城，成为建城的标志性事件。唐代西川节度使高骈扩筑成都，奠定"二江环抱"的城市格局。

2000 多年来，成都一直是中国西南地区的中心。秦、汉、晋、隋因得蜀而一统天下，西汉公孙述、三国刘备、西晋李雄、东晋李寿、五代前蜀王建、后蜀孟知祥等都曾建都于此。秦汉时期，成都已"位列五都"，是全国有名的商业都市、"南方丝绸之路"的重要口岸。汉唐以来，丝绸、蜀锦、蜀绣、夏布、漆器、竹器、川酒、川茶等传统手工业欣欣向荣，汉代朝廷就曾在成都专设锦官管理织锦业，成都因此别称"锦官城""锦城"。后蜀主孟昶下令遍种芙蓉，因得"芙蓉城""蓉城"别称。

先民的智慧和历史的传统造就了天府文化厚实的根基，而拥有深厚内涵的天府文化也反哺着这片土地。

四、传承巴蜀文明，发展天府文化

成都市第十三次党代表大会报告提出，成都要传承历史文化，弘扬现代文明，让天府文化成为彰显成都魅力的一面旗帜。要传承天府文化，挖掘其人文底蕴，以此凝聚磅礴的精神动力，推动经济社会发展。

历经近3000年成都平原兴盛起伏，天府文化既有历史传承性又有时代创新性。从概念层面上讲，"巴蜀文化"具有更显著的地域、地理特征，而"天府文化"是一个更包容的文化概念。正如鲁迅所说，"有地方色彩的，倒容易成为世界的"。四川盆地、成都平原赋予天府文化善于对外来事物进行积淀、升华的文化特征，能够充分吸纳、积淀中华文化、世界文化之精华。

1. 涵养天府文化，扬城市之韵

成都，既有现代都市的快节奏，又有休闲城市的慢生活；既有传统文化的优雅从容，又有现代文明的前卫时尚；既有崇尚创新的基因，又有兼容并蓄的气度；既有聪慧勤巧的秉性，又有友善互助的美德。要深度发掘地域文化特质，可从市民丰富多彩的生产生活实践中吸取营养，推动天府文化创造性转化、创新性发展，以彰显继往开来、革故鼎新的时代风尚，发展"创新创造、优雅时尚、乐观包容、友善公益"的天府文化，让人文成都焕发别样精彩！

2. 传承历史文脉，固城市之根

深度挖掘成都作为全国十大古都和历史文化名城的独特魅力，大力弘扬古蜀文化、三国文化、大熊猫文化等特有文化，加强对古蜀文化遗址、工业文明遗址、历史文化街区、名人故里、古镇、古村落、古建筑等自然遗产和非物质文化遗产的保护利用，传承成都故事和民风民俗，留住天府文化的根脉和记忆。加大天府文化品牌打造和营销力度，精准实施对外文化交流活动和城市形象推广，高水平建设成都中心、天府中心等城市文化地标，持续办好中国成都国际非物质文化遗产节、成都创意设计周等文化活动，打造"非遗之都""音乐之都""设计之都"和"会展之都"，彰显天府文化的时代风采，让人文成都享誉世界！

3. 激发文化创造，立城市之品

萃取天府文化精华，融合创意创新智慧，将文化资源优势转化为文化创造和文化产业优势。集聚文创资源要素。优化文创产业空间布局，构建文创产业集聚区和文创产业带，打造一批重点文创产业园区和文创特色街区。推动文创产业跨界融合。优先发展现代新兴文化业态，推进传统文创产业转型升级，构建以音乐、文博、设计、动漫、影视、传媒、文学创作等为重点的现代文创产业体系。实施文创企业培育工程。培育一批龙头文创企业、骨干文创企业、小微文创企业。培育巴蜀文化名家，推出天府精品力作，讲述成都故事，传播成都声音，让人文成都勇立时代潮头！

4.共建精神家园，铸城市之魂

坚持以社会主义核心价值观为引领，大力弘扬民族精神和时代精神，深化群众性精神文明创建活动，凝聚团结奋进的共同价值追求。牢牢把握意识形态工作主动权，用新发展理念凝聚城市精神，引领文化建设方向，以文化人、以德润城，让人文成都闪耀真理光辉！

以"创新创造、优雅时尚、乐观包容、友善公益"十六字为特点的天府文化具有厚重博大的文化根脉，革故鼎新的文化活力滋养着富饶的成都平原，慢慢浸润出成都的城市肌理。

第三节 天府文化的特质

什么是文化？人造的就是文化，包括物质的与精神的，积极的与消极的，好的与坏的。自然产生的不是文化。物质形态的如乐山大佛、都江堰工程等是文化，非物质形态的如道教与川剧是文化。因此，文化分为有形与无形、物质与精神两个大类。人类形成的制度规章、风俗习惯、家风家规、行为心理等也是非物质文化。

什么是天府文化？天府文化就是以成都平原为核心在天府之国发展起来的文化，这是一种典型的、特殊的地域文化，是在特定圈层和区域内形成的文化。文化既然是人造的，那么文化也一定是多样的、各具特色的。因为一方水土养一方人，生活在不同水土的人不同，不同的民族会创造不同的文化，因此文化具有典型的水土性、地域性。这是文化的本质，即个性与特色。在地球的三维坐标系中，由于每一点的X、Y、Z值（长、宽、高）不同，所以每一个地方的文化亦不相同。从理论上讲，世界上有无穷多文化，只是有的没有凸显出来，有的成为重要现象或者主流文化。因此，文化的多元性、多样性是其主要特征，绝不能谋求文化的一致性和相同性，文化交流也不能消灭多样性。当然，既然是文化，就有共同性的一面，这就是文化的特殊性与一般性、共性与个性的统一。研究文化必须从地理学、历史学、经纬度入手。研究天府文化必须研究成都平原特点、研究成都人口来源。

一、从地理学看天府文化

成都平原处于中国地理第二阶梯（过渡阶段，是第二阶梯中海拔最低的部分，300~800米），青藏高原东大门，横断山东北侧，北纬30°线与胡焕庸曲线交点，是四周封闭的盆地，属内陆海洋性气候，有大河流1409条，中河流2860条，小河流5870条，受喜马拉雅山脉与印度洋暖流影响很大，古蜀海洋就在成都平原。著名地质学家李四光说，中国古地貌是东高西低。7000多万年前，古长江分为东西两条，西长江南流印度洋，东长江（扬子江发源于西陵峡）从东往西倒流（太平洋水系），两条互不相通。四川盆地是20万平方千米的内海大泽，《易经》的八卦兑泽（方位西）就是指西方四川盆地古海。因此，成都平原特别适合植物生长，是水稻最早种植地（早在商代就有用稻米做成的化妆品），物产丰富。因此，天府文化是过渡态文化，是山水文化，是农耕文化，是内海文化。

二、从移民史看天府文化

成都自古以来就以其丰富的物产、优美的环境吸引着各方人才汇集于此，形成了独特的移民文化和移民精神。古蜀人是从岷江上游兴起的原住民部落。这些原住民可能起源于喜马拉雅，如古羌族应该是喜马拉雅人。蜀地文明分为几个时期——蜀山氏、蚕丛氏、柏灌氏、鱼凫氏、开明氏，是长江文明的源头。蜀部落是先秦时期一个不同于中原文化的部落。"蜀"字最早发现于商代的甲骨文中。据记载，武王伐纣时蜀人曾经相助。但关于蜀国的历史在先秦文献中一直没有详细记载，直到东晋常璩的《华阳国志·蜀志》才有了蜀国的相关记载。正如李白在《蜀道难》中所写："蚕丛及鱼凫，开国何茫然！尔来四万八千岁，不与秦塞通人烟。"

秦曾"移秦民万家入蜀"。三国至东晋，随刘备入蜀的移民达数万家。西晋甘肃、陕西大旱，流民10余万人入川，"就食西蜀"。元末明初，发生了第一次被称为"湖广填四川"的移民运动。明末清初，100多万移民进入四川，迎来"湖广填四川"移民高潮。抗日战争爆发，华东华北大量人口和各种机构、学校迁入成都。中华人民共和国成立后的"三线建设"，也有大批工厂和技术工人进入成都。清代末年的《成都通览》记载清代成都人的构成：湖广占25%，山东占5%，陕西占10%，云贵占15%，江西占15%，安徽占5%，江浙占10%，广东、广西占10%，福建、山西、甘肃占5%，土生土长的成都人根本没有。

移民文化造就了天府文化的特征：一是冒险开拓性，二是开放兼容性，三是在思想观念和生活方式上具有创新性。

三、从三星堆看天府文化

天府文化的源头是古蜀文化。茂县营盘山、德阳三星堆、成都金沙古遗址证明，古蜀文明可以延伸到5300年以前。在营盘山遗址发现了新石器时代的房屋基址、墓葬、殉人坑、窑址等各种遗迹。营盘山遗址还出土了不少果核残块，通过浮选之后发现，里面有桃、梅、杏这三种果树的种子，说明早在5300~4600年前这里的水果品种就已经很丰富了。考古人员还发现了一批河蚌、海贝，这是"南方丝绸之路"的明证。三星堆遗址距今已有5000~3000年的历史，是古城、古国、古蜀文化遗址，它昭示了长江流域与黄河流域一样，同属中华文明的母体，被誉为"长江文明之源"。

四、从金沙遗址看天府文化

成都金沙遗址是21世纪中国第一个最为重大的考古发现，是世界上同时期出土古代象牙最集中的遗址之一，是中国同时期出土金器、玉器最多的遗址之一。有商、周祭祀场所、大型建筑、一般居址、墓地等。位于遗址东南部，沿着一条古河道南岸分布，面积约15000平方米，发现了与祭祀活动相关的遗迹63个，出土金器、铜器、玉器、石器等珍贵文物6000余件，象牙数百根，还出土了2000多根野猪獠牙、2000多支鹿角等。位于金沙遗址东北部，是一处由8座房址组成的大型宗庙或宫殿建筑，由门房、厢房、前庭、殿堂构成，总长90米、宽50余米，总面积约5000平方米，这是我国西南地区先秦时期发现的最大的一群建筑，为木骨泥墙式建筑，屋顶覆以茅草。同时发现了70余座，分布在10多个居住区，房址周围有水井、生活废弃物的灰坑、烧制陶器的陶窑等。

金沙遗址所清理出的重要珍贵文物多达数千件，包括金器30余件，玉器和铜器各400余件，石器170件，象牙器40余件，出土象牙总重量近一吨，此外金沙遗址还有大量的陶器出土。从文物时代看，绝大部分约为商代（约前 17 世纪初—前 11 世纪）晚期和西周（约前 11 世纪—前 771 年）早期，少部分为春秋时期（前 770 年—前 476 年）。数量众多的象牙、精美的玉琮等外来文化的用品，在金沙遗址已出土的珍贵文物中占有相当比例。由此考古专家认为金沙文化既有其独特魅力，又是深受中原、长江下游等文化深刻影响的产物。

金沙遗址出土的 30 多件金器是该遗址出土文物中最具独特风格和鲜明自身特色的，除了金面具与三星堆青铜面具在造型风格上基本一致外，其他各类金饰均为金沙遗址所独有。商周太阳神鸟金饰整体为圆形薄片，内层等距分布有 12 条旋转的齿状光芒，外层由 4 只相同的逆时针飞行的鸟组成，其含金量高达 94.2%，是用自然沙金加工而成的。此器是古蜀人丰富的哲学思想、宗教思想，非凡的艺术创造力与想象力和精湛的工艺水平的完美结合，也是古蜀国黄金工艺辉煌成就的代表。2013 年商周太阳神鸟金饰图案被国家文物局定为中国文化遗产标志，同时其本身亦被列入《第三批禁止出国（境）展览文物目录》。专家普遍认为，金沙遗址是三星堆文明衰亡后，在成都地区兴起的一个政治、经济、文化中心——古蜀国在商代晚期至西周时期的都邑所在。

这说明古蜀文化非常辉煌和高端，制造业、文创业很发达，具有工匠精神。三星堆、金沙遗址是中国工匠的摇篮，是中国工匠精神的发源地，是世界文化的创意中心，是世界手工业的制造中心。

五、从丝绸和盐茶看天府文化

成都是古代丝绸生产地和供销地，是茶马古道的起点，是食盐的重要供应地，是纸币"交子"的诞生地，说明天府文化是开放贸易文化。

天府文化是一种迭代循环文化。整个世界是一个迭代循环（重复）走向高级的过程，输出（结果）就是下一个输入（开始）。迭代方程（机制和方式）不同，结果不同。哲学家讲事物发展是螺旋式或波浪式前进，就是这个道理。物理学家用最简单的逻辑斯谛映射 (Logistic Map)，亦称"抛物线映射"，就可以表现复杂的非线性行为，如混沌、分岔、分形等。如果用更高级的非线性方程，就能产生更复杂的局面。"一切皆过程。"文化就是过程，也是过程的积淀，每一秒钟都在成为历史。历史就是时间轴上的事件序列，就是以时间为轴心的树枝群，因此过程、过去可以恢复，未来结果可以预测，这是确定性理论的主张。因此根据迭代法则恢复过去，市场很大。花椒树可能是摇钱树的原型，马可能是龙的原型，纵目人可能是古蜀王蚕丛的原型。从三星堆到金沙，从蚕丛到开明，天府文化是一个过程、阶段、点位，处于变化发展之中，并在不断丰富与完善。

天府文化是盆地文化，是山脉、人脉、河流、海拔、温度、湿度的复合函数。水是天府文化的流体、血液，山是天府文化的载体、依托，地是天府文化的母体、根基，人是天府文化的主体、灵魂。天府文化是一个人体系统，各种河流是天府文化的经络，各种湖泊是天府文化的穴位。天府文化的核心是崇尚自然、道法自然、天人合一、知行合一。天府文化就是生态文化、和谐文化、创新文化、顺变文化。都江堰工程是天府文化的典型标志。要发扬天府文化，必须把水文化做活，"复活"成都消失的河流。没有水网、水系、水脉，就没有人脉、文脉、商脉。

总之，天府文化是内海文化、治水文化、农耕文化、移民文化、工匠文化、时尚文化、开放文化、商贸文化、创新文化的总和，具有恋土、顺变、包容、外向、赶超的特点。成都人自古时尚、潮流，化妆、穿耳、面具、瘦身、玉佩、金器、铜器，早在三四千年前就有了。

第二章 水润天府：都江堰与古蜀水文化

第一节 禹兴西羌，导江天府

一、大禹传说

大禹传说"西兴东渐"说是目前学术界尤其是四川省古史学界呼声最高的一种学术观点。该观点的主要文献依据，最早可以追溯至司马迁《史记·六国年表》"禹兴于西羌"之说。继司马迁之后，裴骃为《史记》作注，著《史记集解》，引皇甫谧《帝王世纪》语："孟子称禹生石纽，西夷人也，传曰'禹生西羌'是也。"唐代学者张守节在《正义》中进一步解释说："禹生于茂州汶川县，本冉駹国，皆西羌。"值得注意的是，裴骃引孟子"禹生石纽"之古老传说为《史记·六国年表》"禹兴于西羌"作注，从表面上看，司马迁的说法颇有先秦古书《孟子》上的"证据"。然而，我们翻阅《孟子》一书，却始终未找到孟子曾说过"禹生石纽"一语。司马贞《史记索隐序》中言及司马迁"据《左氏》《国语》《系本》《战国策》《楚汉春秋》及诸子百家之书，而后贯穿经传，错综括"，著成我国第一部纪传体通史巨著《史记》。很显然，司马迁著作《史记》时，是看过诸子百家之书的，显然包括《孟子》一书，然为何司马迁在《史记》一书只字不提皇甫谧《帝王世纪》中所引孟子"禹生石纽"之说呢？是司马迁一时疏忽，还是其有意进行取舍？至少迄今为止，将其作为一种并无坚实根据的"假中原文化研究说"，疑点重重。与此同时，将其解释为《孟子》一书流传过程中部分文字散佚，亦可为大胆之推测，但在缺乏有力证据作为支持的前提下，和以上推论一样，云遮雾罩，颇为费解。至于《华阳国志》及更晚文献中所提供的"禹兴于西羌"的种种传说，显然多是在《史记·六国年表》基础上的进一步流传和扩大，自然不必对其真伪和史料价值做更进一步的评判。

当代人类学家对以上传说早有较为清晰的理解和判断。兹举证如下：

> 在战国至汉代，在部分华夏知识分子间，便有"禹西夷之人"或"禹生于西羌"的说法。战国思想家们以这一社会历史记忆作为一种极端的例子，以说明圣人之所以为圣，在于其事功，而不在于其出生何处或生于何种社会背景。至于"禹生于西羌"是否为历史事实，对他们而言，并不重要。但对于汉晋时期居于蜀的华夏知识分子，这便非常重要了。由于乡土认同，他们开始认真地将大禹出生于蜀之"西羌"，建构为一"历史事实"。

众所周知，自常璩的《华阳国志》开始，"禹生于西羌"的传说，记载得日渐详尽。以后，原本由常璩等学者不断加以重构的蜀地与大禹相关的传说，逐渐被当地人作为"信史"流传至今。有学者指出：

> 晋代以来，大禹出生在汶山郡广柔（或石纽）此一历史记忆不断地被处于西方华夏边缘的新华夏人——蜀人所强调。他们共同祭祀当地的禹庙、大禹

遗迹，并将这些写入地方志之中……在如此的历史记忆背景下，在 20 世纪初，整个汉代"汶山郡"可能包括的地方，如当今北川、汶川、茂县、理县等地，都有"刳儿坪""石纽"或大禹出生地之类的古迹。

学者以为，自汉代以来当地再造的"大禹之迹"和"当地汉人的羁縻与教化活动有密切关系"，但这一重构"历史"的现代价值却越来越引起当地人的重视。近年来，北川县运用大量经济与行政资源，组织学会，召开全国性大禹文化学术研讨会，出版各种有关大禹的史料、录像带，建大禹纪念馆，等等。北川县之所以如此重视原本由汉、晋以来学者再构的"禹兴于西羌"传说，"一方面由于北川属经济比较富裕的绵阳地区，且为绵阳唯一有少数民族聚居的地区，因此可得到较多的经济援助。再者，北川地区汉化得早且彻底，这意味着北川羌族知识分子对其他地区羌族知识分子而言，更有能力掌握汉文典籍资料的运用与诠释"。以上所引述的种种推论，自然不少是学者的一家之言，但由"禹兴于西羌"说所揭示的大禹传说的发生与重构，则是古史研究者长期不断关注并积极探讨的重要理论性问题之一。

二、大禹传说发生的多元并起

根据目前掌握的文献与考古资料推知，自西周中期起，大禹传说由多元并起、层累积聚、综合定型到整齐统一，经历了漫长的演变过程。这从一个侧面证明，"疑古"永远是解开历史谜团的一把金钥匙，亦可见顾颉刚先生的"层累地造成的中国古史"观的著名理论是科学的。值得注意的是，继顾先生"层累"说发布之后，著名历史学家徐中舒先生受陈寅恪先生蒙古史构成理论的影响，建立起颇为独到的古史构成理论：

> 铸为黄帝后，黄帝即铸民族所构成之传说。此犹后稷之于周，契之于商，禹之于夏，舜之于陈，少皞之于郯，大皞之于凤姓，盘古（盘瓠）之于南蛮，原皆为各民族之传说。中国历史自商、周以来始用文字写定，同时乃由黄河流域渐次同化其邻近不同之民族。因此邻近民族固有之传说，乃随其同化之先后，而渗入中国文化中，使之渐次构成一荒远古史系统。其同化愈后者，其在古史系统中之年代，转愈高而愈远。故中国商、周以前之古史，实即一部古代民族史……中国古史之构成，在长期演进中，自不免采取多民族之传说，由"禹兴西羌"说论及大禹传说的发生与重构而演为直贯一系之事迹。

> 此盖中华民族逐次同化其邻近民族所致。凡一民族必有一民族之传说，其被同化者，又将其固有之传说携入，因此，此民族遂并此被同化民族之传说给其子孙，其子孙当然不须再为别白，孰为本所固有，孰为后来携入……因此之故，中国古史乃由并行的传说，演为直系的系统。在长期演进中，似此演成之古史，真既非是，伪亦不能。

徐先生指出，陈侯因齐镦"高祖黄帝"之解释，"此'高祖黄帝'之铭辞，虽为地下发现之新史料，但仍只能视为作器时代，即战国初期流行于齐地之传说"。

以后，徐先生在王国维先生"素地"论的基础上，在以上理论指导下，科学地运用"澄滤"说，将文献记载、古文字资料、田野考古材料、古器物上的史料等材料有机结合，并与民族史、民族志中保存下来的民族学材料相互印证，揭示了中国古史传说发生、流变过程中的若干历史真相，不断提出一系列独到的、崭新的观点。毫无疑问，新史学家的研究对我们科学地破解古史传说中的种种疑问有重要的启发作用。

兹仍以"禹兴西羌"说为例，做简单申论。这里暂且重回到孟子"禹生石纽"之说。著名历史学家李学勤先生曾经指出："翻阅战国诸子的作品，不难看到，很多古史记载都受到作者的观点影响，甚或是为了适应一定观点而加以改造的。"众所周知，在当代学者中，李先生是极力反对疑古思潮并以最早提出"走出疑古时代"宏论著称的史学大家。然而李先生主张当疑则疑，当信则信，并没有走回到信古、复古的道路上。显然，他不会盲目相信后人所征引的疑窦丛生的孟子"禹生石纽"说为信史。然而在李先生所发表的有关大禹研究的文章中，终究未说清楚这一经汉、晋以后学者重构的"历史"究竟是怎么一回事儿。事实上，在李先生之前，徐中舒先生已认为"汉代居于蜀地羌民皆以禹为其始祖"，晚出文献所记"禹生石纽""乃蜀地羌民自述先代的传说"。司马迁《史记·六国年表序》"禹兴于西羌"之说"应是根据当时羌族内部累世相传的旧说"。至于羌族为何长期流传着与大禹相关的传说，徐先生虽未直接言及，但他不止一次讲到"夏民族就是后来的羌族"。徐先生认为，"夏人本为西方的民族，这是有根据的。《史记·六国表》：'禹兴于西羌。'《淮南子·修务训》：'禹生于石。'《汉书·武帝本纪》谓，武帝到中岳，'见夏后启母石'。这与西方的羌民族崇拜白石是有关系的"。徐先生的以上论述，似乎已经较好地解决了汉代以来"禹兴于西羌"说发生的真实背景。然值得注意的是，徐先生仅仅说"夏人本为西方的民族"，而并没有说夏族源自北川或汶川。目前高喊"禹生北川信而有征"或"大禹传说'西兴东渐'"的学者，有不少是徐先生当年的弟子或再传弟子。如果仔细领会徐先生原话的真实意义，则自然会觉得还需要很好地读读徐先生的原著。

除四川外，今河南、安徽、山东、浙江等地皆有素材不同的大禹传说。如果我们不加分析地信从以上地方流传的各不相同的大禹传说，许多地理上的疑难将永久无法得到合理的解释。诸如浙江绍兴，大禹传说和"禹迹"也颇为丰富。《墨子·节葬下》始有"禹家乎九夷，道死，葬会稽之山"的传说。这一记载可能源自《国语·鲁语下》"禹致群神于会稽之山"及禹戮防风氏的传说。《国语·鲁语下》中这一传说另见于《韩非子·饰邪》等先秦文献。《墨子》《韩非子》所记有关大禹的以上传说，显然和上举的《孟子》"禹生石纽"的性质类似，极有可能是"受到作者的观点影响，甚或是为了适应一定观点而加以改造的"。值得注意的是，司马迁在《史记·五帝本纪》中说，他除阅读大量先秦文献外，还进行了广泛的实地调查，"西至空桐，北过涿鹿，东渐于海，南浮江淮"，所到之处，皆注意广泛收集流传于各地的大量各不相同的民间传说。尽管他知道不少传说并不可信，但还是在"书间有缺"的情况下，在《史记·夏本纪》中半信半疑地写了"十年，帝禹东巡狩，至于会稽而崩"一语。史记三家注中只有《史记集解》引皇甫谧之语说了"年百岁也"这句无关紧要且绝不可信的话，而并没有给"会稽"做出注释。显然，绍兴一带流传的大禹葬于此地的传说及大禹陵"遗迹"，应当和北川、汶川一带流传的"禹生石纽"的传说及相关"禹迹"的性质绝无二致，显系流传于越族的旧说。而越族和夏的关系，《史记·越王勾践世家》已说得很清楚："越王勾践，其先禹之苗裔，而夏后氏少康之庶子也。封于会稽，以奉守禹之祀。"司马迁误用周代的分封附会夏代史事，固不足据。但迄今为止，绝大多数历史学、考古学、民族学的专家均确信"越国君主为夏后氏的支系，应为历代相传旧说，不是向壁虚构或附会，当有所本"。至此，浙江绍兴流传的有关大禹的大量传说与大禹陵"遗迹"，似乎亦并不难得到合理的解释。据此，后起的传说或"禹迹"，不顾夏代考古发现的研究成果，断言"夏王朝崛起于长江下游地区，夏代初期的疆域（王畿之地）仍然在东南地区"，以及毫无根据地兜售"鲧和夏族的原居地在长江下游地区"的令人"耳目一新"怪论的行为，实在令人对中国古史研究的前景感到担忧。

三、对目前大禹文化研究的几点建议

近年来，随着新石器时代晚期考古新资料的不断出现，在中华文明探源工程的推动下，古史学界不失时机地将"大禹文化"作为一个重要的研究课题。无可否认，历史学、考古学、民族学等多学科专家的积极参与，大大拓展与深化了"大禹文化"的丰富内涵，并不断取得不少令人瞩目的成绩。然而，总体来看，目前"大禹文化"研究中存在的问题，的确还有不少。

近年来，四川、浙江、河南、山东、山西、安徽等地多成立有研究"大禹文化"的学术团体，且都陆续举办过全国规模的学术研讨会，出版过多种大禹文化学术论文集。无可厚非，这些重大的学术活动在一定程度上促进了全国各地大禹及夏文化研究工作向纵深发展，但区域文化研究往往同开发地方旅游文化资源、发展地方经济相联系，不少非专业学者又往往很少对文献记载和传说资料进行真伪鉴别，再加上某些地域观点和亲属观点，因此并不能如实、全面地反映历史的实际。目前古史研究中复古、信古回潮的倾向，已经引起了学术界的高度关注。"信古""复古"逆流的泛滥，不仅无助于"大禹文化"研究向纵深方向发展，而且与目前文化大发展、大繁荣的基调也是背道而驰。如目前围绕大禹出生地、葬地等问题的争讼，明显暴露出选题生硬、情绪至上的低水平重复以及日益倒退的学术倾向。

有鉴于此，笔者对目前"大禹文化"研究提出几点建议：

（1）搞清楚"大禹文化"的源与流，让"大禹文化"重新回到学术研究的正确轨道上来，如此才有可能科学地揭示、拓展、深化"大禹文化"的研究。

众所周知，经过几代史学家、考古学家、民族学家的共同努力，目前学术界否认夏代存在的言论基本上已烟消云散，学术界不仅肯定夏朝的存在，而且考古学的大量成果已基本证实司马迁《史记·封禅书》"三代之君（居），皆在河洛之间"的论点。徐中舒先生早年在田野考古尚未全面展开的情况下，一度推断"仰韶为夏民族曾经居住之地"，以后随着夏代考古工作的全面展开，徐先生明确地指出："夏文化的中心地带现已查明，就是分布在河南的龙山文化和二里头文化。"随着夏史研究的日臻深入，徐先生的以上论断，日渐成为历史学界、考古学界的共识。显然，大禹文化的源头只能从中原地区的先夏文化中去寻找。大禹文化既是三代文化的源头和根基，也是河洛文化的重要研究课题之一。至于其他地区的大禹传说，则完全可以认为是居于不同地区的古老民族在不同历史时期重构的"大禹文化"。

（2）要重视学术界已有的研究成果，提高史料和理论修养，自觉借鉴将历史学、考古学、民族学、民俗学、宗教学、文学乃至自然科学多学科相结合的多重证法，拓展研究视野，丰富深化大禹文化的内涵，提高大禹文化研究的科学性。我们强调大禹文化的源头在中原地区，并非意味着可以忽略发生于不同地区、来自不同时期、分别由不同民族重构的"大禹文化"。探源导流，不仅可以正本清源，还可以正确揭示、领略中华远古文化相互吸收、中华民族长期渗透融合的历史真相。如"大禹治水"的传说，流传地

域颇为广泛，其为中华民族共同的精神财富；"禹画九州"的传说，众所周知，绝非史事；历来争讼不止的《禹贡》一书，可以肯定地说，与禹并不相涉，但其蕴含的天下一统的观念则是研究先秦儒家思想的重要文献。博大精深的中华文化具有包容性和开放性，"大禹文化"自然也是一个历久弥新的学术课题。

（3）丰富研究成果的形式，提升研究成果的文化品位与内涵。学术研究成果的形式是多样化的，并非仅局限于学术论文和著作。学术研究终归要回归社会，并奉献社会。目前，已有不少与"大禹文化"相关的文学、艺术作品，也有借助"大禹文化"建立的主题文化公园、雕像和博物馆。但应该强调，文化资源开发应以尊重历史为根本，失去了真实的历史，各种形式的开发只能事倍功半，甚至徒劳无功。目前，影视作品的粗制滥造，低俗、媚俗、庸俗倾向为"大禹文化"艺术作品的创作敲响了警钟。"大禹文化"所体现的生生不息的民族文化精神，应不断被发扬光大，并在此基础上重塑现代伟大的民族精神，积极培育正确的核心价值体系。在新的文化背景下，"大禹文化"研究者应有所担当，有所作为。

四、考古发现的早期水利遗迹

"中国水利史通常认为始于距今4000年前的'大禹治水'传说，而现存的水利工程遗迹如都江堰、灵渠、白渠等均早不过战国时期（前475—前221年）。距今5000年左右的良渚水利系统的确认，是中国古代水利史研究的重大突破。"中国社会科学院考古研究所研究员刘庆柱表示。

专家还认为，世界早期文明中，埃及、两河流域以及印度河流域以小麦种植为经济支柱，水利设施多以灌溉为主要目的，以引水渠、水窖、池塘等为主要形态。与之形成鲜明对照的是，"良渚文明"是东亚稻作文化进入国家形态的典型代表，良渚古城水利系统以堤坝形式出现，带有明显的防洪功能。

第二节　李冰筑堰，水润天府

一、修筑都江堰

中外驰名的都江堰，位于四川省中部岷江中游，整个工程是由分水堰、飞沙堰和宝瓶口3个主要工程组成的。它规模宏大，地点适宜，布局合理，兼有防洪、灌溉、航行3大作用，在世界水利工程史上也是罕见的奇迹，2000多年来，一直发挥着巨大的排灌作用，为当地农业生产做出巨大贡献。

都江堰

李冰是我国战国时期杰出的水利工程学家，是都江堰的设计者和兴建的组织者。都江堰是于公元前 250 年左右战国末期的秦昭襄王时期，由李冰组织民众，因地制宜，就地取材，用竹、木、卵石修建的一项水利工程。该工程历史悠久，经久不衰，使成都平原成为"水旱从人，不知饥馑"的"天府之国"。

古代蜀地非涝即旱，有"泽国""赤盆"之称。蜀地人民世世代代同洪水做斗争。秦惠文王九年（前 316 年），秦国吞并蜀国。秦为了将蜀地建成其重要基地，决定彻底治理岷江水患，同时派精通治水的李冰取代政治家张若任蜀守。李冰为蜀守的时间，没有明文记载，大约在秦昭襄王三十年至秦孝王之间（前 277—前 250 年）。

李冰到蜀郡后，亲眼看到当地严重的灾情：发源于成都平原北部岷山的岷江，沿江两岸山高谷深，水流湍急；到灌县附近，一马平川，水势浩大，往往冲决堤岸，泛滥成灾；从上游挟带来的大量泥沙也容易淤积在这里，抬高河床，加剧水患，特别是在灌县城西南面，有一座玉垒山，阻碍江水东流，每年夏秋洪水季节，常造成东旱西涝。于是，其到任不久便着手进行大规模的治水工作。

李冰和他的儿子二郎，沿岷江岸进行实地考察，了解水情、地势等情况，制订了治理岷江的规划方案。李冰发现开明所凿的引水工程渠首选择不合理，因而废除了开明开凿的引水口，把都江堰的引水口上移至成都平原冲积扇的顶部灌县玉垒山处，从而保证了较大的引水量，形成通畅的渠首网。李冰修建的都江堰，史籍记载甚为简略。但以这些记载为基础，结合现今都江堰工程结构分析，可以基本确定李冰修建的都江堰由鱼嘴、飞沙堰和宝瓶口及渠道网所组成。

在修筑分水堰的过程中，采用江心抛石筑堰失败后，李冰另辟新路，让竹工编成长三丈、宽二尺的大竹笼，装满鹅卵石，然后一个一个地沉入江底，终于战胜了急流的江水，筑成了分水大堤。唐李吉甫《元和郡县志》载："犍尾堰（都江堰唐代之名）在县西南二十五里，李冰作之以防江决。破竹为笼，圆径三尺，长十丈，以石实之。累而壅水。"此法就地取材，施工、维修都简单易行，而且由笼石层层垒筑，既可免除堤埂断裂，又可利用卵石间空隙减少洪水的直接压力，从而降低堤堰崩溃的危险。

鱼嘴是在宝瓶口上游岷江江心修筑的分水堰，因堰的顶部形如鱼嘴而得名。《华阳国志》记载李冰"壅江作堋"的"堋"就是指"鱼嘴"。它将岷江分为内、外江，起航运、灌溉与分洪的作用。西股的叫"外江"，是岷江的正流；东股的叫"内江"，是灌溉渠系的总干渠，渠首就是宝瓶口，流经宝瓶口再分成许多大小沟渠河道，组成一个纵横交错的扇形水网，灌溉成都平原的千里农田。分水堰两侧垒砌大卵石护堤。内江一侧的叫"内金刚堤"；外江一侧的叫"外金刚堤"，也称"金堤"。分水堰建成后，内江流经的成都平原就很少有水旱灾了。

以后，为了进一步控制流入宝瓶口的水量，李冰在鱼嘴分水堤的尾部又修建了分洪用的平水槽和"飞沙堰"溢洪道。飞沙堰也用竹笼装卵石堆筑，堰顶做到适宜的高度。当内江水位过高的时候，洪水就经由平水槽漫过飞沙堰流入外江，以保障内江灌区免遭水淹。同时，由于漫过飞沙堰流入外江水流的旋涡作用，有效地冲刷了泥沙在宝瓶口前后的沉积。鱼嘴的分水量有一定的比例。春耕季节，内江水量大约占六成，外江水量大约占四成。洪水季节，内江超过灌溉所需的水量，由飞沙堰自行溢出。

宝瓶口是节制内江水量的口门。为了控制内江流量，李冰父子制作石人立在江中，作为观测水位的标尺。《华阳国志·蜀志》载，李冰"作三石人，立三水中，与江神曰：

'水竭不至足，盛不没肩'"。这是见于记载最早的水则，说明李冰已基本掌握了岷江水位涨落的大致幅度。《史记·河渠书》记载的"蜀守冰凿离堆，辟沫水之害"，指的就是李冰开凿宝瓶口，因"崖峻险阻，不可穿凿，李冰乃积薪烧之"，遂劈开玉垒山，凿成宝瓶口。宝瓶口不仅是进水口，而且以其狭窄的通道形成一道自动节水的水门，对内江渠系起保护作用。被分开的玉垒山的末端状如大石堆，就是后人所说的"离堆"。此外，李冰还采取了在江心构筑分水堰的办法，把江水分作两支，逼使其中一支流进宝瓶口。宝瓶口这一岩石渠道十分坚固，千百年来，在岷江激流冲击下，亦并未被冲毁，有效地控制了岷江水流。李冰修成宝瓶口之后又开两条主渠：由永康过新繁入成都，称为"外江"；由永康过郫入成都，称为"内江"。这两条主渠沟通成都平原上零星分布的农田灌溉渠，初步形成了规模巨大的都江堰水利工程的渠道网。

李冰还做石犀，埋在内江中，作为岁修时淘挖泥沙的深度标准。岁修的原则是"深淘滩，低作堰"。"深淘滩"，是说淘挖淤积在江底的泥沙要深些，以免内江水量过小，不敷灌溉用；"低作堰"，是说飞沙堰堰顶不可修筑太高，以免洪水季节泄洪不畅，危害成都平原。后人把这"六字诀"刻在内江东岸为纪念李冰父子而建的二王庙的石壁上，很是醒目。岁修的方法是：每年水量最小的霜降时节，在鱼嘴西侧，用杩槎（就是马扎）在外江截流，使江水全部流入内江，然后淘挖外江和外江各灌溉渠内淤积的泥沙。到第二年立春前后，外江岁修完毕，把杩槎移到内江，让江水流入外江，然后再淘挖内江河槽，进行平水槽和飞沙堰的岁修工程。清明节前，内江岁修完毕，撤除杩槎，开始放水灌溉。杩槎是一种简单、有效的临时性截流装置，是由三根大木桩用竹索绑成的三脚架，中设平台，平台上用竹笼装卵石压稳。把适当数量的杩槎横列在江中，迎水面加系横、竖木头，围上竹席，外面再培上黏土，就可以挡住水流，不致渗漏。

都江堰的修成，不仅解决了岷江泛滥成灾的问题，而且从内江下来的水还可以灌溉十几个县，灌溉面积达300多万公顷。从此，成都平原成为"沃野千里"的富庶之地。

二、都江堰水利工程的科学原理

都江堰是世界上修筑最早且至今仍在发挥重要灌溉作用的水利工程，位于长江支流岷江的上游。岷江流至都江堰，地势由高山峡谷突变为平原，河床陡然开阔，水势趋缓，为都江堰渠首工程的建设提供了得天独厚的地理条件。此处位于呈扇形伸展的成都平原的顶部，海拔739米，是整个都江堰灌区的制高点，是设置渠首枢纽的最佳位置。良好的地理位置，使都江堰既能扼制刚出峡谷的岷江水势，使其不致直泻成都平原，又能因地势高而控灌整个都江堰灌区。

都江堰早期以航运为主，兼有灌溉的效益。到魏晋时，已具备分水、溢洪、引水3大主要工程设施的雏形。

都江堰的水沙控制原理有以下3点。

1. 水分四六

岷江在关口段江面狭窄，起到控制江水流向的作用。小水时，天然江心洲韩家坝露出水面，主流在关口节点的控制下被挑向左岸而进入韩家坝左汊，沿百丈堤下泄并直趋内江，形成枯水季节内江分六成、外江分四成的天然倒四六分流。大水时，韩家坝淹没，主流取直，过韩家坝顶后趋向外江，形成洪水季节内江分四成、外江分六成的天然四六分流。

2. 弯道环流

在都江堰河段，悬移质基本属于冲泻质的范围，泥沙淤积问题主要归于在洪水季节运动的卵石推移质。在小水时段，卵石难以起动，推移质泥沙很少，所以内江分水六成并无多少泥沙。洪水时，主流从外江宣泄，自然也挟带了大部分运动的卵石推移质。此外，内江进口处于微弯河段的凹岸，在弯道环流的作用下，卵石推移质沿凸岸一侧输移而进入外江。根据实测资料分析，进入内江的卵石输移量只占岷江总量的 26% 左右。

3. 泄流飞沙

水流进入内江以后，局部河势仍属于微弯河段，飞沙堰即位于内江弯道的下段。在弯道环流的作用下，底部水流的流向指向飞沙堰，底流横切越过堰顶。卵石和高浓度的近底悬沙能有效地排向外江，表层水流则基本与堰顶平行而流向下游，形成堰顶溢流时底部单宽流量大、上部单宽流量小的特殊流态，在中等流量的需水季节，可用较少的水量排走进入内江的大部分卵石和泥沙。飞沙堰的排沙作用随泄洪量的增加而增强。洪水越大，飞沙堰的分流比越高，排沙效果越显著。

总结历史和现代人们治水的经验，都江堰能够成功运行 2000 多年的科学基础是：

（1）遵循自然和谐的治水理念，即遵循"乘势利导，因时制宜"的治水原理，布设都江堰无坝引水枢纽。

（2）以三大工程，即调节水流的鱼嘴分流工程、控制流量的宝瓶口引水工程及泄洪排沙的飞沙堰工程作为保证。

（3）采取可持续的管理措施，坚持岁修制度，按照"六字诀"等科学措施来进行维修。

三、道法自然，垂范宇内

1. 都江堰的创建，开创了中国古代水利史上的新纪元

都江堰的创建，以不破坏自然资源、充分利用自然资源为人类服务为前提，变害为利，使人、地、水三者高度协调统一，是全世界迄今为止仅存的一项伟大的"生态工程"。都江堰开创了中国古代水利史上的新纪元，标志着中国水利史进入一个新的阶段，在世界水利史上写下了光辉的一章。都江堰水利工程，是中国古代人民智慧的结晶，是中华文化划时代的杰作。

都江堰水利工程历经 2000 多年而不衰，是当今世界年代久远、唯一留存的以无坝引水为特征的宏大水利工程。它不但是中国古代历史上最成功的水利杰作，更是古代水利工程沿用至今，硕果仅存的奇观。与之兴建时间大致相同的古埃及和古巴比伦的灌溉系统，以及我国陕西的郑国渠和广西的灵渠，都因沧海变迁和时间的推移，或湮灭，或失效。唯有都江堰独树一帜，源远流长，至今还滋润着天府之国的万顷良田。

都江堰充分利用当地西北高、东南低的地理条件，根据江河出山口处特殊的地形、水脉、水势，乘势利导，无坝引水，自流灌溉，使防堤、分水、泄洪、排沙、控流相互依存，共为体系，保证了防洪、灌溉、水运和社会用水等综合效益的充分发挥。

2. 都江堰是一个科学、完整、极富发展潜力的庞大的水利工程体系

李冰主持创建都江堰时，正确处理鱼嘴分水堤、飞沙堰泄洪道、宝瓶口引水口等主体工程的关系，使其相互依赖、功能互补、巧妙配合、浑然一体，形成布局合理的系统工程，联合发挥分流分沙、泄洪排沙、引水疏沙的重要作用，达到枯水不缺，洪水不淹

的效果。鱼嘴、飞沙堰、宝瓶口3大工程，科学地解决了江水自动分流、自动排沙、控制进水流量等问题，消除了水患。

李冰所创建的都江堰是一个科学、完整、极富发展潜力的庞大的水利工程体系，是巧夺天工、造福当代、惠泽未来的水利工程，是区域水系网络化的典范。后来的灵渠、它山堰、渔梁坝、戴村坝等一批历史性工程，都有都江堰的印记。都江堰水利工程的科学奥妙之处，集中反映在：以上3大工程组成了一个完整的大系统，形成无坝限量引水及在岷江不同水量情况下的分洪除沙、引水灌溉的能力，使成都平原"水旱从人、不知饥馑"，适应了当时社会经济发展的需要。中华人民共和国成立后，又增加了蓄水、暗渠供水功能，使都江堰工程的科技经济内涵得到了充分的拓展，适应了现代经济发展的需要。

都江堰水利事业工程针对岷江与成都平原的悬江特点与矛盾，充分发挥水体自调、避高就下、弯道环流的特性，正确处理悬江岷江与成都平原的矛盾，"乘势利导、因时制宜"，使其统一在一大工程体系中，变水害为水利。

在2000多年前，都江堰就取得这样伟大的科学成就，并且世界绝无仅有，至今仍是世界水利工程的最佳作品。1872年，德国地理学家李希霍芬（Richthofen，1833—1905年）称赞都江堰："灌溉方法之完善，世界各地无与伦比。"1986年，国际灌排委员会秘书长弗朗杰姆，国际河流泥沙学术会的各国专家参观都江堰后，对都江堰科学的灌溉和排沙功能给予高度评价。1999年3月，联合国人居中心（现联合国人居署）官员参观都江堰后，建议都江堰水利工程参评2000年联合国的"最佳水资源利用和处理奖"。

第三章　剑门雄关：金牛古道

第一节　"石牛粪金，五丁开路"

一、蜀道概述

蜀道，是古代由长安通往蜀地的道路，山高谷深，道路崎岖。在我国古代历史上，尤其是秦汉隋唐等封建王朝盛世，从古都长安穿越秦岭、巴山，通往西南重镇成都的国家驿道，以汉中（古时汉中属蜀国）为中心分为南北两段。北段穿越秦岭的主要驿道有故道、褒斜道、傥骆道、子午道等多条，南段穿越巴山的主要驿道则只有以"石牛粪金"而得名的金牛道这一条。

古蜀道，有广义和狭义之分。从广义上说，南起成都，过广汉、德阳、罗江、绵阳、梓潼，越大小剑山，经广元而出川，在陕西褒城附近向左拐，之后沿褒河过石门，穿越秦岭，出斜谷，直通八百里秦川，全长约1000千米。

广义上的蜀道，包括全国各地通往古代蜀地的道路以及蜀地范围内的道路。以成都为原点看：自成都北，由陕入蜀的，有翻越秦岭到汉中的陈仓道、褒斜道、傥骆道、子午道，有从汉中翻越大巴山入蜀的金牛道、米仓道、荔枝道（又称"洋巴道"），有由甘肃入蜀的阴平道；自成都向西，有连接西藏通西域的茶马古道；成都以南，有由云南入蜀的五尺道和在此基础上拓展可通向南亚的西南丝绸之路；成都以东，有自三峡溯长江而下的水道。

从狭义上说，仅包括四川境内的路段，南起成都，北止广元棋盘关，全长约450千米。

狭义上的蜀道，是指翻秦岭过巴山、连接陕西西安和成都的道路。由关中通往汉中的褒斜道、子午道、陈仓道、傥骆道以及由汉中通往四川的金牛道、米仓道、荔枝道等组成。"栈阁北来连陇蜀"的诗句，就真实地记录了古代蜀地陆路交通的景象。

二、金牛道

金牛道开通时间在战国中期（前316年前后），道路全长约600千米，自成都出发，经德阳罗江县、绵阳梓潼县，至广元剑阁县，过剑门关至昭化，渡嘉陵江，经广元朝天区往东北方向至陕西宁强县，再经勉县即可到达汉中。

金牛道又称"蜀栈"，是古代川陕交通干线。此道由川北广元到陕西宁强一段十分险峻，诗人李白感叹的"蜀道之难，难于上青天"就是指的这一段。

金牛道得名于"石牛粪金、五丁开道"的传说，所以也被称为"石牛道"，又称"南线道"或"蜀栈"。"石牛粪金、五丁开道"的传说最早见于西汉末年著名学者扬雄所作的《蜀王本纪》，其后阚骃的《十三州志》、常璩的《华阳国志》、郦道元的《水经注》等书均有记载。

传说大意是战国时期，蜀王已有褒汉之地，因猎谷中，而适与秦惠文王相遇。其后秦欲攻蜀，在二王相会之处列置了几头石牛，在石牛的尾巴下边放置了一些黄金，扬言石牛能粪金。蜀王贪金，命五丁力士率千余人修路迎牛。秦惠文王遂使张仪、司马错循道出兵，灭了蜀国。

金牛道是古蜀历史上首次见于史书的道路。从建成以来，金牛道便成为联系川陕的最重要的蜀道。而现代的川陕公路、宝成铁路也都是沿金牛道修建的。

考古学家在昭化有不少重要的发现，包括一座距今 2000 多年的西周古城址。而金牛道的历史，也可以从昭化讲起。蜀王开通了金牛道，觉得这里位置重要，便把自己的弟弟葭萌封于昭化。不过葭萌马上就起了反叛之心，他甚至与三峡一带的巴王联合，进军成都。蜀王亲率大军平叛，葭萌跟巴王自知抵挡不住，就去秦国求援。秦惠文王便借此机会伐蜀，在昭化附近打败蜀军，之后又灭亡巴国，尽收巴蜀之地。

史料显示，秦灭巴蜀后，对巴蜀地区进行了大规模的移民。《史记·货殖列传》中记载："秦破赵，迁卓氏……诸迁虏少有馀财，争与吏，求近处，处葭萌。"葭萌，就是现在的昭化。考古学家在昭化附近除了发现古城址外，还发现了一批战国至西汉的墓葬，具有秦文化的特点，似可证明，当年秦人正是通过这里的金牛道入川的。

后来，刘备从荆州入川，驻兵于此，最终成就帝业，便把这里改名为汉寿，寓意蜀汉的统治与日月同寿。到了宋朝，赵匡胤派手下大将王全斌经金牛道攻打后蜀国，结果王全斌一路烧杀抢掠。赵匡胤知道后，为示安抚，便把这里改名为"昭化"，寓意"昭示帝德，化育人心"。古时的昭化，不仅是金牛道的要冲，也是重要的水运码头。

金牛道上，最险要之处就是剑门关。绵延数百里的大剑山七十二峰形如利剑，却在其中有一个天然的缺口，这个缺口便是今天"剑门关"之所在。"一夫当关，万夫莫开"说的也正是这里。

以一敌万自然是夸张了，但剑门关确实从未被人从正面攻破过。蜀汉后期，姜维以 3 万之众，凭借剑门关的天险，抵御钟会的 10 万大军，还多次取胜。直到邓艾偷渡阴平道，刘禅不战而降，诏令姜维投降，剑门关才失守。

五代时期，当时还是后唐大将军的石敬瑭，也无法从正面攻破剑门关，他只能派人绕道，前后夹击，才将剑门关拿下。后来，徐向前率领的红军也是从东、西、南三面包围才攻下剑门关。徐向前对剑门关的地形记忆犹新："战后，我去剑门关一看，真是个奇怪的地形。你从北面来的话，它是个高山，一壁千仞，险恶万分；你从南面来的话，它是坡地。南攻容易，北攻难。"

广元往东 33 千米，有明月峡。明月峡原名"朝天峡"，因唐玄宗来此避难，当地官员在此接驾朝拜而得名。明清后，取李白"清风清，明月明"的诗意，改为"明月峡"。

这段峡谷特别之处就在于这里集水道、纤夫道、栈道、驿道、公路、铁路古今六道于一峡，有远古时候山民们走出的羊肠小道，有经过这里的金牛道，有峡中江边船工们修建的纤夫道，有嘉陵江上的船道，有民国时期修建的川陕公路，还有川陕公路对面的 20 世纪 50 年代修建的宝成铁路隧道。所以，这里也被誉为"中国交通史博物馆"。

想要开通金牛道，就必须想办法通过明月峡。古人的办法是在崖壁凿孔架木，修建栈道。到了近代，栈道无法满足交通需求了，就必须在此开辟公路。但是明月峡全是石壁，简直无处下手。工程技术人员只好沿明月峡古栈道的上方崖壁，用炸药硬生生炸出一条凹槽式的道路。如今，这段凹槽式的道路仍留在明月峡上方，这就是老川陕路上有名的老虎嘴公路。

关于秦置石牛和黄金的地点，历史记载不一。有的直言在褒谷，有的则说在金牛县，即今宁强县大安镇。大安镇西南数里的五丁峡亦称"金牛峡"，峡口现在尚有一个以烈金坝为名的居民点，当地人传说是由于曾在这里用烈火炼牛粪以取金而得名。至于五丁修路地段，也有多种说法，有谓指褒谷南石门附近的道路，有谓指四川剑门关附近的道路。

从元代开始，历经明清两代，学者们多把汉时川陕间的官驿大道，也就是从陕西省宁强县的大安镇、烈金坝折而向南，溯五丁峡，过五丁关，经宁强、黄坝驿、牢固关、七盘岭进入四川，再经神宣驿、龙洞背、朝天镇顺嘉陵江至广元，由广元折西南入剑门，或直向南经阆中以达成都的道路称为"金牛道"。因而在其北段宁强县境内就出现了一些如金牛驿、金牛站、金牛峡、五丁驿、五丁峡、五丁关、五丁铺等与"石牛粪金、五丁开道"有关的地名。

元代褒城成都间的驿道据明代编纂的《永乐大典》引元人熊梦祥所撰《析津志》称："褒城45（指里数，引者），沔阳90，金牛西南50，罗村正西由偏南，镇宁正西朝天正南70，广元自此分三路，一路正西由临江至成都……正西60，临江、剑门、隆庆、垂泉、伯坝、绵州正西偏南90，罗江、汉州西南100成都。"

明代的川陕驿道较之元代有所变化，主要是在广元以下直向南经阆中再向西南折去成都，不经剑门之险。

清代康熙年间，川陕大驿道又被转移到剑门一线上来。《小方壶斋舆地丛钞》第一辑所收录的《驿站路程》中记载："褒城县开山驿50里至勉县黄沙驿，40里至勉县顺政驿，90里至勉县大安驿，90里至宁羌州柏林驿，45里至宁羌州黄坝驿，60里至广元市神宣驿，50里至广元市望云驿，40里至广元市问津驿，40里至昭化县昭化驿，40里至昭化县大木树驿，40里至剑州剑门驿，60里至剑州驿。"

唐宋时期人们对金牛道的认识以及当时作为国家驿道的金牛道的具体走向，都与元明清时期有所区别。这时金牛道上的金牛驿至朝天驿间，不取南折金牛峡、五丁关、七盘岭之线，而是由金牛驿继续向西南至当时的三泉县，即今阳平关以西5000米的唐渡村附近，折南顺嘉陵江岸至朝天驿，再往南过广元、益昌（今昭化老城），入剑门，去成都。有关历史地理图籍也均以褒谷南口和剑门关附近的道路为金牛道和石牛道。

诸多学者如王应麟、陈子昂等关于五丁开辟金牛道的看法，反映了当时人们的共同认识，反映了唐宋时期的人们普遍认为五丁所开的金牛道在通谷，而不是像明清时期人们认为的，唐朝五丁开辟的金牛道是金牛峡、五丁关、龙洞背之线。

唐宋时期，皇帝经金牛道入界只有两次。一次是中期安史之乱，玄宗取故道、金牛道逃往成都。另一次是唐朝末年黄巢起义，僖宗取傥骆道、金牛道逃往成都。他们在金牛道的金牛驿和朝天驿间究竟取哪条路线，经过哪些地方，现存史籍均不见明确记载。

关于唐宋金牛道的金牛驿至朝天驿间的要地，如县城、市镇、关隘、驿馆、名胜古迹等，唐代诗文中反映的有金牛县、金牛驿、金牛镇、百牢关、三泉县、三泉驿、石门洞、五盘岭、朝天岭等，宋代诗文中又增加了大安军、老君洞、老君祠、九井山、九井滩、九井驿、潭毒关、朝天关等。

汉魏南北朝时人们对金牛道的认识与唐宋时期人们大致相似，因为前引唐宋时期史地图籍有关记载，大都沿袭汉魏南北朝时人的著作，如扬雄的《蜀王本纪》，阚骃的《十三州记》、常璩的《华阳图志》、郦道元的《水经注》等书。但关于当时金牛道的线道走向、经过地点，传世资料极少，不得而详。

综上所述，关于战国时期秦国石牛粪金，蜀国五丁开道的确切地点和金牛道的具体走向，虽然众说纷纭，但尚无定论。而秦汉、唐宋和元明清这三个时期，汉中、成都间大驿道的线路有所变化则是明显的事实，虽然在当时它们都被称为金牛道。那么，金牛道北段线路的这种变化是如何形成的，它又有什么样的作用和意义呢？应当说，这种情况的出现是社会经济不断发展的必然结果，它体现了金牛道北段线路的逐步优选，便利了汉中巴蜀间以及中原和西南广大地区的交通，加强了相互间的联系。

三、蜀道是古蜀人开拓进取精神的重要体现

一般来说，交通道路的选线条件主要考虑以下 3 点：一是距离远近，里程多少；二是地形夷险，修筑和通行难易；三是当地社会经济发展水平高低，物资供应和安全保障条件如何。

其中，第一点是受客观自然条件严格限制的，在技术发展相对缓慢的古代，不同历史时期也不可能发生多大的变化。第二点虽然也受自然条件的限制，却是人力可以改造、克服的，至少可以改造、克服一部分。第三点的差别变化就大了。随着社会经济的发展，技术的进步，不同地区、不同时期会发生极不相同的变化，先进和落后、优势和劣势有时甚至会颠倒过来。我们不妨按上述 3 点，对金牛道北段三线情况做一比较。

（1）从距离远近、里程多少看，白水关线应当说是里程最长的，其次是嘉陵江河谷线，而以金牛峡、五丁关线里程最短。

（2）从道路夷险、修筑和通行难易看，白水关线虽有大、小剑门飞阁险道数十里，而清江和白水江河谷，除个别段落外，则一般较为平坦易行。嘉陵江河谷线则广元、阳平关间二三百里，全为峡谷峭崖，正如杜甫诗篇所说："绝壁无尺土。"虽有顺流水运之利，但陆路则高山峡谷，崎岖盘折，飞阁险碥，极不易行。占全程 2/3 的朝天镇阳平关段，至今尚无简易公路的修筑，地形条件在三线中可以说是最差。数万间桥阁栈道，赖常年维修始得维持通行。五丁关、金牛峡线，虽有金牛峡、五丁关、七盘岭、龙洞背等险段，但峡谷里距不长，山岭海拔不高，而玉带河、潜水河河谷又相对宽阔平坦，形成宁强、黄坝驿、神宣驿山间谷地，颇便于行。

（3）从当地社会经济发展情况、旅途供应和安全保障条件来看，三线的变化更大，区别尤为明显。两汉时期，金牛道北段经过的陕南、陇东南和川西北地区，属于人口稀少、经济落后，又多少数民族聚居的山区。东北起汉中郡的沔阳县、西南经剑阁至曾为广汉郡治所的梓潼县近 500 千米的道路间，只有白水和葭萌两个县级行政区、居民点；葭萌县又偏在剑门以东的嘉陵江河谷中，而白水县是巴蜀北通武都、陇西等郡的大道。所以，结合前述道路夷险、修筑通行难，以及考虑物资供应和安全保障等条件，对当时联系汉中和巴蜀的驿道选择白水关线，就不会令人感到奇怪了。

总之，历史上金牛道线路的变化，是人们长期实践优选的结果，其科学性、优越性

已为现代科学技术所证实，并得到继承和发展。民国年间修建的川陕公路褒城广元段即全循元明清金牛驿道线而行。中华人民共和国成立后修筑的宝成铁路阳平关广元段，阳安铁路阳平关汉中段则全循唐宋金牛驿道线，只是在广元以南，公路、铁路均转向西南，越白水江，循清水河谷而行。至剑溪与清水河交会的剑门峡北口，公路折向南进入剑门峡，即沿古代小剑城、大剑镇（今剑门关镇）之线南经剑阁、绵阳去成都；而铁路则只能继续溯清水河，即今下寺河谷往西南，经江曲、绵阳会古道以去成都了。

四、雄奇的蜀道：世界陆上交通的"活化石"

飞栈连云的蜀道，与万里长城、大运河一样，是我国古代人民的又一伟大工程，堪称世界奇迹之一。同时，蜀道也是巴蜀与关中乃至中原在漫长的历史时期联系和交往的通道，是多种文化交流与融合之地。今天，蜀道上还有众多历史悠久、种类繁多的交通遗存与文化景观，处处保留着历史变迁的痕迹。

古蜀道上的栈道遗址

1. 古蜀道的发展历程

甲骨文中有"蜀"字；《尚书》等文献记载，周武王伐纣，有"蜀"人从行。可见蜀道的起始年代，应远在战国以前，甚至商周时期。从秦惠文王与蜀王会褒中而后有的"五丁迎石牛"传说，我们可以推知，早期"蜀道"的开通，是通过秦人和蜀人的共同努力而实现的。

战国秦汉时期是蜀道的大开通、大发展时期，秦对楚作战的需要以及后来的统一全国，均须依靠通畅的蜀道。三国时期，魏、蜀、吴的争雄，促进了蜀道旧路的维护修复和新路的开辟利用。唐宋时期，蜀道是四川地区与中原交流和沟通的主要通道，是四川对外交通格局的重心所在。元明清时期，四川对外交通从原来的以蜀道为主，转移到以长江为主干的三峡水路，但蜀道仍然是中原与西南地区相联系的主动脉，保持着官驿大道的地位。而明末农民起义、清白莲教起义、太平天国起义等，战火都无一例外波及蜀道。

民国以来，随着近现代交通工具逐渐传入中国，古蜀道交通开始衰落。然而，古蜀道并没有彻底消失，只是换了个面貌。现在，连接川陕两省的公路、铁路、高速路，大多都是在古蜀道的基础上演进的，不少选线也基本上是沿古蜀道线路设计施工的——民国时修建的川陕公路（今 108 国道路段），取线于唐宋褒斜道（元明清连云栈）和金牛道；中华人民共和国成立后修建的宝成铁路，其北段取线于陈仓道，南段取线于金牛道；由西安到四川万源的西万公路，北段取线于子午道，南段取线于荔枝道；由周至到洋县的周洋公路，大部分取线于傥骆道；由眉县到汉中褒谷口的褒斜公路，取线于褒斜道；由南郑县到四川南江线的二南公路，基本取线于米仓道。

2. 古蜀道完备的路政管理设施

在漫长的历史长河中，四川境内陆上对外运输基本上完全依靠蜀道维持。蜀道选线合理科学，配套设施齐备，路政管理完善，颇具科学性、实用性。让我们来看看古人是怎样维护和使用这条古道的。

（1）驿道树

驿道树现在还有规律地分布在 300 多千米长的蜀道两旁，其规模堪称世界一绝，是古人植树护路的典范。驿道树具有多方面的作用：一是以树计里，起里程碑的作用；二是植树表道，起路标的作用；三是便于修理栈道时，就近伐树取材；四是保护道路，防止雨水冲刷路基；五是为行人提供行路方便，遮阴避暑。

（2）铺、驿

蜀道沿途有不少以某某铺、某某驿命名的地方，如汉阳铺、抄手铺、剑门驿、龙泉驿等。铺、驿站设有驿丞、管理、文书、兽医、公馆、厨师等，既可解决护树、护路和沿途邮传、治安问题，又可解决往来行人吃、住、行的问题，其功能与今天的养路段、路政部门、交警部门以及高速公路服务区等的职能职责差不多。据不完全统计，清代时仅广元与陕西交界处至绵阳这一段古道上就有 56 铺、14 驿站，形成古蜀道一套完整的路政交通、军事治安、邮传等一元化发展体系。

（3）拦马墙、饮马槽、防滑带

拦马墙就是在驿道险要处为防备跑马官差跌落悬崖而砌成的墙，可谓最早的路政安保设施。

饮马槽又叫"饮马池"，是在大青石上开凿的可移动性水槽或固定性水槽，专为往来马匹提供饮用水源，与当今加油站的功能大同小异。

古蜀道"加油站"——饮马槽

　　青石板路面一般宽 2~3 米，最宽处达到 5 米，路面平整，沟渠畅通，千百年来路面很少垮塌。古驿道管理人员在光滑的石板路上开设了防滑带，并在容易塌方处和阶梯石中间加有"门槛石"。一方面，可使路基石板稳固；另一方面，可使"木牛"（鸡公车）易于减速刹车，以保证行人行路安全。

古蜀道防滑带

古蜀道门槛石

（4）栈道和石门

历史上的栈道在中国西南及陕南秦岭大巴山山地出现，是人们为了在深山峡谷通行而在峭岩陡壁上凿石架木、下撑以柱、上覆以板所建成的通道。为了防止这些木桩和木板不被雨淋变朽而腐烂，人们又在栈道的顶端建起房亭（亦称"廊亭"），这就是阁，亦称"栈阁"。连贯地称呼，为栈阁之道，简称"栈道"。栈道是中国古代交通史上的一大发明。在现代交通产生以前，它无疑是平直近捷的一种交通设施，被誉为"古蜀道高架桥"、古代山区的"高速公路"。而在一条闻名古今中外的重要蜀道——褒斜道上，有一个开凿于东汉永平年间的人工交通隧道——石门，被学术界认为是世界上最早的人工山体岩石隧洞。

蜀道由道路、关隘、驿铺、沿途城镇构成的完备的交通体系，在世界交通史上是首屈一指的。就在蜀道丧失主要功能数十年后的今天，我们仍然可以从残存的遗迹中，想象当年蜀道的辉煌。

第二节　商旅辐辏，秦蜀要冲

一、唐宋时期蜀道城市带是全国经济最发达的地区

秦汉隋唐帝国以蜀道为轴线，联系关陇地区和巴蜀地区，形成以汉中盆地为枢纽的立国基地。"唐都长安，每有盗寇，辄为出奔之举，恃有蜀也，所以再奔再北而未至亡国，

亦幸有蜀也。长安之地，天府四塞，譬如堂之有室，蜀以膏沃之土处其闉阚，譬如室之有奥，风雨晦明，有所依而避焉。盖自秦汉以来，巴蜀为外府，而唐卒赖以不亡，斯其效矣"。北宋定都开封后，蜀道的政治地位下降，经济地位上升，蜀道也成为宋朝的边防前线。"若弃兰州，则熙河必不可守；熙河不守，则西蕃之马无由复至，而夏戎必为蜀道之梗"。宋朝人普遍认为"天下者，常山蛇势也，秦蜀为首，东南为脊"。(《宋史·汪若海传》)所以，北宋王朝非常重视蜀道的建设，促进蜀道经济带的发展，以保证王朝的安全。

北宋由国都开封经洛阳、长安以达汉中、成都的大驿路要经大散关、凤州、两当、兴州（陕西略阳）、三泉（陕西省宁强县）至利州（四川省广元县）。唐末五代时期，南北争战，"三川兵革，虎豹昼行，任土贡输，梗于前迈，西川秦章，多取巫峡"。(《北梦琐言·逸文》)蜀道屡遭战火，虎盗出没，交通几乎中断。宋太祖赵匡胤黄袍加身不久，为了发兵进攻后蜀，首先修复蜀道。乾德二年（964年），"先锋都指挥使、凤州团练使张晖，督兵开大散关路，躬抚士卒，且役且战，人忘其劳，至青泥岭病卒"。蜀道修通后，宋军势如破竹，很快攻破天险剑门关，后蜀孟昶投降。此后，北宋政府更加注重蜀道的经济交通作用，把商旅的行路方便和川茶等大宗商品运输的便捷等视为整修道路、取舍新旧驿道的首要参考条件（《宋会要·方域》）；宋代蜀道沿线的地方政府和官员，已深知发展交通、兴修道路，是招商引资、繁荣地方经济的主要条件，纷纷奏请修建蜀道，甚至在蜀道干线上乱开支线。为此，北宋政府建立了严格的蜀道修筑报批制度。(《宋会要·方域》)北宋政府在蜀道沿线建立"递铺"，并重视完善递铺的交通设施和改善递铺兵士的生活。天禧元年（1017年）七月，"遣使市小车给凤翔府至绵州递铺，仍为增葺补屋，以道险且远故也"。至和元年（1054年）七月，"诏陕西转运司，自永兴军至益州迎递铺军士，方冬苦寒，挽运兵器不息，其各赐缗钱有差"。

正是因为北宋政府重视蜀道及其沿线的经济建设，蜀道沿线很快出现了经济繁荣、商贸发达的喜人景象。"岁贡纲运，使命商旅，昼夜相继，庐舍骈接，犬豕纵横，虎豹群盗，悉皆屏迹"，即使在险峻难行的青涨岭上，也有"客邸酒垆"；(《白水路记》)在蜀道经过的一般山区，更是"道店稠密，行旅易得饮食"。蜀道交通的发达，促进了蜀道经济的繁荣。

北宋成都府路（古代行政区名）的成都平原，利州路的汉中盆地和秦凤路、永兴军路的关中平原，是西部经济最发达的地区，畅通的蜀道将它们连接起来，形成了经济上联系密切、优势互补的蜀道经济带。

宋代的川峡地区，"地挟而腴，民勤耕作，无寸土之旷"；(《宋史·食货志》)成都平原更是"蜀地膏腴，亩千金，无闲田以葬"。(《宋史·王赎传》)"惟剑南西川，原野衍沃，氓庶丰伙，金缯泞絮，天洒地发，装馈日报，舟浮辇走，以给中府，以赡诸塞，号居大农所调之半，县官倚之，因以为宝薮珍藏云"，是蜀道经济带上最繁荣的地区。

汉中盆地是蜀道的总枢纽和中继站，这里也是"厥田沃衍，其俗富庶""川陆宽平，鱼稻丰美"的鱼米之乡。"平陆廷袤，凡数百里、壤土衍沃，堰埭棋布，桑麻粳稻之富，引望不及"。汉中盆地与成都平原、关中平原有密切的经济联系，其繁荣程度仅次于成都平原。兴元府地处穿越秦岭、巴山的陈仓道与金牛道、米仓道等道路的交会处，是西北与西南，西部与东部商品流通的必经之地，商业繁荣，经济发达，"邑室富盛，人民繁庶""一城之中，民屋错此，连甍接宇，可数万计"，是汉中盆地的经济中心城市。"自三代已来，号为巨镇。疆理所属，正当秦蜀出入之会，下褒斜，临汉沔，平陆延袤，凡数百里，壤土衍沃，堰埭棋布，桑麻粳稻之富，引望不及。西南俞栈道，抵剑门，下趣成都。歧雍诸山遮列东北，深蟠远跱，孕畜云雨。罅道百出，相拱如辐。远通樊邓，旁接秦陇。贸迁有无者望利而入。旧制中州之人，不得久居于此，今复弛禁，一切不问，故四方来者，颇自占业。殊习异尚，杂处闾里，天下物货，种列于市，金缯漆枲，衣被他所。近岁洮河所仰茶产钜亿，公籴私贩，辇负不绝。诚山西浩穰之奥区，而朝廷所宜留意之剧地也。"

洋州濒临汉水，又是傥骆道、荔枝道必经之地，是汉中盆地东部的交通枢纽。"地通蜀汉之饶，俗兼秦陇之劲"，是一个经济发达的城市。"汉唐之际，已名重郡""正居汉水之上，川陆平衍，广袤千里，东北诸山，萦带连属，径路盘屈，隙穴深远，上通荆楚，旁出歧雍。其中所产济人急用之助，品目甚众，旦夕赢辇，道路不绝，闾巷井邑，百货填委，实四方商贾质易毕至之地，衣被秦蜀，有是仰者。"

以京兆府、秦州为中心的关陇经济区，"土地膏沃""其民慕农桑，好稼穑"（《宋史·地理志》）"户口滋息，农桑丰富"。地处中原与西域及大西南的交通要冲，是蜀道经济带上西北各族和西域地区贸易的窗口，边境贸易非常活跃，许多少数民族商人"多缘互市家秦陇间"。大军云集关陇，需求旺盛，市场广阔。其中以蜀商和陕西商人最为活跃，其他各地商人也络绎不绝。"关陇以西至沿边诸路，颇有东南商贾，内如永兴军、凤翔府数处尤多"。

京兆府长安城，虽小于唐代，但人口仍有十几万，城内"衣冠豪右错居其间，连甍接桷"。（《善感禅院新井记碑》）居民生活习尚，仍不失故都之风。城内商贾如云，富商"家累巨万"。长安城仍是西北地区的经济中心城市。

秦州是西北边防重镇和边贸中心，既有官方的茶马贸易，更有民间的互市贸易。"蕃中物货四流而归于我者，岁不知几百千万，而商旅之利，尽归民间"。秦州也是西北地区经济发达，"最号繁富"的大都会。

蜀道经济带商业贸易发达，许多城市商税收入巨大。已故宋史专家吴泰先生说："北宋每年商税收入最多的都市，有都城开封、成都府、兴元府。这3个城市每年的商税额在北宋中期都达到四十万贯以上。"它们和杭州一起，成为北宋4大商业中心。全国每年商税额超过40万贯的3大都市和4大商业中心，有两个在蜀道线上，充分显示了蜀道经济带强劲的经济增长势头和在全国经济中的重要地位。

除这些繁荣的大都市之外，蜀道经济带上还有众多的地区性都市、县城、镇市和草市，如利州（四川省广元市）、三泉县（陕西省宁强县）、兴州（陕西省略阳县）等，共同构成分布密集、大小不同、功能各异的城市贸易网。

宋代全国著名的经济都市不下四五十处，仅征收商税在十万贯以上的就有42个城市。以这些城市为主体，形成3大城市群带，即蜀道沿线城市群带、运河沿线城市群带、通往河北大道上的城市群带。蜀道上的城市如京兆府、秦州、兴元府、利州、梓州、成都府等，犹如散落在中国西部秦岭南北大地上的颗颗璀璨的明珠，在众多地区性都市、县城、镇市和草市的映衬下，格外引人注目。它们各以其不同的功能，共同支撑着蜀道经济带，在全国经济中享有鼎足而立、光彩夺目的重要地位，这在中国西部经济发展史上是非常罕见的。它充分证明了作为大山环抱的内陆河谷盆地，虽无沿海、沿江的便利交通，无发展商业的有利条件，但仍可凭借繁荣稳定的农业经济，以发展交通为条件，以区域大市场为依托，以该地区商品贸易的龙头产品为主导，走出盆地，招商引资，加强区域间的横向联系，走出一条发展区域经济的宽广大道，使"商贾通行东西，诸货日夜流转"。

二、蜀道是中华民族实现统一的战略要道

回顾华夏文明萌生的历史，可以看到，秦岭巴山是几大基本文化区之间相互联系的最大的天然屏障。可以说，穿越秦岭巴山的早期道路，是我们民族文化显现超凡创造精神和伟大智慧的历史纪念。而秦岭巴山古道路系统中，连通重要区域方向的蜀道地位尤其重要。在中国古代道路中，蜀道在经济联系、文化沟通、政令宣达、军事攻防等方面的历史作用，乃至工程规划组织水准所体现的领先性和代表性，都是历史学者和地理学者应当认真关注的研究课题。

对于蜀道交通的历史贡献，以秦人最为突出。而蜀道的经营，尤其显著地表现出秦人以交通建设促成政治军事进取条件的成功。蜀道连接了关中和蜀地两处"天府"，为秦的统一准备了条件。西部地区因蜀道的沟通，以经济文化区域的突出优势，长期成为统一帝国的基础。

秦与蜀的交通往来，有久远的历史记录。《华阳国志·蜀志》说，蜀人传说，时代先王卢帝当政时，曾经"攻秦，至雍"。春秋战国时期，这种联系更为频繁。《史记·秦本记》记载："厉共公二年，蜀人来赂。"秦惠文王十三年（前387年），"伐蜀，取南郑"。同一史实，《史记·六国年表》则写作"蜀取我南郑"。《史记·秦本纪》载惠文君元年（前337年）"蜀人来朝"，《史记·六国年表》则写作"蜀人来"。

秦惠文王时期，秦完成了对蜀地的占有。秦人兼并蜀地，是秦首次实现面积达数十万平方千米的大规模领土扩张，为后来统一事业的成功奠定了最初的基础。

战国秦汉时期，称关中为"天府"。《史记》和《汉书》六见"天府"的说法，其中五次都是指关中。蜀道使得关中平原和四川平原这两处公认最早的"天府"相互连接，形成了中国西部相当长历史时期内的文化优势和经济强势。直到江南得到开发以后，仍有"扬一益二"之语，显示了蜀地平原富足实力外在影响的长久，而这种影响也是通过蜀道实现的。

蜀道的高效能使用，使得中国西部连通为一个实力雄厚的整体。就天文与人文的对应关系而言，出现了所谓"（蜀地）星应舆鬼，故君子精敏，小人鬼黠；与秦同分，固多悍勇"的说法。所谓蜀地"与秦同分"与所谓"巴、蜀亦关中地也"可以对照理解。秦汉"关西""山西"也就是"大关中"区域因此成为统一帝国之基础。兼并蜀地之后，秦国虽然尚未征服东方文化基础深厚的地区，但是已经远远超越其他6个强国，成为版图面积最大的国度。秦国领土南北纵跨纬度超过12°，这是战国七雄中其他国家无一能够相比的。对包括畜牧区、粟麦耕作区和稻米耕作区广大区域的综合管理，自然可以提高秦国领导集团的执政能力，为后来统一全国的军事策略提供预演的条件。

在军事扩张的历程中，秦国将士表现出善于"远攻"的特点。秦人较早开创军团长距离远征，"径数国千里而袭人"的历史记录。秦统一战争中，往往调动数十万人的大军

连年出击，无疑也需要凭借强大的运输力量保证后勤供给。秦国之所以最终能够完成击灭六国、实现一统的伟业，有强劲的交通实力以为倚助，也是重要因素之一。秦征服蜀地的战争，使包括运输能力在内的军力经历了考验。蜀道，可以看作秦国军运能力的试验场和考场。

秦汉帝国的崛起，影响了东方史的方向，也影响了世界史的格局，而蜀道对于这一具有世界意义的历史变化所起的作用是十分显著的。

第三节 文宗赋圣，蜀道留芳

一、蜀道是天府文化名人出川的通道

"文宗自古出巴蜀。"——文翁、司马相如、扬雄、陈子昂、李白、薛涛、黄崇嘏、苏轼、杨慎、黄峨、李调元、郭沫若、巴金、何其芳、商禽、流沙河、蓝棣之、任洪渊、孙静轩……他们血液中的地气无不与成都相连，与锦江相贯。

天府广场（四川成都）有12根文化柱，是对巴蜀历史和文化的介绍。其中一根上面写着："文宗在蜀。"元代诗人张翥赞誉说："天地有大文，吾蜀擅宗匠。"现代诗人郭沫若在诗歌《蜀道奇》里进一步说："文宗自古出西蜀。"

四川这个风水宝地，激发了历代文人的创作灵感，成就了他们在文学史上的地位，所以四川历来是出大才子的地方。在中国历代文化名人长廊中，出自四川的文学巨匠和宗师，可以说是群星璀璨。这里重点介绍"赋圣"——司马相如"诗仙"——李白"大文豪"——苏东坡和"文坛宗匠"——郭沫若。

1. "赋圣"——司马相如

成都有个地方叫"琴台路"，名字就源于司马相如和卓文君的故事。司马相如是个风流才子，在邛崃首富卓王孙家做客，以一曲《凤求凰》为媒，打动了卓文君，两个人私奔到成都，演绎了一出美丽的、流传至今的爱情故事。

司马相如的文章，特别是赋写得非常好。他的《大人赋》描写的是神仙如何羽化登仙，如何凌霄步虚，仙游四方。汉武帝看到后读得"飘飘有凌云之气，似游天地之间意"。于是把他召进朝廷，封为"郎官"，做了侍从。

司马相如还提出了独特的写赋理论，叫作"赋家之心"与"赋家之迹"。"赋家之心"，是指写赋人应当具备的素质。"包括宇宙，总揽人物""控引天地，错综古今"。赋体现着写赋人的眼界、知识面、做人功夫，是"斯乃得于内，不可得而传"，只能够靠自己去修炼和领悟，用通俗的话来说叫作"功夫在赋外"。至于"赋家之迹"，是指文章的巧妙结构和章法，文章的写作艺术。"合纂组以成文，列锦绣而为质"。"赋家之心"的创作思想同"赋家之迹"的写作方法相结合，构成了司马相如浪漫主义文学的根基。

司马相如还有一个特殊贡献。他作为朝廷特使，出使云贵，安抚少数民族，开拓"南丝绸之路"，被封为中郎将。

司马相如是四川文学的一个开创性人物。他开启了巴蜀文学梦幻迷离，想象奇幻的浪漫主义先河。有人评价说，他开启的这种文学传统，对后来人李白、苏轼、郭沫若，以至今天四川的朦胧派诗歌群体都有极大的影响。

2. "诗仙"——李白

唐朝"诗仙"李白，他的诗歌仙气冲天，飘逸洒脱，想象力丰富，语言流转自然，音律和谐多变，是中国古典积极浪漫主义诗歌的高峰佳作。他那"飞流直下三千尺，疑是银河落九天"的磅礴气势，"天生我材必有用，千金散尽还复来"的非凡自信，"安能摧眉折腰事权贵，使我不得开心颜"的独立人格，"戏万乘若僚友，视同列如草芥"的凛然风骨，如同杜甫所说，真是"惊风雨""泣鬼神"。同代人李阳冰也称赞李白是"千载独步，惟公一人"。

3. "大文豪"——苏东坡

宋朝"大文豪"苏东坡是眉山人。苏东坡既是文学家，又是书法家，堪称全才，与父苏洵、弟苏辙合称"三苏"。人们称赞："一门三父子，都是大文豪。"当然，最出色的要算苏东坡，他是写词的顶尖高手。他的名篇《念奴娇·赤壁怀古》和《水调歌头·明月几时有》，把写景、咏史、抒情融为一体。"大江东去，浪淘尽，千古风流人物。故垒西边，人道是，三国周郎赤壁。乱石穿空，惊涛拍岸，卷起千堆雪。江山如画，一时多少豪杰……""明月几时有？把酒问青天""人有悲欢离合，月有阴晴圆缺，此事古难全。但愿人长久，千里共婵娟"……这些感情激荡、气势雄壮、激昂奔放、脍炙人口的名篇名句，令后辈钦佩。

4. "文坛宗匠"——郭沫若

在现代文坛上，四川人更是以大师群体的形象出现。可以毫不夸张地说，在相当长的时期中，四川人占有现代文坛的半壁江山，其中首推"文坛宗匠"郭沫若。

乐山人郭沫若是当代著名的大才子。1939年7月5日，毛泽东在写给郭沫若父亲郭朝沛的挽联中称赞："哲嗣乃文坛宗匠，戎幕奋飞，共驱日寇，丰功勒石励来兹。"在现代文人中，可以说郭沫若是涉及领域最广、著述颇多、成就颇高的文化界领袖，文史哲经、诗词歌赋、古今中外，样样精通。在中国现代学者中，可能他的头衔最多——著名文学家、剧作家、历史学家、古文字学家、书法家、学者、诗人和社会活动家等。"文坛宗匠"之称可谓名副其实。

先说郭沫若的社会活动家头衔。北伐战争时期，他是北伐军的总政治处副主任。抗战时任文化工作委员会主任，是公认的文化界领袖。中华人民共和国成立后，郭沫若任政务院副总理兼文化教育委员会主任。之后，长期担任中国科学院院长和全国文联主席，创办了中国科技大学并担任首任校长。

再说郭沫若的文化成就。他是五四时期最著名的诗人，代表作诗集《女神》，使他成为现代新诗的奠基人。作为著名剧作家，他留下了《屈原》《虎符》《棠棣之花》《孔雀胆》《南冠草》《卓文君》《王昭君》《蔡文姬》《武则天》等一大批著名剧作。

作为历史学界的开拓者和代表人物，郭沫若留下了《中国史稿》《中国古代社会研究》《奴隶制时代》等著作。郭沫若1944年的史学著作《甲申三百年祭》，被中共中央定为延安整风学习文件。

作为古文字学家，他留下了《甲骨文研究》《卜辞研究》《殷商青铜器金文研究》等开创性著作。

鲜为人知的是，郭沫若还是个翻译家。他精通英文、德文、俄文，不仅翻译了德国、英国、美国、俄罗斯等国大量的小说和诗歌等文学作品，而且还翻译了不少经典理论著作，如马克思的《政治经济学批判》以及马克思和恩格斯所著的《艺术的真实》。

他还是现代著名的书法家。被世人誉为"郭体"的书法作品数量多，影响广。

改革开放以来，四川先后还有周克芹（著《许茂和他的女儿们》）、王火（著《战争和人》）、阿来（著《尘埃落定》）3 位作家获得"茅盾文学奖"，戏剧家魏明伦更是被封为巴蜀"鬼才"。

二、蜀道是"自古诗人例到蜀"的通道

与"文宗自古出西蜀"相应的还有一句，叫作"天下文人皆入蜀"。历史上的一些著名诗人，如杜甫、陆游、黄庭坚，在他们的创作生涯中都有一个有趣的现象——他们都到过四川，在四川的日子是他们的创作高峰期。这大概是因为他们在受到四川山水文化的深刻影响后，找到了创作的灵感。

古往今来的诗人都得入蜀住一阵，走一遭，概莫能外。除却"盛产"出一大批如司马相如、李白、苏东坡等优质的文人外，成都还是外籍诗人游历朝拜的文化"圣地"。"自古诗人例到蜀"（李调元）的诗句便是明证。

除却筑草堂寓居成都的"诗圣"杜甫外，唐代的诗人王勃、白居易、刘禹锡、李商隐，宋代的苏东坡、黄庭坚、陆游、范成大等，都曾在成都游历和定居，来这里采集特殊的气场，吸取另类的养分，并留下华美的诗文为证。便是今天，成都的文人也密集得有些茂盛。就是随意出一本诗集，也能惹来说是一本"四川县志"的嫉妒。

锦江、青羊宫、浣花溪、望江楼、武侯祠……几乎成都的每个角落都有诗文流淌。从诗文的角度去看成都，你会发现，无论游走在哪里，都能和古人有灵犀相通之感。诗是成都的神，文是锦江的魂。

成都诗脉从古至今都很贯通，都很显扬，尤其在 3 个时间段上诗人的数量、质量和诗歌成就达到了中国诗峦之巅。这 3 个时间段，一是汉代，二是唐代，三是 20 世纪 80 年代。这座城市的文化根系太过茂盛。身为"天府之国"的首府，成都的文化气质，呈现一种奢靡的华丽，一种难言的柔媚，一种别致的风流，一种浩然的大气。地理环境的优越，城市经济的富足，以及历史文明的悠久，使得这座安逸的城市对于文化的需求既苛刻又包容，既激烈又茂盛。于是，这座城市装满了太多的传奇和典故。

若要探究这座城市的精神气质和文化人格，最好的办法是沿着历史的长河，以地域文化着眼，从蜀人士风入手，坦然视之，细心观之，寻找风雅的历史，千古的风流，以及这座城市四处滋长的诗意和激情。

1. 才子的风范

从某种程度上讲，正是司马相如，以其"汉赋才子"的形象和影响，决定了巴蜀文化的气质特点和审美取向。

在许多人心目中，司马相如是一个俊雅倜傥的风流才子。人们津津乐道的是他写文章的漂亮文笔和恣意才情，还有就是他与卓文君夜奔成都的千古风流事迹。然而，若只是将其作为"风流才子"的代名词，便是皮相之见了。且不说他敢和寡居的卓文君自由

结合的特立独行，且不说他和卓文君开店卖酒时，脱下长衫，涤器市中的淡定从容；单就说他在皇帝身边，却很少以献赋为手段，献媚取宠、阿谀逢迎的洁身自好，便足以令我们敬重。

四川盛产天才，自然离不开蜀地自然环境的影响。盆地气候的温润，蜀地山川的雄奇，满川水域的秀美，天府之国的富饶，加上山川的瑰丽色彩和奇幻想象，使得蜀人在天地造化的刺激下，在多重美景的熏陶下，性格灵动，才情充沛，"多斑采文章"自然也就顺理成章。同时，"蜀道之难，难于上青天"的地理阻隔，也减少了中原"正统"文化的影响，使得蜀文化有了更多的包容气度和自由风尚。于是，蜀文人都秉承一种神似道同的文化气质。从文章上看，一个个才气纵横，气势豪放，文采瑰丽，幻象奇特；从性格上讲，一个个个性张扬，神采奔放，自由不羁，特立独行。这些带有浓郁地域特色的名人印记，沉淀着民族精神的历史财富，也喻示着文化人格的集体走向，是巴蜀最具美感和冲击力的文化符号。

蜀文化的兴起和繁荣，文化天才的密集辈出，正如班固总结的那样，是"文翁倡其教，相如为之师"的结果。虽说蜀地土地肥美，经济富饶，可奇山峻岭之地多是少数民族的领地，正所谓"夷狄之境、化外之民"，文明的风气还没有吹醒这片土地。直到孝文帝末年，庐江文翁做了蜀地的太守，情况才大有改观。文翁治蜀的方针是两手都要抓，两手都要硬。他一手抓物质文明建设，兴修水利，使得"世平道治""民物阜康"；一手抓精神文明建设，修立学校，教育士子，甚至还特地派老师进修，"东诣博士受《七经》"，以提高教学水平。几年下来，成绩显著，使得蜀文化气象大有改观，甚至可以"蜀学比于齐鲁"，巴蜀文化已有繁荣之象，发达之势。

班固在《汉书·地理志下》总结到，文翁教化的基础工作扎实，以及司马相如游宦京师、诸侯，"以文辞显于世"的榜样力量，使得乡党彻底明白了"文中自有颜如玉，文中自有黄金屋"的"硬"道理，于是，羡慕之余，纷纷走上了"循其迹"的成才道路，这才有了后来"王褒、严遵、扬雄之徒，文章冠天下"的文化盛况，也因此养成了巴蜀文人重文采、尚辞赋，喜欢涂抹华丽辞章的文化习性。

若是灵性足够，才气足够，修养足够，自然也能写出纵横铺陈，一泻千里的靡丽辞藻来。虽与司马相如相比，或有其意而无其才，或有其才而无其笔，或有其笔而无其精神之流动，但能把文章写得"文理自然，姿态横生"，已算修成正果了。

2. 柔媚的诗骨

大概是成都太过湿润（年平均相对湿度82%），城市总是一派阴沉沉、雾蒙蒙、湿漉漉的模样。这样的地理环境，一方面使得喜阴的植物恣意茂盛；另一方面也使得这座城市的文化骨子里，总是带有一种潮乎乎、软绵绵的意韵。因此有人说四川的诗歌总体特征是阴性的，带有浓浓的脂粉气。例如五代时期，文人词作多以香艳体著称。而最浓艳、最直露的文人群体，当属前、后蜀时期。那时成都活跃着一大批花间派的诗人，如韦庄、蜀中五鬼等，描述的多是绣幌佳人的欢致腻语，绮筵公子的醉生梦死。

城市文化脂粉气的另一个表征，便是这座城市的文化谱系里，女性占有重要的地位。女人与文化沾边的最经典案例莫过于卓文君和司马相如的故事了。当初，那个叫卓文君的川妹子，敢以"富家千金"和"小寡妇"的双重身份，"惊世骇俗"地跟着这个穷得一塌糊涂的司马相如私奔，并大咧咧地当垆叫卖，便是明证。从某种意义上讲，司马相如和卓文君的"风流韵事"，是中国正史上记载的为数不多的"爱情喜剧"，也是传统文化里"才子佳人"的完美版本。他们的故事，不但使得巴蜀文化多了一抹靓丽的粉色，也让成都地理平添了许多名胜和佳话。

有意思的是，成都酒家心甘情愿地附会"文君遗风"，热闹了千百年。成都酒娘也集体跟着沾了光，总是容易获得文人的偏爱和垂青。唐代著名诗人李商隐就曾慨叹道："美酒成都堪送老，当垆仍是卓文君。"当时的成都，那些酒家里，不知深藏着多少"垆边人似月，皓腕凝霜雪"的惊艳市井风光。

川妹子写起诗，做起文来，也没有丝毫问题，才女薛涛的故事便足以为证。薛涛本是良家女子，自小兰心蕙质，冰雪聪明，后迫于生计，才无奈做了诗妓。据说，当时的剑南节度使韦皋对她青睐有加，还赠诗赞道：万里桥边女校书，枇杷花下闭门居；扫眉才子知多少？管领春风总不如。于是，薛涛的名声不仅传遍了蜀中，而且很快就全国皆知。当时许多著名人士，如白居易、张籍、杜牧、刘禹锡等，都与她有诗文酬唱，薛涛也因此而名垂青史。

除却应酬诗作得好，薛涛心中还有一股浩然之气，写过"平临云鸟八窗秋，壮压西川十四州。诸将莫贪羌族马，最高层处见边头"这般脱尽脂粉气的诗句。后人赞她"虽是身下卑，而有林风致"。如今，锦江岸畔有一座为她而筑的望江楼，楼上有副楹联："古井冷斜阳，问几树枇杷，何处是校书门巷？大江横曲槛，占一楼烟月，要平分工部草堂。"其诗才竟可与大诗人杜工部相提并论，可算是川人给予她莫大的荣耀。

3. 出位的姿态

《汉书·地理志》记载蜀地民风，提到"柔弱褊"，唐代学者颜师古批注解释道："言其材质不强，而心忿。"颜师古是京兆万年（今陕西西安）人，也就是当时唐帝国首都人，自然对别的地域评判有优越感，我们今天也可以认为他有地域歧视之嫌。从某种程度上讲，"材质不强"并非事实，可狂傲自放、好奇逐异，以求搏出位的心态倒是有几分真实。

我们也不能排除司马相如当年作《子虚赋》《上林赋》有搏出位的念头。因为史书中有太多的巧合和暗示。譬如《子虚赋》作于司马相如为梁孝王宾客时，这是他最不如意的时期。等到汉武帝看了这篇文章，恨不得"与此人同时哉"，替皇帝饲养宠物狗的杨得意马上替老乡讲话："臣邑人司马相如自言为此赋。"一个小人物突然在合适的时机说了一句合适的话，必有蹊跷。根据合理的想象，一来这个小人物必然是皇帝身边的红人，二来司马相如肯定托了关系，才能把话传到皇帝耳边。更耐人寻味的是，司马相如的《上林赋》，则作于武帝召见之际，前后虽然相去10年，可两篇内容连属，构思一贯，结体谨严，好似一篇完整作品的上下章。为了讨得皇帝欢心，司马相如耗费10年心血，还真是下足了功夫。

当然，司马相如有着如此才情，所以搏出位，冒点头，姿态漂亮，效果也极佳。但问题是，可能是动机太复杂，顾虑又太多，所以总是不好好说话，绕来绕去，文章的真正动机反而成了大问题。譬如司马相如临终前留下的《封禅文》，后人一厢情愿地解读为是司马相如对汉武帝的"讽谏"和"尸谏"，是"讽武帝不要夸功封禅"。当然也有持相反观点的，譬如汉武帝本人就非常喜欢，认为司马相如是鼓励他去封禅，以永保鸿名，流芳百世。司马相如在《封禅文》中大肆铺陈武帝时代的种种"符瑞"，如"一茎六穗"之谷、"灵龟黄龙"之兽等，还特作"颂诗"三首。可不管如何，就是通篇都是溢美之词的颂文，也能被后人解读出"讽谏"甚至"尸谏"的深刻意味来。可见解读文章的文人是高手，写文章的司马相如更是高手中的高手。把文章写到如此精妙的"骑墙"程度，不出位，不出彩也难呀。《封禅文》的另一好处，便是后世许多文人在褒美本朝，粉饰太平时，常常以此为模板，司马相如于"帮闲或帮忙的御用文人"，也算"功莫大焉"了！

《北梦琐言》记载，唐朝有个叫符载的四川人，有奇才，一次长官叫他撰写斋词，他先喝几杯酒，然后"命小吏十二人捧砚，人分两题。缓步池间，各授口占"。才思敏速如此，自然厉害，只是如此铺张声势，也未免有些太夸张了。

相比较而言，陈子昂搏出位之法运用得更漂亮。当年，这位"尚气决，好弋博"的富家子弟，虽是个典型的"愤青"，但颇有心机和才情。刚进京时，苦于不为人知，便决定自我炒作一番。他先是大张旗鼓地在闹市区用车拉着一大堆铜钱，买了一把价值百万的胡琴。这个举措自然吸引了不少眼球，围观的人很多，也很惊奇，问他为何花大价钱买这样一把琴。他轻描淡写地回了一句："余善此。"大家想象这个人可能是长安城未来的"Super Star"，便赶紧问道："可得闻乎？"陈子昂答："明日可入宣阳里。"第二天，众人黑压压的一片，集聚到那里。陈子昂看火候已到，便开始"爆料"，他举着琴，大声说道："蜀人陈子昂，有文百轴，不为人知。此乐贱工之乐，岂宜留心？"说完一把将琴摔个粉碎，然后把自己的文章传发给目瞪口呆的观众。于是，陈子昂"一日之内，名满都下"。此等精妙的炒作手法，也可谓"前不见古人，后不见来者"。

除却责任和良心外，四川文人的"出位"，更多是这方水土养育的文化个性的峥嵘。众所周知，成都"盛产"先锋诗人、前卫画家以及实验戏剧家等勇于标新、敢于立异的人物。譬如被徐悲鸿盛赞为"五百年来第一人"的国画大师张大千，将古典的中国画气韵与现代的国际绘画风格绝妙地融合，创造出一种气象万千，又令人耳目一新的画风。有意思的是，这位具有世界影响力的国画大师，一直偏爱"蜀人张大千""四川张八""下里巴人"这些带有籍贯特征的别号，这也许是他对故乡的一种致敬方式吧。

再如有鬼才之称的剧作家魏明伦，不但有着"一戏一招"的才情，而且风格大胆，颇有"惊天地，泣鬼神"的效用。他编著的剧本《易胆大》与《潘金莲》，虽说引起许多争议，可也破例双双荣获1981年全国优秀剧本奖。紧随其后的《巴山秀才》，再获1983年全国优秀剧本奖。其"连中三元"的骄人业绩，不能不令人佩服。这些天才级或鬼才级的人物，是这座城市想象力和生命力旺盛的绝佳象征，也是这座城市精神气度勃发的最好体现。

4. 狷狂的风流

巴山蜀水的奇险峻秀，夷风巫术的强悍流行、道教文化的玄幻空灵、地理空间的相对闭塞以及远离王道的状态疏离，都使得四川成为最适宜培养张扬个性的地方。当年司马相如说过"大丈夫不坐驷马，不过此桥"的狠话，扬雄冷言说作赋是"壮夫不为的雕虫小技"，李白借醉使高力士殿上脱靴，苏东坡满肚子的不合时宜，苏舜钦以伎乐娱神，等等，都是蜀地特有的"不羁"世风，都是蜀地与众不同的文化个性。

有意思的是，蜀中秀才多自诩为鬼才。读书人的鬼气，是一种特别的文化气质，在这种气质影响下的文章，求奇求险，求空灵求生动，求义理之绝妙，求回味之无穷。同时，它也影响了文人本身。巴蜀的文人便多以特立独行、愤世嫉俗、狂傲不羁的形象著称。

这种标新立异的文化传统和惊世骇俗的文化明星，极大地影响了蜀地文化的精神气质和集体人格。从正面意义上讲，渴望与众不同，是自我意识强健的表征。而这种渴望的动力，则来自一种对历史遗产的自觉认同和传承，来自一种对文化使命的自愿担当和背负。

诗人海子对成都诗人朋友谈及成都印象时，便颇有意趣地说："你们成都的植物太嚣张。"海子的话，也再次印证了成都文林有着令人敬畏的茂盛诗意和汹涌才情。于是，成都便可以坦然而自信地树起诗歌的旗帜，打造一个现代诗歌复兴的"圣地"。

四川有一句古话："出川一条龙，在川一条虫。"也就是说，他们唯有"仗剑出游"，冲出巴山蜀水狭小的天地，在海阔天空里，方能显示风流才子真本色。因此，走出去的四川文人，也总能成就一种大气象，司马相如、扬雄如是，李白、苏东坡如是，郭沫若、巴金也如是。可若是迷困在巫山云雨间，沉醉于芙蓉美酒里，血性难抑，郁气难出，自然使得成都小文人只能在鬼气阴柔与脂粉艳丽的交融混杂中沉沦，或在地域褊狭及才情过剩的矛盾对抗中佯狂。于是，他们在文化性格上养成爱使性子，端架子，争面子的毛病。生活上，撒泼逞强，争风吃醋，装疯卖傻，"糜烂"得一塌糊涂；文坛上，抢山头、拜把子、搞沙龙、弄派对，"暧昧"得乱七八糟。诗人留给这座城市的佳话越来越少，倒是以"先锋"和"实验"的名义，惹来一些闹剧和笑话。巴蜀文人历来就有强烈的表现欲及媚俗倾向。而这恰是极不自信的心态与强烈的自恋情结混合的矛盾产物。在此基础上的狂傲，再是有天没地，也实在谈不上风流，算不得潇洒。

自然，这些现象只是"小圈子"的闹腾，充其量也不过"死水微澜"罢了。好在是，现代经济的繁荣，交通的便捷以及信息的发达，使得地理环境不再成为文化的障碍，"扁平的世界"使得成都也有了更多的可能和机会。这座"金城石郭，既丽且崇"的城市，与时代俱进，和世界同步，焕发出新的光彩。生活在这座城市的文人，一样拥有开阔的视野和开放的胸怀。他们一方面在慢悠悠的生活节奏中，细细磨研生活的感悟；一方面又以火辣辣的先锋姿态，急急争取时代的光彩。

纵是时代如何变幻，纵是世界怎样发展，成都永远都是那座充满浪漫诗意和别致风流的成都。华丽的诗歌曾经记录了城市的历史，装点了城市的门面，也维护了城市的文脉，提升了城市的品位，并在时光的流逝中，渐渐融入城市的集体人格里，幻化成一种娴雅的城市格调，一种从容的市民气质。这座名叫成都的城市，也因此永远雅得有趣，俗得有味。

三、蜀道是中华文明对外传播的"文道"

以金牛道为代表的蜀道，既是中国交通发展的历史见证，也是文化传播与交流的重要通道。作为"古代交通活化石"的蜀道拥有恒久的历史文化内涵，在历代文人雅士的上千篇诗文中，无不尽情咏赞蜀道沿线美不胜收的自然美景和人文景观。所以蜀道又有"文道"之称，是一条中华文化的传播之道。

1. 古蜀道的作用及地位举足轻重

无论古代与现代，蜀道在我国历代经济和文化的发展中均占有举足轻重的地位，在海上交通不发达的周、秦、汉、南北朝的漫长历史时期，蜀道是历代王朝政治中心——是京都通往西南乃至与西南临近国的要道，与连接东、西方的丝绸古道具有同样重要的意义。

蜀道本身在历史上对我国经济的发展、民族的团结、文化的交流和政权的巩固都曾起到过重大的作用，而蜀道沿线的历史文物更是国之瑰宝。

蜀道作为我国历史上沟通西北与西南地区的交通主网络，其沿线不仅以奇险栈道著称于世，也以其悠久丰富的历史文化遗存、奇特珍贵的自然景观及珍稀野生动、植物资源为海内外游客所向往。此外，千里蜀道还是我国当代西部发展中重要的工业科技走廊。沿途的古蜀、民俗文化也独具特色，这些都为蜀道旅游的可持续发展提供了丰富的资源基础。

2. 南方丝绸之路

远在4000年前，四川盆地就存在着几条从南方通向沿海，通向今缅甸、印度地区的通道。一些重要的考古发现，如三星堆出土的海贝、象牙，大溪文化的海螺和象牙等都不是本地所产，而是来自印度洋北部地区的南海。这些都充分证明巴蜀先民与南方世界有所交流。汉武帝时，张骞在大夏发现邛竹杖和蜀布，说明巴蜀到印度（古身毒国）再到西亚早就存在一条通道。这条通道，现代史学家沿用"丝绸之路"称呼的惯例称其为"南方丝绸之路"。

"南方丝绸之路"主要有两条线路：

一条为西道，即"旄牛道"，从成都出发，经临邛（今邛州）、青衣（今雅安）、严道（今荥经）、旄牛（今汉源）、阑县（今越西）、邛都（今西昌）、叶榆（今大理）到永昌（今保山），再到密支那或八莫，进入缅甸和东南亚。这条路最远可达"滇越"乘象国，可能到了印度和孟加拉地区。

另一条为东道，称为"五尺道"。从成都出发，到棘道（今宜宾）、南广（今高县）、朱提（今昭通）、味县（今曲靖）、谷昌（今昆明），之后一途入越南，一途经大理与"旄牛道"重合。根据目前所能见到的文献资料，最早走这条线路的古蜀先民中的知名人物是秦灭蜀后南迁的蜀王子安阳王。安阳王率领兵将3万人沿着这条线路进入越南北部的红河地区，建立了瓯骆国（越南历史上又称之为"蜀朝"）。

3. 蜀道的传播影响

蜀道资源最重要的财富是悠久辉煌的历史文化遗产，这些历史文化遗产又分有形的山川名胜、历史遗迹和无形的文学艺术等。其中，古代交通道路遗迹最为重要，其他相关遗迹也十分丰富，包括古道、古驿站、古码头、古城镇、翠云廊、传说、人物、战阵等。其历史久远、文化深厚，遗址众多、保存较好、古今并存、各显光芒。

蜀道申遗自2011年在广元市启动。此前各市、州共推荐了金牛道等古道上的95处文化遗址，经专家讨论，最后推荐了 4 条古道、68 处文化遗产点。在地域上，4 条古道涵盖四川省 7 市 26 区县。其中，金牛道文化遗产点 33 处，米仓道文化遗产点 19 处，阴平道文化遗产点 5 处，荔枝道文化遗产点 11 处。

2016 年 1 月，四川省确定将成都片区的王建墓、朱悦燫墓、明蜀王陵墓群、武侯祠、杜甫草堂、金沙遗址和邛窑遗址 7 处文化资源纳入蜀道申请世界自然与文化双遗产范围。

第四章　绝代风华：天府历史名人

四川省境内沃野千里，物宝天华。蜀地多俊杰，自古名人辈出。本章主要介绍出生于蜀地的历史名人及其主要贡献、历史功绩、当代价值等。

第一节　大禹——中华民族精神的象征

大禹

大禹（约前 21 世纪），亦称"禹""夏禹""戎禹"，夏朝建立者。姒姓，名文命，出生于今四川阿坝州境内。为夏后氏部落领袖，奉舜的命令治理洪水。领导人民疏通江河，兴修沟渠，发展农业。治水 13 年，三过家门而不入。因治水有功，被舜选为继承人，在舜死后即位。划定天下九州，铸造九鼎，第一次确立了君主世袭的政治制度。

1. 主要贡献

治理洪水，发展国家生产，使人民安居乐业；结束了中国原始社会部落联盟的社会组织形态，创建夏朝，在中国历史上首创"国家"这一新型的社会政治形态。

2. 历史功绩

（1）建立了我国历史上第一个世袭制国家——夏朝（约前 2070—约前 1600 年），标志着我国文明时代的开端。

（2）导江治河，使人民得以安居乐业。

3. 在四川的历史遗存

有关大禹的历史遗存有阿坝州剁儿坪、禹庙、洗儿池、禹穴、圣母祠、圣母塔、禹迹石纹、涂禹山、禹王宫、禹碑岭等。

4. 当代价值

大禹公而忘私、为民造福的奉献精神，勇于探索、务实求真的科学精神，艰苦奋斗、坚韧不拔的创业精神，以及九州一家、共同发展的民族团结和谐精神，都是中华民族精神的象征。大禹精神的弘扬，对社会主义核心价值观的培育有着深远意义。

5. "大禹精神"

从华夏民族文化的形成和发展看，"大禹精神"就是中华民族精神的象征，体现了中华民族自强不息，勤劳勇敢，顽强不屈，百折不挠求生存、求发展的优秀民族精神。

海内外中国血统的人常以"炎黄子孙""华夏儿女"形容自己，正是因为它代表了中华民族 5000 年的悠久文明史，表明了我们中华民族的心是相通相印的，根是一脉相承的。"大禹精神"是如此崇高、伟大，使中华民族子孙为自己能是大禹后人而感到光荣、骄傲和自豪。"大禹精神"已成为中华民族凝聚人心，激励斗志，团结一心，奋发向上的力量源泉和精神支柱。"大禹精神"包括以下 6 个方面：

（1）公而忘私、忧国忧民的奉献精神；

（2）艰苦奋斗、坚韧不拔的创业精神；

（3）尊重自然、因势利导的科学精神；

（4）以身为度、以声为律的律己精神；

（5）严明法度、公正执法的治法精神；

（6）民族融合、九州一家的团结精神。

这就是大禹精神的基本内涵、实质和灵魂。这些精神，源于其在治理洪水艰苦漫长的 13 年中，广泛地接触了人民，深切地了解了民情，真切地感受到了人民群众的伟大力量，从而形成以人为本，以民为本的思想。大禹认为民可以亲近，但不可以轻慢鄙视。民是邦国之根本，根本稳固，国家才能安宁，才能强大。大禹主张在位者应自正其德，正己才能治民；要勤俭节约，将财物用于为民兴利除弊的事业上；要薄征徭，轻赋税，使民衣丰食足；要使人与人之间、邦与邦之间、民族与民族之间和睦相处，紧密团结。大禹的这些思想，符合当时的潮流和人民群众的意愿。

舜评价大禹说：能治水成功，行声教之言，成就最大。勤劳于国，尽力沟洫；节俭于家，卑宫菲食；谦恭而不自满，可谓贤才之最；备受赞美而不骄，天下无人敢与之争能；不尚征伐而战绩斐然，天下无人能与之争功。孔子评价大禹说：对大禹，除了赞美之外，没有任何可以挑剔的地方。周恩来评价大禹说："大禹治水，为中华民族取得了福利。"可见，"大禹精神"是古往今来贤人明哲的共识。

纵观中国历史，"大禹精神"，几千年来被历代贤人继承发扬、丰富深化，并投入时代的影子，寄托自己的理想，超越时间的界限，不断升华为一种民族精神，被千古传颂、万民仰止，这足以表明中华民族儿女对优秀民族精神孜孜不倦的追求。我们中华民族之所以以吃苦耐劳、英雄不屈著称于世，之所以屹立于东方，且日益富强繁荣，与"大禹精神"的熏陶是密不可分的，"大禹精神"已成为中华民族精神的化身，成为中华民族精神的象征。

第二节　李冰——身体力行的模范行为 当为川人万代珍视

李冰（前 302 年—前 235 年），战国时代卓越的水利工程专家。秦昭襄王时期（前 306—前 251 年）为蜀郡太守，主持设计了许多全蜀重大工程，如兴建都江堰，凿离堆（玉垒山），凿溷崖（今四川夹江），治洛水（今四川什邡），导汶井江（今四川邛崃），开广都盐井等。

李冰

1. 主要贡献

继承大禹"岷山导江，东别为沱"的治水经验和开明氏凿金堂峡治理沱江的分水之功，集蜀人治水兴农业绩之大成，以无坝引水自流灌溉工程的科学方法兴建都江堰，创世界水利工程之最。至今泽惠于民，使成都平原"水旱从人，不知饥馑"2000 余年，被誉为强农利国"生生不息的活长城"。李冰，为世界闻名的天府蜀水文明做出了奠基性的贡献。

2. 在四川的历史遗存

有关李冰的历史遗存有都江堰，二王庙，伏龙观，安澜索桥，松茂古道，什邡章山李冰墓，李冰神祠，成都七星桥遗址，东汉李冰石人像，天府广场发掘出的石犀。祭祀李冰的川主庙，全川尚存 180 余座。

3. 当代价值

都江堰被誉为"活在当代的世界文化遗产"，灌溉面积由古代 300 余万亩（1 亩 ≈ 666.67 平方米）扩大至今天的上千万亩，"蜀西水利，甲于天下"的历史优势传承光大至今。李冰治水"三字经"与"八字诀"所体现的开拓、创新、科学、落地的"川主"精神，孕育出"现代李冰"李林枝等带领群众兴修水利的共产党员。

4. 一句话评语

"珍水万世焉"，李冰留给我们的遗训和身体力行的模范行为，当为川人万代珍视。

第三节 落下闳——研究制定的《太初历》集传统历法之大成

落下闳(约前 2 世纪)，西汉民间天文学家。复姓落下，名闳，一作洛下闳，字长公，巴郡阆中（今属四川）人。元封年间（前 110—前 103 年）受武帝征聘，官居太史待诏。曾与邓平、唐都创制《太初历》。测定过二十八宿赤道距离（赤经差）。首次提出交食周期，以 135 个月为"朔望之会"。

落下闳

1. 主要贡献

《太初历》的主要创立者，浑天说创始人之一。曾制造观测星象的浑天仪，建立了我国最早的民间观星台，奠定了我国古代先进的宇宙结构理论基础，对推动中国天文学的发展起到了重要作用。

2. 历史功绩

创制《太初历》，决定性地影响了中国历法结构；提出浑天说，创新中国古代"宇宙起源"学说；发明"通其率"，影响中国天文数学 2000 年。

3. 在四川的历史遗存

有关落下闳的历史遗存有南充市阆中的古城、云台山、落阳山、高阳山、落亭、管星街、星座楼、观星台等。

4. 当代价值

由落下宏具体负责制定的《太初历》，于前 104 年由汉武帝颁布。这部《太初历》完整记载于《汉书》之中，在天文历法上有重大创新。由落下闳研究制造的赤道式浑天仪，实际测量的二十八宿的赤道距离，以及应用数学方法推算出来的一系列天文大数据，保存至今，仍有研究挖掘的价值。他将二十四节气的安排方式科学化，至今仍然在应用。《太初历》是我们认识理解中国传统的 100 多种历法，以及认识中国传统浑天说的宇宙理论不可缺少的基本知识。

落下闳研究制定的《太初历》，集中国传统历法之大成，在系统观测和数学结构方面有一系列创新，称为"落下闳系统"，这与比他晚200年的古代希腊天文学家托勒密的《天文学大成》所建构的系统相比较，各有特色，都很出色，影响深远，永载史册。

第四节　扬雄——蜀文化史上第一位具有全国性影响的学者

扬雄（前53—18年），字子云，蜀郡成都（今四川成都郫都区）人。西汉末年经学家、哲学家、语言文字学家、文学家。青少年在成都师事道家学者严君平等，好深湛之思，喜辞赋，著有《反离骚》等。40岁后，以赋知名，被征召入京为给事黄门郎，王莽时以资历转为大夫。扬雄的汉赋与司马相如齐名，位列汉赋四大家之一。他潜心经学著述，经莫大于《周易》，传莫大于《论语》，仿著《太玄》《法言》。《太玄》以方州部家四重三分而成81首，构建了以天文历法为基础，以"玄"为最高范畴，以阴阳五行为骨架的独特哲学体系。《法言》极力推尊孔子为圣人，崇奉五经，以圣人之道为判定是非的标准，效孟子辟杨墨，对汉代申韩诸子进行激烈批判；阐扬礼义仁孝等伦常，提出"善恶混"的人性学说。扬雄因此在汉代就获得了西道孔子的极高赞誉。所著《方言》，保存西汉各地方言，为研究古代方言必不可少的重要文献。

扬雄

1. 主要贡献

在经学、哲学、文学、语言文字学等方面做出了整个中国文化史上都堪称一流的重大贡献。

2. 历史功绩

在西汉末年谶纬神学泛滥之际，维护了孔子与五经的正统地位，发展丰富了经学的时代内容，并在哲学、文学、语言文字学上创立了至今依然光彩夺目的成就。

3. 在四川的历史遗存

有关扬雄的历史遗存有扬雄墓（衣冠冢）、子云桥、墨池、子云亭等。

4. 当代价值

扬雄才高行洁的高尚人品与丰厚的文化贡献，都是优秀传统文化遗产的精神财富，对中国梦的实现具有积极的历史文化意义。

5. 一句话评语

扬雄是中国文化史上的一座丰碑，蜀文化史上第一位具有全国性历史影响、百科全书式的文化巨星。

第五节　诸葛亮——"管箫之亚匹"，中国官员之楷模

诸葛亮

诸葛亮（181—234年），字孔明。三国时期著名的政治家、军事家，东汉琅琊阳都（今山东沂南）人。年少因战乱随叔父到荆州避难，17岁时寓居隆中（今湖北襄阳），结庐勤耕苦读10年。因才智卓绝，志向远大，被时人誉称"卧龙"。207年，刘备三顾茅庐，27岁的诸葛亮献上《隆中对》，提出"兴复汉室"的战略规划；然后出使江东，联孙抗曹。刘备在取得赤壁之战的胜利后，占据荆州大部；既而进军益州，夺取汉中，于221年在成都称帝建国，诸葛亮被任命为丞相。223年，刘备病逝，临终托孤于诸葛亮。从此，诸葛亮竭忠尽智辅佐刘禅，治理蜀国。诸葛亮自213年入川，到234年病逝，治蜀施政达21年之久。他励精图治，革除弊政，广任贤才，注重法治；首设堰官锦官，发展生产，务农殖谷，富国强兵；南征平叛，改善与西南各族的关系；东和孙吴，多次出兵北伐曹魏，力图兴复汉室，一统天下。234年10月8日，诸葛亮病死于五丈原（今陕西岐山）北伐军中，归葬定军山（今陕西勉县），享年54岁。史载，诸葛亮长于巧思，"推演兵法，作八阵图"；革新连弩，使之"十矢俱发"；又创制"木牛流马"，运输军粮。著有《诸葛亮集》。

1. 主要贡献

27岁登上政治舞台，向刘备献《隆中对》，表现出卓绝见识。其后在辅政治蜀的21年中，日理万机，出将入相，在政治、军事、经济、文化等方面做出的努力和展示的才能，以及取得的成效，为世人所称道。诸葛亮以"和抚"方针南征，以"攻心"之策收服孟获，符合南中各族和睦相处的愿望，在客观上促进了南中社会的发展和民族融合；为结束分裂、"兴复汉室"、一统天下，五次率军北伐，追求执着，践行了"鞠躬尽瘁，死而后已"的诺言。他治蜀的一系列措施，给巴蜀地区带来了安定繁荣，符合人民结束战乱、安居乐业的愿望，对历史进步发挥了积极作用。

2. 历史功绩

诸葛亮一生廉洁奉公、淡泊名利，治家严谨、家风纯正，谦虚谨慎、从善如流，严于律己、勇于担责，忠贞不贰、慎始全终，是中国封建社会正身律己的忠臣贤相的典范。

3. 在四川的历史遗存

与诸葛亮有关的历史遗存有成都的武侯祠、武担山、九里堤遗址、万里桥、诸葛井、葛陌、都江堰、诸葛亮点将台，新都的八阵图遗址、孔明乡与马刨井、汉代古火井遗址、牧马山——诸葛亮屯兵处；凉山的五月渡泸处——会理鱼鲊渡口，西昌的诸葛城，雷波的诸葛亮点将台，昭觉的蜀汉军屯遗址，越西的诸葛忠武侯祠；绵阳的诸葛双忠祠，涪水的诸葛营、三堆子、饮马缸、诸葛寨、卧龙山、孔明泉；广元的明月峡古栈道、剑门关、筹笔驿、武侯桥遗址，龙华的古镇武侯祠遗址；宜宾的丞相祠、点将台、观斗山

内江隆昌的武侯祠遗址，合江的武侯祠遗址；乐山夹江的诸葛亮点将台。

4. 当代价值

诸葛亮宁静淡泊的气质，忠贞不渝的情操，廉洁务实的作风，慎始善终的精神，为事业献身的忠义，闪耀着中华民族传统美德的光华，承载着中华民族的优秀传统文化，有着中华民族独特的精神标识。他的品德思想、治国治军才能，是我国优秀传统文化的重要组成部分。

5. 一句话评语

诸葛亮治蜀造福于巴蜀人民。他死后 1000 多年来，受到各阶层人民的缅怀和赞扬；这种追思和敬仰，表达的是对中华民族传统美德的赞赏，体现的是中华民族在几千年奋斗中形成的历史观、伦理观、价值取向和审美情趣。

第六节　武则天——唐代的开放与大度造就了中国唯一的女皇

武则天（624—705 年），唐高宗皇后、武周皇帝。690—705 年在位。名曌，祖籍并州文水（今山西文水县），唐朝开国功臣武士彟之女，在其任利州（今四川广元）都督时出生。武则天在 14 岁时被唐太宗选入宫内为才人，太宗死后为尼。旋被高宗召为昭仪，永徽六年（655 年）立为皇后，渐参朝政，号天后，与高宗并称"二圣"。弘道元年（683年）高宗病逝后，武则天临朝称制。载初元年（690 年）自称圣神皇帝，改国号为周，改元天授，史称"武周"，是中国历史上唯一的女皇帝。神龙元年（705 年）其子李显复位，恢复唐朝国号，尊其为则天大圣皇帝，武则天退居上阳宫，年末病逝，终年 82 岁。谥为"则天顺圣皇后"。

武则天

1. 主要贡献

她重视农桑，轻徭薄赋，与民休息，增殖人口；广开言路，注意纳谏；发展科举，开创殿试制度；重视人才，拔擢狄仁杰、姚崇、宋璟等贤臣；开发边疆，恢复安西四镇，保障丝路畅通。由于上述政策措施的推行，以及执政时期承袭"贞观之治"，国势上升，开启了"开元之治"的唐朝盛世。武则天实际执政达 50 余年，总的来说功大于过。

2. 历史功绩

武则天执政时期，唐朝社会安定，经济繁荣，文化发展，为"开元盛世"奠定了坚实的基础。

3. 在四川的历史遗存

与武则天有关的历史遗存有广元的则天坝、皇泽寺、广政碑、天曌山和女儿节。

4. 当代价值

其向传统的"男尊女卑"社会观念提出了挑战，影响了当时和千百年后的妇女地位。

5. 一句话评语

唐代的开放与大度造就了中国唯一的女皇，千百年来，无论是憎恶还是赞美，都无损于这位伟大女性的历史光辉形象。

第七节　李白——突破规范、天马行空、无可仿效的诗人

李白（701—762年），唐代诗人，字太白，号青莲居士。自称祖籍陇西成纪（今甘肃静宁西南），隋末其先人流寓碎叶（唐时属安西都护府，在今吉尔吉斯斯坦北部托克马克附近）。父李客举家迁居绵州昌隆（今四川江油）青莲乡，生李白。少年即显露才华，出入蜀中名山，师从梓州节士赵蕤，为益州长史苏颋赏识。从25岁起离川，长期在各地漫游，对社会生活多有所体验。天宝初曾供奉翰林，受唐玄宗礼遇，然遭权贵谗毁，仅一年余即离开长安。天宝三年（744年）至洛阳，杜甫、高适从其游。安史之乱中，怀着平乱报国的志愿，为永王李璘聘为幕僚，因璘败牵累，流放夜郎，中途遇赦东还。晚年漂泊困苦，卒于当涂。李白是一个站在时代顶峰的诗人，其诗表现出对理想政治的渴求，以及蔑视权贵的傲岸精神，有对现实政治腐败的尖锐批判，有对人民疾苦表达的同情，有对安史叛乱势力予以的斥责，有对维护国家统一的正义战争的讴歌；在描绘壮丽的自然景色的同时，表达对祖国山河的热爱。其诗风雄奇豪放，想象丰富，语言流转自然，音律和谐多变。李白善于从民歌、神话中吸取营养和素材，构成其诗作特有的瑰玮绚烂色彩，是屈原以来最具个性特色和浪漫精神的诗人，他的诗歌达到盛唐诗歌艺术的巅峰。李白与杜甫齐名，世称"李杜"。《蜀道难》《将进酒》《宣州谢朓楼饯别校书叔云》《月下独酌》《静夜思》《早发白帝城》等诗，广为世人传诵。有《李太白集》。

1. 主要贡献

李白是中国乃至世界上最为伟大的天才诗人之一，他通过自己的诗篇赞美祖国河山、针砭现实政治、贴近人民情感、追求精神自由，以其独特的创作手法和创作特点及其对诗歌内在韵律的把握，成就世界诗歌史上最为光辉灿烂的传奇，其成就之高、影响之大，世上少有人能够企及。

2. 历史功绩

李白创作了大量语言优美、寓意深远的作品，开拓了浪漫主义的新领域，创造性地发展了浪漫主义创作手法，完成了唐朝的诗歌革新，为词的兴起和发展起到了奠基作用。

3. 在四川的历史遗存

与李白有关的历史遗存有江油青莲古镇、陇西院、粉竹楼、月圆墓、磨针溪、洗墨池、石牛沟、大匡山、小匡山、窦圌山、紫云山、戴天山、普照寺、月爱寺、太白洞、白鹤洞、金光洞、蛮婆渡、太白渡和谪仙渡。

4. 当代价值

读李白的诗有助于激发民族自信心和自豪感，培养热爱生命、热爱自然的情操，抵

御负面情绪、从而达到精神上的超脱，趋向自由。

5. 一句话评语

李白既属于中华民族，也属于全世界，是一位天才的、突破规范、天马行空、无可仿效的诗人。他将屈原与庄子的精神奇妙地予以结合，与莎士比亚一样，是千年一遇的伟大诗人。

第八节 杜甫——为人民呐喊、歌唱的诗人，必永远被人民纪念、歌颂

杜甫（712—770 年），字子美，郡望京兆杜陵，故自称"杜陵布衣""杜陵野老"。祖籍襄阳（今湖北省襄阳市），出生于河南巩县（今河南省巩义市）。杜甫少逢开元盛世，有"致君尧舜"的理想。20 岁漫游吴越齐赵，其间虽考进士不第，但因"裘马轻狂"，结识了李白、高适。天宝五年（746 年）到长安应试落第，困居十载，接触了许多下层百姓，写下了一系列现实主义的诗篇。安史乱起，陷贼逃难，谒肃宗于凤翔，授左拾遗。不久因直言进谏而遭贬斥，旋弃官往秦州，寓居同谷。不到一年离陇赴蜀，移家成都，筑草堂于浣花溪，并往来于绵、梓、

杜甫

阆等州，被严武表为检校工部员外郎，世称杜工部。晚年穷困潦倒，漂泊夔湘，病死于辗转流离的舟中。杜甫的诗歌贯穿了爱国忧民的主线，深刻地反映了唐王朝由盛转衰的急剧变化，再现了其个人的生活经历及安史之乱前后的社会面貌，具有丰富的社会内容和鲜明的时代特色，故有"诗史"之誉。杜甫在艺术上转益多师，融汇百家，革新众体，形成了沉郁顿挫的总体风格，集古今诗人之大成，开后世无数之法门，影响深远，被奉为"诗圣"。其"漂泊西南"时期，大至国计民生，小至风土人情，皆入于诗，故题材更为多样，内容愈益充实；兼之"老来渐于诗律细""语不惊人死不休"，精于练字，严于格律，讲究章法，诗艺更趋完美。今存《杜工部集》20 卷，存诗 1400 余首，有清仇兆鳌的《杜诗详注》以及今人肖涤非主编的《杜甫全集校注》。

1. 主要贡献

杜甫是中国古典诗歌的集大成者，被尊为"诗圣"，是中国文学史乃至文化史中地位崇高、影响深远的诗人。他的诗歌被称为"诗史"，艺术上继承诗骚、古诗十九首，炉火纯青，登峰造极。

2. 历史功绩

杜诗既是一座思想宝藏，更是一座艺术宝库，为后世文学创作提供了源源不断的灵感。

3. 在四川的历史遗存

与杜甫有关的历史遗存有成都杜甫草堂博物馆、绵阳三台的杜甫纪念馆、南充阆中的锦屏杜陵祠。

4. 当代价值

他的高尚人格和崇高精神影响着中国文人的精神塑造和人格陶冶。

5. 一句话评语

为人民呐喊、歌唱的诗人，必永远被人民纪念、歌颂。

第九节　苏轼——千年来四川人的骄傲

苏轼（1037—1101年），北宋最杰出的文学艺术家、中国历史上少有的文化巨人。字子瞻，号东坡居士，眉州眉山（今属四川）人。嘉祐二年（1057年）考取进士。嘉祐六年（1061年）应制科中最高等。熙宁二年（1069年），以殿中丞直史馆判官告院，任开封府推官，因反对王安石新法屡受排挤打击，自求外职，于熙宁四年（1071年）出任杭州通判，后改知密州、徐州、湖州。元丰二年（1079年）以作诗"谤讪朝廷"罪贬谪黄州。元丰八年（1085年），由知登州还朝，哲宗时任翰林学士，因对

苏轼

司马光等"专欲变熙宁之法，不复较量利害，参用所长"的做法表示反对，又遭到排斥打击，而出知杭州、颍州、扬州。后官至礼部尚书、端明殿学士、翰林院侍读学士。元祐八年（1093年），太皇太后高氏死，哲宗亲政，新党人物上台，对元祐人士再进行残酷打击，其先出知定州，后又贬谪惠州、儋州。北还后第二年逝于常州。南宋追谥文忠。与父洵、弟辙，合称"三苏"。苏轼忠心报国，勤政爱民，实事求是，敢说真话，故屡遭打击，生前死后都大起大落。

苏轼为"唐宋八大家"之一。就宋代而言，散文、诗歌、词、书法，苏轼皆为第一。其绘画突出强调写意性与抒情性，对后世文人绘画有极深远的影响。苏轼从自己的丰富艺术实践中提出了许多文艺创作理论，如"有道有艺""胸有成竹""了然于心""了然于口与手""诗中有画，画中有诗""端庄杂流丽，刚健含婀娜""发纤秾于简古，寄至味于淡泊"等，被后代广大文艺创作与赏评者奉为金科玉律。就"文化"视角看，哲学上，他是北宋蜀学代表人物，有《易传》《书传》《论语说》三书和大量文章；政治学上，他对儒学的民本思想、仁政思想，有深度的论证和实践，平生所到之处，都为老百姓办好事、办实事。此外，苏轼在军事学、医药学、水利学、农学、园林、盆景、制墨、酿酒、烹饪等方面也都有值得一提的研究。

1. 主要贡献

苏轼是我国历史上罕见的天才全能作家，对中国文化的贡献及后世的影响巨大。具体来说有以下3点：第一，他的全部著述（有4800多篇文，2700多首诗，330多首词，多种专书、杂著、书帖、绘画）都是我国优秀传统文化的重要结晶。第二，他一生投入的全部事功，体现了我们中华民族的优良道德、智慧和精神。第三，他无与伦比的人格魅力在历史时空中投射了巨大的影响力。这3点共同构成苏学的思想宝库和艺术宝库，给我们今天建设中国特色社会主义文化以丰厚滋养。

2. 历史功绩

苏轼乃宋代蜀学开山之人，其诗、词、文、书、画自开一派，为宋代天下文宗。

3. 在四川的历史遗存

与苏轼有关的历史遗迹有眉山的苏坟山、三苏祠、中岩寺、连鳌山、蟆颐山和醴

泉山。

4. 当代价值

其宏富著作、光辉事功、人格魅力仍然可以说是当今中国人学习如何做人、如何生活的生动的活教科书。

5. 一句话评语

苏轼是中国历史上具有全面性、顶尖性、复杂性的文化巨星，国际上称其是"千年英雄"，是"说不全、说不完、说不透"的永远的苏东坡！

第十节　杨慎——"有明一代数称第一"的文化巨人

杨慎（1488—1559 年），字用修，号升庵。别号博南山人、博南逸史等，四川新都人，逝于云南充军服役戍所。明代政学两界在杨慎《墓铭》中赞颂其人："先生之生，岷蜀之精；先生之出，朝庙之英""文拟班扬，学侔游夏""人言天才，俾列史官，惟忠惟义，远近颂之"。

杨慎

1. 主要贡献

杨慎创造了中国文化史、中国古代学术史、中国科举史上的3 大神话。其第一个神话为"科举史神话"，即 21 岁四川乡试第三名；24 岁北京会试第二名，接着殿试钦点第一名，进士及第，世称杨状元；30 岁左右已任翰林院编修，皇室经筵讲官，会试、殿试掌卷官。然而明世宗由藩王入继大统为君主；继统建嗣，尊自己生父为皇考，群臣认为必须继统继嗣，方能杜绝宗室谋夺皇位之心，史称为"大礼议"。为此事件，嘉靖帝杖死十余名大臣，株连刑责而贬朝臣前后 200 余人。37 岁的杨慎为坚持"大礼议"原则，在本可远祸自保之时，冒死挺身而出，哭廷死谏，触怒嘉靖，经两次"廷杖"几死后，充军烟瘴边塞永昌卫（今云南保山），服役戍边，永不赦免，以充军刑徒身份终身。这种逆境磨炼出杨慎第二个神话。他致力于西南少数民族文化教育，培育教化兄弟民族士绅子弟及平民，身体力行带动西南各族社会上、中、下层民众对祖国的向心力，激发他们对中华文明的仰慕学习动力。滇乡的"杨门七子"，都是西南兄弟民族的社会精英，他们通过修为与著述如明万历《云南通志》，促进了各民族在中华主流文化旗帜下的大融合。杨慎第三个神话是在长达 30 多年的刑徒生涯——尤其在晚年潜居四川南部重镇泸州的岁月中，成就了学术著述史称第一的神奇。《明史》称其"记诵之博，著述之富，有明一代数称第一"。其实，不只是明代第一，也是先秦迄明世之第一。杨慎总计留下诗词曲 3132 首，散文杂著 269 种。

2. 历史功绩

革命前辈、老文化战士李一氓、张秀熟二老当年评价杨慎是为中华民族成长做出贡献的伟大哲人。

3. 在四川的历史遗存

杨慎遗迹与纪念地仅四川便有 5 大区，数十处，如成都市的升庵祠、黄娥馆、杨升庵纪念馆、杨氏家族墓园、宗祠、状元府、清源桥、宝光寺，龙泉驿的明蜀王陵等，泸州市的临江仙广场、叙永纪念馆，遂宁市的升庵夫人黄娥故居等。

4. 当代价值

杨慎具有公忠体国、坚守正义的高尚爱国主义情怀，在滇西、泸州等少数民族集中地区深耕播种中华文化，为中华文化伟大复兴提供了智慧与启迪。

5. 一句话评语

"有明一代数称第一"的文化巨人。

第五章　蜀学之盛，冠天下而垂无穷

第一节　蜀学的源流

在中国学术发展过程中，蜀地自古人杰地灵，逐渐衍生出自具特色的文化、文学、学术。

蜀学，有狭义和广义之分。狭义上的蜀学，是指由宋代苏洵开创，由苏轼、苏辙兄弟加以发展，由黄庭坚、张耒、秦观等文人学士参与组成的有共同思想基础与学术倾向的学派；广义上的蜀学，是指两宋时期包括"三苏"、周程及其在蜀后学张栻、度正、魏了翁等著名人物融合蜀洛、贯通三教而以宋代新儒学为主的巴蜀地区的学术。

从广义的蜀学看，应把周敦颐、程颐等著名理学家在巴蜀的学术活动和著述也包括进宋代蜀学。宋代蜀学发展到南宋，崛起了张栻、魏了翁两位著名人物及其所代表的南轩学派和鹤山学派，其影响所及超出了巴蜀地域，成为有全国性影响的重要学派。蜀学在中国学术发展过程中，显现四川学术具有的某些地域特色，因其与齐鲁之学、关学、洛学、闽学、楚学、徽学等相比较，尤有独特的个性，故而形成了"蜀学"。

一、蜀学之初盛

中国的学术思想发端于《周易》，其乃儒家"六经"之首，约产生于西周初年。此后，春秋战国时期相继出现了道家、儒家、墨家、法家学说，构成丰富多彩的中国文化。中国古代巴蜀远离中原文明社会，处于闭塞的蒙昧状态，距学术的产生尚十分遥远，但蜀学的文化渊源也绝非来自古代的巴蜀。

从公元前2世纪中叶蜀学的兴起至20世纪之初，其概念的内涵逐渐丰富和发展，最终成为现代学科之一。此间经历了3个发展阶段。四川在西汉为益州，统辖8郡，其中在川境者计有蜀郡、巴郡、广汉郡、犍为郡、越嶲郡。蜀郡之治所为成都。以上5郡统称蜀地。

西汉初年，蜀地与中原文化相比较还是极其落后的。汉景帝末年（前146—前141年）蜀郡郡守文翁治蜀时，始采取系列文教措施以改变原有的状况。《汉书》卷八十九《循吏传》记载了文翁于蜀兴学之事：

> 景帝末，（文翁）为蜀郡守，仁爱好教化。见蜀地僻陋有蛮夷风，文翁欲诱进之，乃选郡县小吏开敏有才者张叔等十余人亲自饬厉，遣诣京师，受业博士，或学律令。减省少府用度，买刀布蜀物，赍计吏以遗博士。数岁，蜀生皆成就还归，文翁以为右职，用次察举，官有至郡守刺史者。又修起学官于成都市中，招下县子弟以为学官弟子，为除更徭，高者以补郡县吏，次为孝弟力田。常选学官童子，使在便坐受事。每出行县，益从学官诸生明经饬行者与俱，使传教令，出入闺阁。县邑吏民见而荣之，数年争欲为学官弟子，富人至出钱以求之，由是大化，蜀地学于京师者比齐鲁焉。

文翁办学，蜀中风气丕变，蜀中子弟明敏才秀者相继涌现，此为蜀学兴隆之发轫也。其中佼佼者状若繁星，蜀中文史哲中的俊彦不绝如缕。文翁以中原文化的眼光见到蜀地仍存"蛮夷之风"，为改革此种情况，特派遣优秀子弟到京都从博士学习儒家经典，学成后回蜀地大力传播儒学。这在中国历史上首创郡国立学官之制，培养地方人才，给文人学士以广阔的政治出路。由此促进社会文化的发展，使蜀地文化在整个汉代文化系统中后来者居上，出现了司马相如、王褒、严遵、扬雄等文人学者，时有"蜀文冠天下"之说。

二、蜀学之渊源

从历史渊源来看，古代巴蜀文化对北宋蜀学的产生与发展具有重要的影响。《华阳国志》依据《汉书》之史料，但比较二者，颇有差异。关于文翁为蜀郡守的时间，常璩以为是汉文帝末年，应以《汉书》中的景帝末年较为恰当。关于遣张叔等十余人诣京师受业，汉武帝建元五年（前136年）设置《五经》博士，至东汉始有《七经》之称，故常璩所记受《七经》乃误。关于"蜀学比于齐鲁"，据《汉书》所记，应理解为蜀地弟子在京师求学者之众，可与齐鲁相伴；常璩则表述为张叔等学成后，回蜀中教授子弟，弟子众多，以致蜀中学术之盛可比于齐鲁了。常璩的记述虽有失误之处，但西汉时蜀地之文教事业可比齐鲁应是事实，而最重要的是他提出了"蜀学"的概念。这里的"蜀学"是指蜀地文教事业的兴盛和儒学的传播，表明蜀地接受并发展了中原的传统文化。

唐末五代时，中原长期战乱，衣冠士族纷纷入蜀避难，前后蜀获得和平发展的机遇，故至北宋时文教事业极盛。皇祐二年（1050年），田况守蜀时在成都建立经史阁，以弘扬学术，吕陶《经史阁记》："蜀学之盛冠天下而垂无穷者，其具有三：一曰文翁之石室；二曰高公之礼殿；三曰石壁之《九经》。"（《成都文类》卷三十）吕陶认为，西汉成都文翁之石室未经兵火战乱的破坏；东汉末年补修石室作为孔庙，规模宏伟；五代后蜀将《周易》《诗经》《尚书》《春秋》《周礼》《礼记》刻于文庙石壁，田况守蜀时又补刻《仪礼》《春秋公羊传》和《春秋穀梁传》，至此，儒家经典"九经"完备。因此1200余年来，虽然社会历经变革，但蜀中3个神圣遗迹保存完好，它们是蜀学繁盛的标志。吕陶将蜀学理解为蜀中儒学。

北宋元祐时期（1086—1093年）朝廷中形成3个政治集团，即以苏轼、吕陶、上官均为主的蜀党，以程颐、朱光庭、贾易为主的洛党，以刘挚、梁焘、王岩叟为主的朔党。他们相互进行政治斗争，而以蜀党和洛党之间的斗争最为激烈，史称"洛蜀党争"。南宋之初，统治集团在总结北宋灭亡的历史教训时清算了王安石变法的政治路线，革除蔡京余党，恢复元祐政治，曾被列入元祐党籍的洛党和蜀党诸公均得以平反昭雪。这时洛党和蜀党已不具政治集团性质；而程颐和苏轼的思想对学术界的影响极大，故"程学"与"苏学"同时盛行。绍兴六年（1136年）朝廷开始禁黜"程学"，其被视为"伪学"，而使"苏学"居于尊崇的地位。南宋中期学术界称"苏学"为"蜀学"。蜀中学者李石在《苏文忠集御叙跋》中云："臣窃闻之，王安石以新说行，学者尚同，如圣门一贯之说，僭也。先正文忠公苏轼首辟其说，是为元祐学，人谓蜀学云。"（《方舟集》卷十三）苏轼父子治儒家经学，又杂于纵横之学，在北宋古文运动中起到重大作用，而以文学成就称著。他们不同于传统的儒者，既是王安石新学的反对者，又是濂、洛理学的否定者，在宋代学术中保持着独立自由的品格与蜀地的学术特色。

清代学者全祖望谈到宋代新学与蜀学时说："荆公《淮南杂说》初出，见者以为《孟子》。老泉文初出，见者以为《荀子》。已而聚讼大起。《三经新义》累数十年而始废，而蜀学亦遂为敌国。上下学案（《新学略》与《蜀学略》）不可不穷其本末也。且荆公欲明圣学而杂于禅，苏氏出于纵横之学而亦杂于禅，甚矣，西竺之能张其军也。"（《宋元学案》卷九十八）因此从南宋以来，蜀学已是具有地域特色的学术思想了。

三、蜀学之发展

1. 两汉时期

西汉景帝末年，文翁兴学，儒家、道家在蜀地得到广泛传播，改变了本地"蛮夷"之风，从此蜀地人才济济，文章大雅，不亚于中原。其中，最有代表性的是"汉赋四家"中的三家：司马相如、扬雄、王褒。

早在西汉时期，中国思想文化界就有"齐鲁学"与"蜀学"的说法。其中，所谓的齐鲁之学，就是儒学礼仁等学说传统。而蜀学传统是什么？西汉之后应该是很明白的，就是道家严君平和扬雄的学说传统，也就是关注自然和人性本质、本性研究的学统。历史上的一些典籍，常常把西汉前的蜀地描绘为荒蛮之地，那是当时一些中原学士的自我中心表现，不足为信。现在从考古上可以发现，四川在夏、商、周、秦五代一直是中国经济文化最发达的地区之一。自周秦并入中原文化系统以后，蜀地一直就沿袭着自己的学术传统，从而形成了中国思想文化中的"蜀学"学统格局。应该说，严君平和扬雄是西汉时期所涌现的两个带有明显蜀学传统的人才，他们的学问后来一直对中国的各种文化现象产生了难以想象的影响。

那么蜀学文化的特点究竟是什么呢？就是"没有固定的特点"。蜀学者大多具有实用文化倾向，并不拘束于某一学派的学理，而是注重从实际和实用的角度去治学。当然，蜀学这样的学统，与蜀地人重视人的生产生活的质量建设及其治水的水利建设传统有很大的关系。蜀学者大多是易玄家，情感上倾向道家文化。但是，他们也并不排斥儒学等其他文化，具有融会百家和自我发展创新的明显学统表现。由于蜀地是汉文明文化的主要发源地，所以，说中国汉文明文化的中心文化学统是蜀学，并不过分。

汉唐时代，齐鲁之学就在事实上衰亡了，蜀学也因为元明清三代的朱熹官方理学的兴起而遭受了很大冲击。但是，蜀学学统并没有因此而灭亡，其还是通过各种文化形式而存留了下来。只要大家对中国思想文化稍加梳理就可以发现，自元以降，不少人和他们的学问还是自觉和不自觉地继承了这样的蜀学学统的。

老子的《道德经》问世以后，注释家汗牛充栋。但是，却只有严君平一家的《老子指归》是再发挥之作。《老子指归》不是那种注重词语考证和词语新解的注释书，而是严君平在自己掌握了老子的思想精髓以后的一种自我发挥。可以说，《老子指归》本身就已经算得上是"经典"了。《老子指归》，又称《道德真经指归》和《道德指归论》。这部书，是列举一段老子的言论，由严君平根据自己的理解自由发挥讲述。从结构上看，这应该是他的学生根据他的讲课言论所整理出来的著述。严君平在《老子指归》中着重讲述了人的认识的主体问题，详细地说明了世界与人的生命主体是相互作用的一组关系。他的这种思想，可以说比法国的笛卡儿在《方法论》中提出的"我思故我在"要早 1600 年，这也是为什么受严君平影响很大的蜀地相对崇尚人的自由和开放的原因之一，也是道家和道教的主要思想之一。

《老子指归》在历史上有很大影响，特别是在南北朝和隋唐时期，其对中国禅学的产生也有相当大的作用。但是，由于宋代曾经出现过孟子和扬雄孰高孰低之争，也就是当时的思想文化界除了推崇孔子、老子之外，在对扬雄和孟子二人的评价上出现了争论。当时，朱熹是属于反对扬子而推崇孟子的一派。他认为扬雄仕王莽是卖汉；而且，扬雄在学术上不儒不道，属于黄老道家。所以，朱熹编著四书，把孟子编辑进去。后来，随着朱熹理学的兴起和"四书"在科举中的应用，孟子学说崛起，而扬雄学说则被挤出了正统。这样，严君平的学说也受到连累，在元明清三朝少见了，特别是《四库全书》在收集《老子指归》的时候，编辑者认为这书可能是后代人的伪造，这样，就使得《老子指归》更鲜为人知了。但是，1973年马王堆老子帛书的问世可以说是为严君平洗去了这一冤屈。因为，《老子指归》中引用的老子言论，都与老子帛书相符合，所以，该书的确应该是严君平的作品。

严君平的学说在汉唐宋时期，对许多道家人士和易玄大家的思想都有影响。经过元明清三代的沉寂，现在，许多中国习道之人，又重新开始发掘《老子指归》中的新论。严君平学说的最大特点就是自由伸展。读他的书，能够感觉到他的思想是非常开放自由的，思路特别活跃；读他的著作，常常会有种在看现代科学哲学理论书的感受，既深邃，又无拘无束。

2. 两宋时期

在文学上，唐宋八大家的席位，蜀人独得其三，即"三苏"。史学上，"隋前存书有二，唐后莫隆于蜀"；经学方面，更有程颐"《易》学在蜀"的感叹。以"三苏"父子为代表的"蜀学"，终与二程的"洛学"（理学）和王安石的"新学"鼎足而三，共同构成当时中国学术的三大主流。

苏轼"蜀学"与二程"洛学"和王安石"新学"，并非都是完全对立的，而是有异有同。三家经过相互驳难，相互吸收，相互促进，才形成了各具特色的学派风格。二程"洛学"与王安石新学在维护统治集团的政治利益上，都希望变法改革，以挽救由于北宋王朝积贫积弱而引发的社会危机局面，只是在具体方法上出现了分歧。王安石变法的总目标是富国强兵，总方针是"理财""通变"；二程则认为应该通过行仁政、重礼义、重教化的办法调整社会关系，缓和社会矛盾；王安石主张"兴利"，二程主张"尚德"，二者产生矛盾。二程加入反对变法的行列，但在态度上是比较温和的。他们在学术上，都为儒学的哲学化、儒经的义理化做出了贡献。

苏氏"蜀学"则是由"三苏"创立的儒学派别，是北宋中期儒、佛、道三教融合的时代潮流的产物，是当时具有重要影响的学术派别。然而，长期以来，"三苏"在文学领域里的巨大成就掩盖了其在经学领域里的贡献，加之传统学界的学术偏见，致使在中国学术思想史上未给"三苏"以应有的地位，直至近年此种情况才有所改善。实际上，"三苏"作为经学家也毫不逊色，其经学著述亦颇多。从这些成果中可以看出，"三苏"共同为蜀学的创立和发展做出了重要贡献。如果说苏洵是苏氏蜀学的开山祖师，那么苏轼、苏辙则是苏氏"蜀学"的集大成者。"三苏"是以儒为宗，通过融通三教、兼采诸子来创立蜀学体系的。苏轼在对苏辙的祝寿诗中写道："君少与我师皇坟，旁资老聃释迦文。"一语道破苏氏"蜀学"的学术渊源是以儒为宗、兼容释道。

3. 晚清

蜀学发展的第三次高潮期是晚清。晚清时期，尊经书院创办，张之洞、王闿运促成了蜀学与江浙、湖湘的学术交流和融合，使蜀学得以蓬勃发展。其重要特征是摒弃陈腐的"八股"时文，注重对儒家经典的传习和研究。在动荡多变的时局中，"通经致用""中体西用"成为突出表现。蜀地学者"以复古求解放"，将清代学人达到的最高点东汉"许郑之学"成功地向前推进到西汉"今古文学"，乃至回溯至先秦"诸子之学"，最终实现了传统学术的解放。同时也使"蜀学"得以与"湘学"共同成为这一时期中国传统学术的重心，构成中国经学的新阶段和新形态。因此，钱基博在20世纪中叶时说："五十年来学风之变，其机发自湘之王闿运，由湘而蜀（廖平），由蜀而粤（康有为、梁启超），而皖（胡适、陈独秀），以汇合于蜀（吴虞）。"当代学人李学勤也认为："从晚清以后，中国传统学术发展的重心，一个是'湘学'，一个是'蜀学'。"这也是台湾学人以专经研究方式对晚清蜀学加以梳理的缘由。

四、蜀学之未来

近代以来，蜀学继宋代之后又呈后兴之势，尤以今文经学之盛并与维新思潮相结合为特点。1898年戊戌变法之际，刘光第和杨锐联合在京师的四川爱国官绅傅增湘、谢绪纲、王晋涵、李植等在四川会馆观善堂旧址成立"蜀学会"，同时创办"蜀学堂"，主张"讲新学，开风气，为近今自强之策"。入会者73人，他们讲求新学，学习西方先进经验，议论时务。此年，宋育仁到成都任尊经书院山长，同成都学者杨道南、吴之英、廖季平等创办《蜀学报》附刊《蜀学丛书》，介绍国内外政治经济形势，批评时局，宣传维新思想，提出社会改革方案。5月，宋育仁等在成都创设"蜀学会"，在四川各地设置分会。学会的活动以集讲为主，内容为伦理、政事和自然科学知识。这些蜀中学者大都属于今文经学派，思想活跃，长于思辨，富于理论创新。由于蜀学会促进蜀学的复兴，中国新文化运动以来蜀学仍引起中国学术界的兴趣与关注。

中国学术的发展自西学东渐之后发生了新的变化，回顾宋代的苏学，其缺失已经显露，因而如何弘扬蜀学传统是宜慎重考虑的。

第二节 蜀学的成就

从蜀学概念内涵的演变，可见其由引进接受中原儒学以发展文教事业，逐渐形成以"苏学"为代表的地域学术特色而在学术史上产生重大影响。迄于近代，它又吸收"新学"而获得新的活力。蜀学从西汉绵延于今，形成了颇具特色的传统。

纵观蜀学的发展，其主要成就在文学、史学、哲学和经学方面。其学术思想既体现了中原学术传统，又有相异之处；既时而影响主流文化，又往往遭到正统学者的批评；既有地方学术的滞后性，又比时尚文化更富于传统精神。

我国新时期以来，学术昌明繁盛，地域文化发展迅猛，蜀学成为现代学科的条件已经成熟。它以四川自西汉迄今的学术为研究对象，重点是经学、哲学、史学和文学，以它们体现的学术思想的研究为核心，包括蜀学理论、蜀学史、蜀中学者、蜀学文献等方面的研究，是四川文化中高层次的理论研究。"文化的中心是思想或哲学，举凡政治、历史、文艺等无一不受其影响。哲学固然是思想，而文学、史学、宗教之类，无一不具有鲜明的思想性""中国传统文化，即中国固有文化，其重点是指中国古代的学术思想"。为适应新的学术发展趋势，近年"中国学术文化史"作为一个新兴的学科已受到学界的重视，有着广阔的前景，将推动中国传统文化研究的深入。而蜀学即是中国学术文化史的一个分支学科。

一、文翁办学开启蜀人好学之风

从语源学的观点着眼，蜀学较早出现的载籍可能是汉代班固所撰的《汉书》。此书在《循吏传》中所述文翁不仅为官清正廉明，而且十分重视教育事业和人才培养，非常注重因材施教与循循善诱，如班固所言"诱进之""选郡县小吏开敏有才者"。与此同时，文翁还选修学宫（公立学校）于成都市中，即遗传至今的文翁石室（石室中学）。据记载，文翁把条件差的县的青年学生招收为学宫弟子，免除徭役，并经常选出一些学宫中的青少年在自己身边做事。每次到各县巡查时，更是从学宫的学生中选一些通晓经书、品行端正的一起去，让他们宣传教化的法令，在官府中出入。其结果是"数年争欲为学宫弟子，富人至出钱以求之，繇是大化，蜀地学于京师者比齐鲁焉"，即各县的官民见到了都以为荣耀，抢着成为学宫弟子，有钱人甚至花钱以求能成为学宫弟子。因此，蜀地的民风得到极大教化，蜀地到京城求学的人和齐鲁之地的人一样多。

二、晋代蜀人明确提出蜀学概念

真正以"蜀学"见之于史籍中的是晋代常璩在《华阳国志·蜀志》中所云："孝文帝末年（文）翁乃立学，选吏子弟就学，遣隽士张叔等十八人东诣博士受《七经》，还以教授。学徒鳞萃，蜀学比于齐鲁。巴、汉亦以立文学。孝景帝嘉之，令天下郡国皆立文学，因（文）翁倡其教，蜀为之始也。孝武帝皆征入（张）叔为博士。叔明天文、灾异，始作《春秋章句》，官至侍中、扬州刺史。"这里记录了文翁选拔人才的过程和成才者的成就，最突出的是张叔，后来做了扬州刺史这样的地方大员。而文翁选派到京学习经典的人员，回蜀地后又从事知识的传播教育，使得蜀地这个偏远地区的学术风气和学术成就得以发展。

显然，常璩的资料来源于《汉书》并有所增益和补充，更重要的是其将"蜀学"明确标举出来。由此，我们对蜀学有了更为具体的认知，那就是关于蜀中的学业、知识、文化和学术研究等内涵。再进一步探究，蜀学应该涵盖文学、史学、哲学、天文、历算、经济、文化等内容。蜀学源远流长，自成体系，并以其鲜明的地域文化特征呈现异彩绚丽的丰硕成果。为了弘扬对蜀学的研究，四川省文史馆和西华大学合办的《蜀学》，是一部以蜀学研究为重点的学术交流平台，读者如有兴趣，不妨翻阅参稽，将有助于对蜀学的深入认知。

三、巴蜀历史学的蓬勃发展

北宋四川新津张唐英所著《蜀梼杌》，是一部记载前蜀、后蜀割据政权的历史著作。此外，还有晋代蜀郡江源（今四川崇州）人常宽所著之《蜀后志》《后贤传》。与大约欧阳修同时代的成都人吴缜所著《新唐书纠谬》和《五代史纂谬》，堪称史学根底扎实的史学力作。司马光编纂史学巨著《资治通鉴》的重要副手华阳人（今成都双流区）范祖禹，年少才俊，总纂《神宗实录》二百卷，著《唐鉴》二十四卷、《帝说》八卷、《仁宗政典》六卷等多种，是北宋史学界的名家。

范祖禹之子范冲，秉承家学，著有《宰相拜罢录》《编类司马光纪闻》《范祖禹家传》等著作，令人惋惜的是都已亡佚。遂宁人王灼所著《碧鸡漫志》，载录音乐史之流奕并探讨了宋词的兴起、发展变化，极具价值。

四、地方志《华阳国志》

《华阳国志》是我国保留较为完整的最早的一部地方志，记载了4世纪中叶以前的四川、云南、贵州三省的历史、地理、人文情况，也对四川比邻的甘肃、陕西及湖北的历史、地理山川有所述及，是地方志中具有极高价值的重要史籍。

《华阳国志》共十二卷11万字，作者常璩，字道涛，蜀郡江源县（今江源区）人。出身仕宦书香望族之家，其地与灌县（今都江堰市）接壤，汉晋时灌县属江源县，因此，旧灌县志记载在灌县城南30余里的太平镇有常璩的古宅旧址，大约可信。

虽然常璩的生卒年限与资料而未可详考，可是他的生活和经历还是可以大致厘清的。常璩的祖上从后汉以来直至晋朝世代为官，家境较好。常璩少年敏而好学，博览群书，尤善文史，对历史事件、地理之学兴趣浓厚，为后来的学术研究与史学著述奠定了极为坚实的基础。

西晋末年李雄在蜀据地称王，建立成汉割据政权（304—347年），常璩曾做过李汉政权的文书小吏，地位卑微。李势继位后，常璩情况有所好转，任职散骑常侍，掌管著作，有机会接触丰富的文献资料，并取得调查研究的便利条件。在此期间，他努力完成了记载李汉政权兴亡得失的史籍《汉之书》（又称《蜀李书》《蜀汉书》）共十卷，被当时著名的史学家孙盛誉为蜀史。常璩对史学有扎实的功底和浓厚的兴趣，他利用掌握著作的有利条件，有意识地寻访旧闻轶事，搜求了大量关于地方风俗、人物掌故、地理建制沿革流变等方面的资料，为其日后完成《华阳国志》的编纂与建构积累了经验。

晋穆帝永和三年（347年），桓温伐蜀，大兵压境，势不可当。当此之际，识时务的常璩劝李势放弃割据政权，归附东晋，受到称赞。《晋书·桓温传》说："（桓）温停蜀三旬，举贤旌（表彰）善，伪尚书仆射……散骑常侍常璩等，皆蜀之良也，并以为参军，百姓咸悦。"这样，常璩即随桓温来到东晋都城建康（今江苏南京）。

然而，才华出众的常璩并未受到东晋朝廷的重视，还遭到重门阀的江左士族的排挤，终其一生都未获重用。成汉政权结束之后，常璩又撰写了《蜀平记》十卷。由于对成汉政权制度、职宦、掌故、人物熟悉，他还撰写了《梁益二州志》《巴汉志》《南中志》等著作。因其失意于仕途，见弃于东晋王朝，于是发奋著书，将旧作充实完善，并补充了大量资料，精心结撰，殚精竭虑地完成了一部地方史志瑰宝的皇皇巨著——《华阳国志》。

据学者考证，《华阳国志》成书于晋穆帝永和四年（348年）至永和十年（353年）之间，记载了自远古以来至东晋穆帝永和三年（347年）关于巴蜀等地的历史事迹、地理沿革、人物行实及风土人情等内容，涵盖了云、贵、川以及甘肃、陕西、湖北等地的政治、经济、军事、民族、文化诸方面，并以蜀中为核心展开。

《华阳国志》的命名源于《尚书·禹贡》篇中关于巴蜀等地区域的划分，即所谓："华阳、黑水惟梁州。"这里所说的"华阳"是指华山之南的广大地域；而"黑水"则众说纷纭，而以丽水（即金沙江）较合情理。唯此，则所谓"华阳、黑水惟梁州"是指梁州东至华山之阳（南）、西达黑水（金沙江）之滨的广大地域。因而，《华阳国志》所涉及的范围就不仅仅局限于四川了，当然，以四川为主要对象是可以肯定的。《华阳国志》卷十三的序志中，作者十分明确地指出《华阳国志》的地域范围，即当时的梁、益、宁 3 州。

综上所述，蜀学在长期的历史发展中，在制度创设（文翁石室、周公礼殿、蜀刻石经）、学术成就（易学、文学、史学、道教、禅学、小学、数术、方技等）、信仰体系（三才皇、五色帝）、经典体系（"七经""十三经""十八经"）、核心价值（道德、仁、义、礼）等方面，都有着独特的造诣和精深的探究，对祖国学术文化的发展都做出过重要贡献。时至今日，它仍然是我们实现文化自觉、文化自信，推动传统文化的创造性转化和创新性发展，构建当代"新蜀学"的重要资源。

第六章 天府艺术

第一节 川剧

一、川剧概述

川剧是四川文化的一大特色，而成都则是戏剧之乡，早在唐代就有"蜀戏冠天下"的说法。清代乾隆时期，人们在本地车灯戏的基础上，吸收融会苏、赣、皖、鄂、陕、甘等地声腔，形成含有高腔、胡琴、昆腔、灯戏、弹戏5种声腔的用四川话演唱的"川剧"。其中，川剧高腔曲牌丰富，唱腔美妙动人，最具地方特色，是川剧的主要演唱形式。川剧帮腔为领腔、合腔、合唱、伴唱、重唱等方式，意味隽永，引人入胜。川剧语言生动活泼，幽默风趣，充满鲜明的地方色彩、浓郁的生活气息和广泛的群众基础。常见于舞台的剧目有数百之多，唱、做、念、打齐全，由器乐帮腔烘托，妙语幽默连篇；"变脸""喷火""水袖"独树一帜，再加上写意的程式化动作有着不尽的妙味……川剧为世人所喜爱并远涉重洋传遍世界。川剧名戏《白蛇传·金山寺》更是在国内外流传甚广。原先外省流入的昆腔、高腔、胡琴腔（皮黄）、弹戏和四川民间灯戏5种声腔艺术，均单独在四川各地演出。清乾隆年间，由于这5种声腔艺术经常同台演出，日久逐渐形成共同的风格，清末时统称"川戏"，后改称"川剧"。

川剧与其他剧种不同的地方在于其特别高的高腔，川剧中最有名的技巧则为变脸。在四川，号称川剧变脸之王的是王道正先生。

二、川剧的流派

川剧由于各种声腔流行地区和艺人师承关系不同，逐渐形成一些流派。在这些流派中，除旦行，如浣（花仙）派、丑行傅（三乾）派、曹（俊臣）派等以杰出艺人称派外，主要则是按流行地区区分为4派：

（1）川西派。流行于以成都为中心的温江地区各县，以胡琴为主，形成独特的"贝调"。

（2）资阳河派。流行于自贡及内江区和县市，以高腔为主，艺术风格最为谨严。

（3）川北派。流行于南充及绵阳的部分地区，以唱弹戏为主，受秦腔影响较多。

（4）川东派。流行于以重庆为中心的川东一带（在1997年6月18日重庆成为直辖市之前，重庆为四川商业中心，来此演出的外地剧种很多）。其特点是戏路杂，声腔多样。

三、川剧的剧目

川剧剧目繁多，早有"唐三千，宋八百，数不完的三列国"之说。其中，要以高腔部分的遗产最为丰富，艺术特色亦最显著。传统剧目有"五袍"（《青袍记》《黄袍记》《白袍记》《红袍记》《绿袍记》），"四柱"（《碰天柱》《水晶柱》《炮烙柱》《五行柱》），以及

"江湖十八本"等。除此之外，还有川剧界公认的"四大本头"（《琵琶记》《金印记》《红梅记》《投笔记》）。其中，不乏其他一些剧种失传的剧目。1949年后，经过整理，出现了一批优秀的川剧剧目，如《柳荫记》《玉簪记》《彩楼记》等。

川剧的表演艺术有深厚的生活基础，并形成一套完美的表演程式，剧本具有较高的文学价值，表演真实细腻、幽默风趣，生活气息浓郁，为群众喜爱。有的演员还创造了不少绝技，如托举、开慧眼、变脸、钻火圈、藏刀等，善于利用绝技创造人物，令人叹为观止。

明末清初，由于各地移民入川，以及各地会馆的先后建立，多种南北声腔剧种也相继流播四川各地，并在长期的发展演变中与四川方言土语、民风民俗、民间音乐、舞蹈、说唱曲艺、民歌小调融合，逐渐形成具有四川特色的声腔艺术，从而促进四川地方戏曲剧种——川剧的发展。

四、川剧角色

川剧舞台人物大体分为小生、旦角、净角（花脸）、生角和丑角5个行当，简称生、旦、净、末、丑。各行当均有自成体系的功法程序，尤以文生、小丑、旦角的表演最具特色。在戏剧表现手法、表演技法方面多有卓越创造，能充分体现中国戏曲虚实相生、遗形写意的美学特色。

在一般情况下，小生、旦角和生角的面部化妆都是"俊扮"，也就是按照演员的本来面目，通过化妆技术给予美化，同全身的服装、头饰组成和谐统一的人物造型，显示中国式的古典美。川剧的旦角（剧中的女性），或渔妇，或媒婆，或丫头，或小姐，或夫人，或皇后，根据她们不同的身份，或梳"小头"（简丽的头饰），或捆"大头"（富丽的头饰），或戴凤冠。这就从视觉上给人区分出戏曲旦角头部装饰的简与繁、朴素与华丽、微贱与高贵的社会层次。剧中一些大户人家的夫人、小姐，往往满头珠翠，五光十色，看上去琳琅满目，美不胜收。旦角化妆如此，而生角（剧中的男性）却主要是以不同的头帽和服饰穿戴来表示他们各自的身份、地位和年龄段的，其中还有一种独具华夏特色的重要表现形式，那就是脸谱艺术。

在众多的川剧节目里，不仅有天真烂漫的丫头、妩媚俊秀的小姐、风流儒雅的秀才、大义凛然的志士、八面威风的将军、断案无私的青天，也有幽默风趣的艄公、能言善辩的乞儿、不学无术的纨绔、贪赃枉法的县官……从脸谱艺术的角度审视，更使人感兴趣的可能要算五颜六色的花脸和笑料百出的小丑了。

在人们熟悉的传统戏里，如《封神榜》戏里的雷震子，《三国》戏里的关羽、张飞、曹操和董卓，《西游记》戏里的牛魔王，《水浒》戏里的李逵、鲁智深，《杨家将》故事剧里的杨五郎、焦赞、孟良、萧天佐，《包公案》戏里的包拯和王朝、马汉，《施公案》故事剧里的窦耳敦，等等，在川剧舞台上绝大多数都是由花脸来扮演的。他们既然叫"花脸"，就必然要画脸，这在戏曲术语中叫作"开脸"。演员开脸，并不像平常画画那样，可以随意用色，而是有一定的师承和谱式，什么样的人物画什么样的脸，这些开脸的谱式就叫"脸谱"。脸谱艺术是我国民族艺苑里的一朵奇葩，它已经有近千年的历史。

川剧的脸谱，继承了我国古典戏曲美术的传统，主要用于净角和丑角。在某些戏里，其他行当的少数角色也用。

五、川剧脸谱

川剧脸谱是川剧表演艺术中重要的组成部分，是历代川剧艺人共同创造并传承下来的艺术瑰宝。

脸谱的起源，戏曲史界多推由北齐时兰陵王之戴假面（面具）为始。唐人崔令钦《教坊记》载："大面出北齐，兰陵王长恭，性胆勇而貌若妇人，自嫌不足以威敌，乃刻木为假面，临阵著之，因为此戏，亦人歌曲。"亦即所称《兰陵王入阵曲》。清代川籍学者李调元在其《弄谱》中亦称："世俗以刻画一面，系着于口耳者，曰'鬼面'，兰陵王之假面也。"然而，面具还并不是"脸谱"，就通常概念而言，脸谱是直接绘在人面部的一种图案。对此，当代学者董每戡先生在他的《说剧》第二十五则《说"脸谱"》里，又做了进一步的分析："谁都知道，'脸谱'有它自己的前史，非某一个艺人'异想天开'地忽地创造出来的。……溯远源，一向都认为系由古代'文身'的习俗，我对这并没有独创的意见。"

如果戏曲脸谱真的与古代"文身"习俗有关的话，那么，在巴蜀历史上倒有不少"文身"的例证。于此，仅唐人段成式《酉阳杂俎》第八卷《黥》里，便有如下记述：

（1）"李夷简，元和末在蜀，蜀市人赵高，好斗，常入狱。蒲背缕'毗沙门天王'，吏欲杖背，见之，辄止。"

（2）"蜀小将韦少卿，韦表微堂兄也。少不喜书，好扎青（文身）。其季父尝令解衣视之，胸上刺一树，树杪集鸟数十，其下悬镜，镜鼻系索，有人止于侧牵之。叔不解，问焉。少卿笑曰：叔不曾读张燕公诗否？'挽镜寒鸦集'耳。"

（3）"唐蜀将尹偃，营有卒，晚点后数刻不至，偃将责之。卒被酒，自理高声，偃怒杖数十，几至死。卒弟为营典，性友爱，不平偃。乃以刀鏨肌，作'杀尹'两字，以墨涅之。"

（4）"蜀人工于刺，分明如画。或言以黛则色鲜。成式问奴辈，言但用好墨而已。"

在宋人孙光宪撰写的笔记汇集《北梦琐言》里也提到：唐末王建任都指挥攻成都时，其帐下亲军和侍从均"髡发行睅，黥面扎腕，如一部鬼神"。同朝代的张唐英在其《蜀梼杌》里也记载了这件事："瑶字伯玉……从（王）建入蜀，勇猛善格斗。（王）建初在韦昭度幕府，其兵皆文身鬞黑，衣冠诡异，众皆称为鬼兵，称瑶为鬼魁。"

清人李斗《扬州画舫录》第九卷又记："雍正间，蜀僧大嵒，膂力过人，年四十，黥其身，自顶至腹，为一串肉菩提子。"

对于"文身"，董每戡先生在《说"脸谱"》一文中认为："似乎在古代，'文身'与其说是作为一种识别的'标识'，毋宁说是为了'饰美'装身……后代人虽然也仍有不少人'文身'，固也是为了美观，恐怕作为某种标识的意义也被强调起来了。戏剧的'脸谱'则兼'饰美'和'标识'两者而有之，也就是两者并重。"而作为应用于戏曲演出的一种化装艺术，脸谱还是在唐宋时期涂面化装的基础上发展而来的。

历史上川剧没有专职的脸谱画师，演员都是自己绘制脸谱。川剧演员在演出前，要在面部用不同色彩绘成各种图案，以展示人物的身份、形貌、性格特征。在保持剧中人物基本特征的前提下，演员可以根据自身的特点，创造性地绘制脸谱，以取得吸引观众注意的效果。故川剧脸谱的个性化和多样化特征，是各类地方剧种中少见的，因此脸谱全然成了川剧演员吸引观众的一个重要法宝。此外，川剧脸谱历史上都是以"师带徒"的方式传承。师傅怎样画脸谱，口传身教于徒弟；师傅对自己所绘脸谱烂熟于心，徒弟听之学之绘之，也慢慢烂熟于心并可有所改变。演出完毕后，脸上一擦一抹干干净净。由于川剧"变脸"特技既属口传心授，又是演员的制胜法宝，所以川剧脸谱历史上就缺少纸面的图像记录。

学苑版《中国戏曲脸谱——川剧脸谱》，归集几百位川剧老艺人历史上的演出脸谱有 1000 多种，涉及剧目几百出，是目前唯一最真实保存历史上川剧演出脸谱谱式的书，是目前国内唯一归集川剧脸谱谱式数量最多的书，也是唯一力求真实还原作者绘制脸谱所用色彩的书。

1. 用色定调

颜色是最基本的角色标记。川剧脸谱以颜色表现人物的基本特征，其用色定调原则是以中国传统文化和中国人长期形成的欣赏习惯为根据的。

川剧脸谱使用的色彩，通常有红、黑、白、蓝、绿、黄这几种。每张脸谱的色彩虽然有各自的基本色调，但根据不同人物的不同谱式，往往又渗入其他一些颜色的线条和色块，组成一张张绚丽多彩的"花脸"。同时，所有脸谱的基本色调，都有一定的象征性和寓意性。

一般说来，红色表示忠义坚毅，黑色表示刚直坦诚，白色表示奸诈阴险，黄色表示体弱气衰，蓝色则多用于绿林好汉或水旱盗贼，而金色一般只限于神话人物使用。例如，长有"金睛火眼"的孙悟空脸谱的眼睑就点有一点金色，表演时，他那双眼睛一眨，"金睛火眼"忽闪忽闪，看上去真会让人信服这猴头确有那么个机灵劲儿呢！这些直接画在演员脸上的脸谱，比起罩上面具，更能让演员展现面部表情，使剧中人的表演更为生动，使观众有着更直观的感觉。

2. 具有象征意义的图案

在用色定调的前提下，可在人物脸膛上勾画具有象征性和寓意性的图案，以显示剧中人物的性格特征。对剧中人物或歌颂赞扬，或揭露讽刺，或批判鞭挞，其贬其褒都能从图案中反映出来。

例如，包拯的黑脸膛上绘有山字形笔架、朱笔、寿字、月牙、太阳等图案，象征他官高极品、执法如山、一生廉洁；关羽的红脸膛上绘有卧蚕眉、三炷香、品字图案，表现他英武忠诚、信义必守。赵匡胤也是红脸膛，龙纹双眉表示他是一代帝王；印堂或眼皮上勾画的那一笔白，则表现了他为人猜忌阴险的特征。项羽黑白分明的脸膛上勾绘有七星北斗、寿字形龙纹、宝剑、虎豹眼等图案，表现了其得天威曾为一代强霸以及兵败乌江拔剑自刎的结局。

3. 动物图案的使用

用动物图案表现人物特征，是川剧脸谱的一大特色。例如，江湖豪杰马俊，人称"玉蝴蝶"，于是可在其脸上勾画一只色彩斑斓的蝴蝶；绿鸭道人的脸上勾画有展翅的鸭子；蛇精的脸上勾画有盘曲的蓝绿色长蛇；等等。

特别要提到的是，这些动物图案的绘制，必须完全符合演员面部肌肉的分布特征。例如，蛇的头嘴画在演员的嘴部，蛇身盘在两颊上，蛇尾伸延至眉肌部位。这样，演员嘴巴的张闭刚好表现了蛇嘴的张闭，整个面部肌肉的运动就正好带动了蛇身的爬行。再如《水漫金山》中的蟹将，一只大蟹螯勾画在演员的嘴部，嘴肌运动表现的刚好是蟹螯的张合运动。

设计勾画带有动物图案的脸谱，绝不是把动物图形生搬硬套于人脸上，而是要经过变形、夸张、巧妙安排的艺术处理。不论是用动物的全貌或取其一部分，都要以角色所需、表演所需，塑造刻画人物特征所需为前提。动物脸谱的绘制，要力求色彩明快，具有装饰美，还要充分考虑剧中角色各个行当的规范。也就是说，勾画动物图案脸谱也要有大花脸、二花脸、小花脸及霸儿脸的区别。

其中，霸儿脸又称霸儿花脸，是剧中人物青少年的造型，反映人物血气方刚、风华正茂的特点。霸儿脸延续角色中老年脸谱的特征，不带口条（胡子、胡须），一般以鼻为界，只勾画脸的上半部分。霸儿脸还有隐含地表现人物后代形貌特征的作用。

如红脸关羽在《步月杀熊》中还是个青年，其脸谱是半头红的红霸儿脸。黑脸包公在《判双钉》中初次为官，还是个性耿直的青年人，便给他开黑霸儿脸。《波罗花》里的青年英雄石应龙，开了鸳鸯霸儿脸。张飞的儿子张苞开了黑霸儿脸、牛皋的儿子牛通开了白霸儿脸，他们的特点都秉承父豪，又年少气盛。

4.文字脸谱

川剧脸谱中还有以文字作为造型来表现人物特征的手法，即将书法汉字勾画在角色面部的显著位置，再配以其他装饰图案。文字脸谱多出现在 20 世纪 50 年代以前的舞台上。文字脸谱可分为简捷的文字造型和抽象的文字造型两种，并有篆、隶、楷、行、草等书法形式。

例如，牛皋脑门上写隶书"牛"字，李逵脑门上写隶书"李"字，阎王脑门上写楷书"阎"字，魁星脑门上写楷书"斗"字。据说杨七郎为黑虎星下凡，他的黑霸儿脸上就草书了一个"虎"字。人们常说"脸就是招牌"，文字脸谱起到了介绍剧中人物的招牌作用。

5.人物脸谱变化特技

川剧演出中，随着剧情的转折，人物内心世界发生变化，脸谱也须相应改变。如何在一出戏里让脸谱发生变化？川剧艺人创造了抹脸、吹脸、扯脸和擦暴眼的特技。这些特技都是在舞台演出现场，在不能被观众察觉的前提下使用的，以达到人物脸谱瞬间变化的强烈演出效果。

（1）抹脸

将化妆油彩涂在脸的某一特定部位上，表演时用手往脸上一抹，即可变成另外一种脸色。如果须摇变整张脸，就把油彩涂在额上或眉毛上；如果只变下半部脸，则将油彩涂在脸上或鼻子上。《白蛇传》中的许仙用的就是"抹脸"的变脸手法。

（2）吹脸

将粉末状的化妆品，如金粉、银粉、墨粉等，装进特定的容器里。表演时，演员只需要将脸贴近容器一吹，粉末就会扑在脸上，吹时必须闭眼、屏气。《活捉子都》中的吹脸，化妆粉末是放在酒杯内的，更多的时候是在舞台的地面上摆一个已经装好粉末的小盒子，演员只需要做一个伏地的舞蹈动作，就可以趁机将脸贴近盒子。

（3）扯脸

事前将脸谱画在一张张剪好的绸子上，然后按顺序贴在脸上。每张脸谱都系有一把丝线，丝线的另一端系在衣服的某一个顺手而又不引人注目的地方（如腰带上）。演员可依据剧情的需要，在巧妙利落的舞蹈动作的掩护下，再一张一张地将其扯下来。《望娘滩》的聂龙、《白蛇传》中的钵童使用的都是"扯脸"。

（4）擦暴眼

擦暴眼是让一种脸谱局部发生变化的方法。演出中，演员可用事前涂抹在手指上的黑色松烟迅速将眼睛周围涂黑。例如，《治中山》中的乐羊子，当得知眼前的肉羹是亲生儿子的肉做的时，演员使用嘴吹金粉的方法，让粉底本色脸突然变成了金色脸，口条也由黑变白。这一变脸特技的运用，刻画了乐羊子心灵受到的强烈刺激，使"面为心变"得到了最为淋漓尽致的体现。《断桥》中的青儿要报复薄情寡义的许仙，《飞云剑》中的陈仓女魔要追食书生宁采臣，演出中她们的脸都一变再变，强烈展现了青儿的法力和陈仓女魔的凶恶残忍，渲染了演出气氛。《水漫金山》中的紫金饶钵要降服白蛇，双方交战斗法的场面可谓惊心动魄。当剧情发展到高潮时，演员使用"扯脸"术，让紫金饶钵的脸瞬间出现红（喜）、蓝（怒）、白（哀）、绿（乐）等各种颜色，刻画了紫金饶钵能够瞬息万变的神威和法力，生动形象地展现了他的复杂个性。《情探》中的新科状元王魁，新婚洞房之夜被前妻焦桂英的鬼魂前来索命，此时演员使用了"擦暴眼"的手法，以表现王魁丧魂落魄的丑态。《坐楼杀惜》中，为表现宋江突然升起的杀人之念，演员也使用了"擦暴眼"手法。

川剧的脸谱讲究"拟形传神"。所谓"神"，是指角色的灵气，当然包括脸谱的魅力；而"形"，就是指具体的脸谱图案了。川剧脸谱的图案，大多有一定的图形取向，从图案到色彩，或者夸张变形，或者对称写意，都十分注重象征性、写意性和装饰美，讲究笔简意远。就"拟形"而言，在数以百计的川剧脸谱中，如民间传说里能够"捉鬼"的钟馗的额顶就画有一只蝙蝠，这是因为蝙蝠的"蝠"和"幸福""福气"的"福"同音，取意钟馗能给人间驱邪赐福，拔除不祥；而招财进宝的赵公元帅，脸上则画有金钱图案。据原四川省戏曲研究所选编的《川剧脸谱选》解释："包拯的脸谱，以深棕色涂脸底，黑色勾'泰山眉''丹凤眼'，表示包拯的铁面无私，刚直果断。眉眼之间勾白色，印堂上用白色勾绘形如笔架的'山'字，黑白对比，显示包拯明辨是非，执法如山。额头上勾一白色'月牙'，说明他廉洁有若皓月的意义。"在《川剧的脸谱和变脸》这本小册子中，对川剧《高唐州》里的水浒英雄李逵的脸谱也做了讲解：人称"黑旋风"的李逵，其脸谱以黑色为基调，间以灰、白，组成一幅表情刚峻的人面图案。以黑为基色，直观上给人以李逵皮肤黝黑之感，同时又寓示他的性格刚直。整张脸谱的构图以"豹眼"为中，全用黑白相间的回旋纹向四周辐射，勾画出李逵的鼻、额、颌，线条和谐统一，走向流畅，富于动感，寓意性地表现他平生浪迹江湖，人生漂泊，是一个名副其实的"黑旋风"。粗眉大眼下面的那张大口用红色涂抹，同黑灰色产生强烈的冷热对比，增加了这一人物的生气与活力。

六、川剧的唱腔

川剧由高腔、昆腔、胡琴、弹戏、灯戏5种声腔组成。其中，除灯戏源于本土外，其余均由外地传入。川剧音乐博采众长，兼收并蓄，囊括吸收了全国戏曲各大声腔体系的营养，与四川的地方方言、声韵、音乐融会结合，演变成形式多样、曲牌丰富、结构严谨、风格迥异的地方戏曲音乐。

1. 高腔

高腔是川剧中最重要的一种声腔，由明末清初从外地传入四川。高腔传入四川以后，结合了四川方言、民间歌谣、劳动号子等形式，几经加工和提炼，逐步形成了具有地方特色的声腔音乐。

川剧高腔是曲牌体音乐，川剧高腔曲牌数量众多，形式复杂。其结构基本上可以概括为起腔、立柱、唱腔、扫尾。高腔剧目多、题材广，适应多种文辞格式。高腔最主要的特点是没有乐器伴奏地干唱，即所谓"一唱众和"的徒歌形式，将帮、打、唱融为一体。锣鼓的曲牌都是以这种方式组成的。有的曲牌帮腔多于唱腔，有的基本全部都是帮腔，有的曲牌只在首尾两句有帮腔，其具体形式是由戏决定的。

川剧高腔保留了南曲和北曲的优秀传统，兼有高亢激越和婉转抒情的唱腔曲调。

2. 昆腔

昆腔多文人之作，词白典雅，格律规严，演唱时特别讲究字正腔圆，加之曲牌曲折，节奏缓慢，如今已渐衰微。川昆源于苏昆，川剧艺人利用昆曲长于歌唱及利于舞蹈的特点，往往只选取昆曲中某些曲牌或唱句，插入其他声腔中演唱，形成了川昆独具特色的艺术风格。

川剧昆腔的曲牌结构与其母体"苏昆"基本相同。应用时有"单支"和"成堂"两种形式。目前，以昆腔单一声腔形式演出的剧目已经不多了，更多的是融于高腔、胡琴、弹戏诸声腔中，或者是与其他声腔共和。

昆腔的主奏乐器是笛子。伴奏锣鼓及方式与其余高、胡、弹、灯诸声腔相同，以大锣敲边和苏钹两件乐器的特殊单色构成锣鼓的"苏味"来区别于其他声腔的锣鼓伴奏。

3. 胡琴

胡琴是二黄与西皮腔的统称。因其主要伴奏乐器是"小胡琴"，故统称胡琴。《燕兰小谱》卷五记载的"蜀伶新出琴腔……其器不用笙笛，以胡琴为主，月琴应之，工尺咿唔如话"，可以说是四川胡琴腔的注脚。胡琴腔约在乾隆年间就已经形成了。

二黄包括正调（二黄）、阴调（反二黄）、老调3类基本腔。正调善于表现深沉、严肃、委婉和轻快的情绪，反二黄宜表现苍凉、凄苦、悲愤的情绪，老调则大多用于高亢、激昂的情绪。西皮腔与二黄腔的音乐性格相反，具有明朗、潇洒、激越、简练、流畅的品格。西皮、二黄多为单独使用，但也有不少剧目同时包纳两种声腔。

4. 弹戏

川剧弹戏是用盖板胡琴为主要伴奏乐器演唱的一种戏曲声腔。源自陕西的秦腔，属梆子系统，因此又有"川梆子"之称。弹戏虽源于秦腔，但同四川地方语言结合，并受四川锣鼓和民间音乐的影响，经过长期的衍变，无论曲调、唱法还是唱腔结构都与秦腔有所不同，形成了自己独特的艺术风格，具有浓郁的四川地方色彩。尽管二者的关系不是相当接近，但从曲调结构，调式特点，以及整个唱腔的韵味等方面分析，均可找到它们之间的渊源。

弹戏包括情绪完全不同的两类曲调：一类叫作"甜平"（又称"甜品""甜皮""甜腔"）善于表现喜的感情；一类叫作"苦平"（又称"苦品""苦皮"），善于表现悲的感情。它们具有相对的独立性，但它们的调式、板别、结构都是相同的，甚至在同一板别的唱腔中，曲调的骨架都一样。

5.灯戏

灯戏在川剧中颇有特色，它源于四川民间迎神赛社时的歌舞表演，也可以说是古代巴蜀传统灯会的产物。所演为生活小戏，所唱为民歌小调、村坊小曲，体现了当地浓郁的生活气息。

灯戏声腔的特点是：乐曲短小、节奏鲜明、轻松活泼、旋律明快，具有浓厚的四川地方风味。

灯戏声腔主要由"胖筒筒"、发间小曲和"神歌腔"组成。灯戏伴奏的"胖筒筒"，是一种比二胡杆粗、筒身大、略带"嗡"声的琴。

七、川剧的乐器

川戏锣鼓，是川剧音乐的重要组成部分。其使用乐器共有20多种，常用的可简为小鼓、堂鼓、大锣、大钹、小锣（兼铰子），统称为"五方"，加上弦乐、唢呐为六方，由小鼓指挥，这是去农村演出的轻便乐队。锣鼓曲牌有300支左右。"装龙像龙，装虎像虎"，这一形容川剧表演的话，在川剧演员中代代相传。川剧表演具有深厚的现实主义传统，同时又运用大量的艺术夸张手法，表演真实、细腻、优美动人。

八、川剧的发展现状

川剧具有巴蜀文化、艺术、历史、民俗等方面的研究和认知价值，在中国戏曲史及巴蜀文化发展史上具有十分独特的地位。近年来，川剧同其他各种地方戏曲一样出现了生存危机，观众减少，演出市场萎缩，经费不足，传承发展举步维艰，抢救、保护川剧的任务正严肃地摆在人们面前。

国家非常重视非物质文化遗产的保护，2006年5月20日，经国务院批准，川剧被列入第一批国家级非物质文化遗产名录。2007年6月8日，四川省川剧学校获得国家文化部颁布的首届文化遗产日奖。

第二节　蜀锦

一、蜀锦概述

蜀锦兴起于汉代，已有2000年的历史，原指四川生产的彩锦，后成为织法似彩锦的各地所产之锦的通称。蜀锦多用染色的熟丝线织成，色彩鲜艳，质地坚韧。蜀锦因其历史悠久、工艺独特，与南京的云锦、苏州的宋锦、广西的壮锦并称为"中国四大名锦"。因为汉朝时成都蜀锦织造业便已经十分发达，朝廷在成都设有专管织锦的官员，因此成都被称为"锦官城"，简称"锦城"；而环绕成都的锦江，也因有众多民众在其中洗濯蜀锦而得名。"十样锦"是蜀锦的主要品种之一。

蜀锦以经向彩条和彩条添花为特色，早期以多重经丝起花（经锦）为主；唐代以后品种日趋丰富，图案大多是团花、龟甲、格子、莲花、对禽、对兽、翔凤等；清代以后，蜀锦受江南织锦影响，又产生了月华锦、雨丝锦、方方锦、浣花锦等品种，其中尤以色晕彩条的雨丝、月华最具特色。现代蜀锦用染色熟丝织造，质地坚韧，色彩鲜艳。

蜀锦

二、蜀锦的织造工艺

　　一幅蜀锦的完成，要经过设计、定稿、点匠、挑花结木、装机、织造等数道复杂程序。从图案的设计到锦缎的完成，短则四五个月，长则一年。仅"织造"一道工序，就涉及很多技能技艺，如打节、打竿儿、拉花、投梭、转下曲、接头等。"投梭"，就是把一个梭子从丝线中甩出来，是织造过程中看似很简单的一步，但实际操作起来并不容易。例如，把一个 1 千克重的梭子在经纬细腻的丝线里流畅地甩出来，仅这一项技能的练习就需要花费 3 年的时间。

　　经过这样繁复的工艺，全程手工织出的蜀锦，色彩明快、鲜艳，从不同角度欣赏，光线会折射出不同的色彩，惟妙惟肖；细看图案，还有特殊的浮雕镶嵌式的立体效果。现代蜀锦采用现代技术织造，保持了蜀锦色块饱满，立体感强的特点，并较大程度地提高了产品的产量，缩短了产品的设计时间。现代蜀锦由四川蜀锦研究所技术人员研究开发，已基本得到市场认可，是市场占有率最大的产品，四川省成都市政府的政务礼品也常选用现代蜀锦。古蜀锦是原汁原味的蜀锦，是由成都蜀锦工艺品厂采用传统的蜀锦工艺机械化生产的，产量非常有限，产品品种也很有限。同时，产品的开发时间也很长，少则数月，多则多年，不适合批量生产，也不适合个性化定制。产品虽精美绝伦，却很少面市，因此极具收藏价值。

蜀锦的织造工艺

三、蜀锦的染色工艺

蜀地农业与蚕桑业十分发达，种植和应用天然色素植物的历史悠久，形成了一套自成特色的染织工艺体系。色素与色谱比较齐全，特别是染红色最为著名。

蜀锦又被称为"蜀红锦""绯红天下重"。蜀地染的蜀红锦，色彩鲜艳，经久不褪。已知流传到日本的许多著名蜀锦，如"格子红锦""赤狮凤纹蜀江锦""唐花纹锦""铺石地折枝花纹蜀江锦"等均是红色或以红色为底色。此外，还有黄色、蓝色、紫色、黑色及其间色等染色工艺，有的一直使用到 20 世纪 70 年代。蜀锦的染色工艺是中国丝绸染色工艺留传下来的一件瑰宝，具有很大的研究和开发价值。

蜀锦的染色工艺

第三节　蜀绣

蜀绣，又称"川绣"，是以四川成都为中心的刺绣品的总称，产于四川成都、绵阳等地。蜀绣与苏绣、湘绣、粤绣齐名，为"中国四大名绣"之一。

一、蜀绣渊源

最早记载蜀绣的文字，出于西汉文学家扬雄的《绣补》一诗，诗中表达了作者对蜀绣技艺的高度赞誉。晋代的常璩在《华阳国志》中，则明确提出了蜀绣和蜀中其他的物产，包括璧玉、金、银、珠、碧、铜、铁、铅、锡、锦等，皆可视为"蜀中之宝"，充分说明蜀绣作为地方工艺品的珍稀独特。其实，蜀绣的历史跟蜀锦一样，都是出自古蜀时期先人的智慧和创造。据文献记载，蜀国最早的君王蚕丛就已经懂得养殖桑蚕。汉末三国时，蜀锦、蜀绣就已驰名天下。作为珍稀而昂贵的丝织品，蜀国经常用它交换北方的战马或其他物资，作为主要的财政来源和经济支柱。唐代末期，南诏进攻成都，除了掠夺金银、蜀锦、蜀绣外，还大量劫掠蜀锦、蜀绣工匠，并视之为奇珍异物。时至宋代，蜀绣之名已遍及神州，文献称蜀绣技法"穷工极巧"。成都地区自然地理条件优越，盛产丝帛，因此蜀锦、蜀绣的制作生产"冠于天下"。

蜀绣的历史也很悠久。《华阳国志》中的记载，当时蜀中的刺绣已十分闻名，蜀绣与蜀锦并列，被视为蜀地名产。最初，蜀绣主要流行于民间，分布在成都平原，世代相传。至清朝中叶以后，逐渐形成行业，尤以成都九龙巷、科甲巷一带的蜀绣为著名。当时各县官府所办的"劝工局"也设刺绣科，可见其制作范围之广。当时的生产品种主要是官服、礼品、日用花衣、边花、嫁奁（音同"连"，古代妇女梳妆用的镜匣）、彩帐和条屏等。

二、蜀绣的工艺特点

蜀绣以软缎、彩丝为主要原料，其绣刺技法甚为独特，有 100 种以上精巧的针法绣技，如五彩缤纷的衣锦纹满绣、绣画合一的线条绣、精巧细腻的双面绣以及晕针、纱针、点针、覆盖针等，都是十分独特而精湛的技法。现代绣品中，既有巨幅条屏，也有袖珍小件；既有高精欣赏名品，也有普通日用消费品。例如，北京人民大会堂四川厅的巨幅"芙蓉鲤鱼"座屏和蜀绣名品"蜀宫乐女演乐图"挂屏、双面异色的"水草鲤鱼"座屏、"大、小熊猫"座屏，都是蜀绣中的代表作。

三、蜀绣作品欣赏

蜀绣作品

第四节　漆器

一、漆器概述

中国漆艺的历史可以追溯到距今 7000 年前的河姆渡新石器时代。其遗址出土的一件木胎漆碗，涂有朱红色漆，这是我国迄今发现的最早的漆器。从战国时代起，由于四川盛产生产漆器的主要原料——漆和朱砂，开始成为著名的漆器制作基地。四川漆器是著名的工艺品。早在 2000 多年前，四川漆器已具有不裂口、不变形、光泽明亮、抗腐蚀性强的优点。

举世闻名的湖南长沙马王堆出土和湖北江陵凤凰山汉墓中出土的大量精美绝伦的漆器，大多烙有"成市""成市炮""成市府"等戳记，经考证均为当时成都所辖的漆器作坊标记，成都漆器因此而名扬天下。成都，是中国漆艺最早的发源地之一，金沙遗址出土的漆器残片现在依然文饰斑斓、色彩亮丽。成都的漆艺水平遥遥领先，故而成都成为我国古代最著名的漆器制作中心之一，并享有"中国漆艺之都"的美誉。

二、漆器工艺特点

成都漆器有木胎、麻布脱胎、纸胎、塑料胎等多个品种，其造型美观大方、工艺精巧，漆面透明如水，光亮如镜。"雕花填彩"是成都漆器的主要工艺特色。

人们较为熟悉的北京漆器是以雕漆为主；平遥漆器以推光为主；扬州漆器以镶嵌螺钿为特色；福建的漆器则是脱胎漆器；而成都漆器采用的是中国最早的漆艺之一，多用推光的髹饰技法，或以雕填见长，或以研磨、描绘著称。其中的雕花填彩在国内漆艺中独具一格，具有浓郁的地方风格和极高的审美价值。雕花填彩、银片丝光、镶嵌描绘等传统手工技艺和地域特色，独树一帜。

三、漆器作品欣赏

漆器作品

第五节　银丝工艺品

一、概述

银丝工艺是以白银为原材料，运用花丝和点錾技法，按照设计的要求，交互运用填丝、累丝、炭丝、搓丝和在银片上錾出点、线、面浮雕图案等方法组合而成。主要产品有瓶、盘、盒、茶酒具、烟具、花熏、挂屏、台灯。其中既有妇女用的钗、环、镯等首饰，儿童服饰品如罗汉、狮子滚绣球、帽盘、后披，又有生活用品如银耳碗、银镶筷子、三须牙签等，都具有结构严谨、造型别致、亮膜交错、虚实相间、美观大方、富丽堂皇的特色。由于采用白银防腐新工艺，银丝工艺品能在较长时间内保持柔和的光泽，不变颜色，给人以舒适的美感。

二、银丝工艺特点

四川银丝制品在古代就很有名气，是我国银丝工艺品的传统产区之一。成都前蜀皇帝王建墓出土的玉册、饰件、金银器皿和"金铜扣漆耳环"等文物，可以反映当时银丝工艺已经具有相当高的水平。流传民间的金、银首饰制品，更是同银丝工艺有着密切的联系，形成了鲜明的民族特色和地方风格。艺人们在长期的劳动实践中逐步掌握了金、银富于延展的特性，在一根根细如发丝的银丝上做文章，制作了许多技艺超群的艺术品。有的银丝纤细，仅及人发的一半，最粗也不过3毫米。就是这些方圆自如、变化万千的银丝，用富于表现力的流畅线条描绘出不同艺术要求的花纹景物，有形态自然的苍松、翠竹、梅花、兰草，有含苞怒放的牡丹、玫瑰、芙蓉、月季，还有人物、鸟兽、虫鱼及龙凤呈祥等图案，具有迷人的艺术效果。

三、银丝工艺作品欣赏

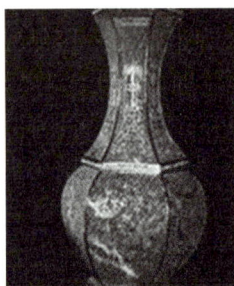

银丝工艺作品

第七章　天府移民文化与方言文化

第一节　海纳百川——源远流长的移民文化

在中国的历史上，移民大多都是由于战乱、饥荒引起的，而四川素来就有"天府之国"之称，可以说是沃野千里的富庶之地，因此吸引了很多移民。那么，迁来四川的移民又都来自哪里呢?

一、早期的天府移民

1. 秦人入蜀

读《华阳国志·蜀志》可知，四川可给出准确纪年的历史，当始自周显王三十二年，即秦惠文王元年（前337年），时为古蜀国开明王朝的第十二代王。若以每世25年计，开明王朝的时代约有300年，这就意味着开明王朝可能是在春秋早期接替鱼凫、杜宇王朝的。当时杜宇王大致已从三星堆迁都于郫邑（今成都郫都区）。到了九世开明帝，又将蜀都迁往成都。根据现有考古资料推测，三星堆都城鼎盛时期的面积为3.5平方千米，人口应有22698户；以每户5口计，当有113490人。鼎盛时期的成都（秦灭蜀之前）总面积则大约为15平方千米，人口当有55970户，279850人。（《三星伴月》）

周慎靓王五年（前316年），即秦惠文王后元九年（前316年）秋，秦国遣大夫张仪、司马错、都尉墨从金牛道伐蜀，冬十月进入成都，结束战争。接着又乘胜攻占巴国的国都（在今重庆市渝中区）。秦统一巴蜀后，先后在巴蜀故地设巴、蜀、汉中三郡41县。其中蜀郡一直沿袭到唐代中叶，有1000多年历史。秦于三郡设郡守，掌郡治；设郡尉，辅佐郡守并典武职甲卒。在县万户以上设令，减万户设长，下设丞、尉，辅佐令、长。少数民族较多的县则改称"道"。巴蜀地区逐步实行秦国的制度、政令，由此开始进入封建社会。其时，秦将关中百姓大批迁入蜀地，以加强控制。《华阳国志·蜀志》说：

> 周赧王元年（前314年），秦惠（文）王封子通国为蜀侯，以陈壮为相。置巴郡。以张若为蜀国守。戎伯尚强，乃移秦民万家实之。

《华阳国志·蜀志》的这条资料，是史籍关于巴蜀移民史的第一条正式记载。"戎伯"，当指蜀地西部、北部山地尚未进入成都平原的古羌部族首领。这是秦向巴蜀的第一次大移民。若按台湾学者杜正胜先生的秦型家庭——四口之家（《史记》《汉书》记秦末刘邦一家四口，父子兄弟别财异居）计，这一次秦向巴蜀移民即达4万人。从当时的秦国版图看，这批移民只可能来自秦本土。可以想象，一支4万人众的队伍，拖儿带女，背包挑担，出关中翻秦岭，经金牛道入蜀，是何等艰辛！至于移往巴蜀何地，《华阳国志》并未言明；但从分封蜀侯同时移民，并旨在对付"戎伯"看，应是移往蜀郡。再从秦国很快就在成都平原兴建成都、郫、临邛（今邛崃）三座城市的情况看，推测这批移民大部分当迁往该三角形地带。《华阳国志·蜀志》说："临邛县，郡西南二百里，本有邛民，秦始皇徙上郡民实之。"这里所言秦始皇时代，当是对秦惠文王时基本国策的继承。

此外，《古今图书集成》卷六百三十《嘉定州古迹考》引《四川总志》云："古泾口，去夹江县西北五里。昔秦惠王徙秦人万家于南安。（秦人）思泾水不得，饮此似之，故名。"石壁上有"古泾口"三大字。同书卷六百二十七《嘉定州山川考》引《四川总志》又云："秦水在峨眉县西南二十里。秦惠王克蜀，移秦人万家以实之。秦人思秦之泾水，于此水侧置戍，谓之泾口。"按这些资料推测，当时秦王移入蜀地的万户人家，有一部分人到了南安，即今乐山地区（至于万家皆移入此，则似不确。因与"戎伯尚强"一语南辕北辙）。揣测移万户之一部分至南安，可能与开明氏亡国后一部分王族成员向西南出逃有关。

除去一般百姓外，秦国和秦朝还将许多可能怀有异心的被占领国的豪强与罪人陆续迁往蜀地，一示惩戒，二则实边。《史记·货殖列传》云：

> 蜀卓氏之先，赵人也，用铁冶富。秦破赵，迁卓氏。卓氏见虏略，独夫妻推辇，行诣迁处。诸迁虏少有余财，争与吏，求近处，处葭萌。唯卓氏曰："此地狭薄。吾闻汶山之下，沃野，下有蹲鸱，至死不饥。民工于市，易贾。"乃求远迁。致之临邛，大喜，即铁山鼓铸，运筹策，倾滇蜀之民，富至僮千人。田池射猎之乐，拟于人君。

> 程郑，山东迁虏也，亦冶铸，贾椎髻之民，富埒卓氏，俱居临邛。

秦国大举移民入蜀，不仅加强了朝廷对西南边地的控制，利于中央集权和国家的稳定，而且还给地广人稀的巴蜀地区输入大量资金与技术以及新鲜知识、先进人才。赵国卓氏、山东程郑率族人入蜀后，在临邛等地冶铁、铸铜、煮盐、经商，大力推广中原地区先进的生产技术与经营手段。

2. 蜀汉移民和成汉移民

东汉永和五年（140年），巴蜀地区共有户117.5万，人口469.9万，此时巴蜀人口比西汉平帝元始二年（2年）时的统计多出将近120万。但永和以降，随着地主豪强势力的加强与接踵而至的农民起义加剧，特别是黄巾军起义的爆发，刘璋投降刘备之时，巴蜀地区人口仅有80余万。

汉末天下大乱。涿郡涿县（今河北涿州）人刘备与琅琊阳都（今山东沂南）人诸葛亮率领数万大军从荆州（今湖北、湖南）下益州（主要在今四川），迫降刘璋，旋以蜀汉相对弱小之力而与魏、吴形成鼎立之势，特别是诸葛亮在刘备死后，独挑重担，继续依靠和发挥外来势力（主要是荆州集团）的作用，"抚百姓，示仪轨，约官职，从权利，开诚心，布公道"（《三国志·蜀书·诸葛亮传》），使巴蜀地域"田畴辟，仓廪实，器械利，蓄积饶，朝会不华，路无醉人"（《三国志》裴松之注，引袁准《诸葛公论》）。

刘备、诸葛亮赖以创业的荆州集团，是在长期的军事斗争中形成的。蜀汉政权内居于高职要位者，多是当年追随刘备、诸葛亮入蜀的荆楚人士（其籍贯涉及今河北、河南、山东、山西、陕西、甘肃、湖北、湖南等十余省）。诚如常璩所言："豫州（刘备曾为豫州牧）入蜀，荆楚人贵。"（《华阳国志·李特雄期寿势志》）。刘备、诸葛亮的荆州军估计有三四万，而随同入蜀者还包括大批幕僚及荆楚缙绅与"就食"的老百姓，从者如云，众至十余万。（参见《三国志·蜀书·先主传》）所以，荆州军将士南下入蜀，也是三国时期的一次重大移民行动。但刘备与诸葛亮治蜀，在政治层面上却过多依赖荆州集团（兼及刘焉、刘璋父子留下的东州人士），而忽略或轻视益州本土力量，最终未能占有"天时、地利、人和"三要素中最关键的"人和"，成为蜀汉在三国中最早败亡的重要原因。对于至今仍高悬在成都武侯祠的著名"攻心"联（清人赵藩所题："能攻心则反侧自消，从古知兵非好战；不审势即宽严皆误，后来治蜀要深思"），罗开玉君在《四川通史》第二册中认为，其"宽""严"当分别针对刘璋、诸葛亮对原住民豪强之策而发，笔者颇为赞同。其实，该副楹联在赵藩之后已成为治理四川这个移民大省的政治家或志士能人们引以为戒的座右铭。

诸葛亮死后 30 年，即蜀后主炎兴元年（263 年）冬，蜀国便率先被曹魏灭亡。不久，司马氏代魏建立晋朝。巴蜀地区进入西晋时代。按《三国志·蜀书·后主传》的说法，蜀汉灭亡时，境内有户 28 万，人口 94 万；军士 10.2 万，吏 4 万，合计为 108.2 万人。

西晋后期，在巴蜀地区爆发了震撼全国的李特起义。起义军的主力，就是入蜀就食的 6 郡流民。原来在元康八年（298 年），秦、雍二州的天水、略阳、扶风、始平、武都、阴平 6 郡之民数万家十余万口，因郡土连年饥荒，经汉中、剑阁进入蜀地，集中分布在益州的广汉、蜀、犍为 3 郡境内。由于西晋朝廷强迫流民返乡，终在永宁元年（301 年）引发了流民起义。起义军的领袖李特兄弟及其亲族，来自略阳郡（今甘肃天水东），他们都是北迁寅人的后裔。寅人即原来居住在巴西郡宕渠县（今四川渠县）的巴人的一支，东汉末年迁往西北，称巴氏。起义军的将士，除巴氏族人外，还有氐族人及汉人。

太安元年（302 年）李特称大将军、益州牧，都督梁益二州诸军事，次年攻占成都小城（少城），改年号建初。李特战死后，其子李雄于永兴元年（304 年）冬十月在成都称王。光熙元年（306 年），李雄即皇帝位，改元晏平，国号"大成"。至东晋咸康四年（338 年）时，李雄侄李寿又改国号为"汉"，年号"汉兴"，铸汉兴钱。历史上将两代合称为"成汉"。这是秦以后西南地区出现的第一个由少数民族移民组建的封建割据政权，也是"十六国"中最早建立的国家之一，历 5 代，共 43 年。

"成汉"虽然是巴氏族当权，却沿袭晋制不改：在中央设太师、太傅、太保和太史令。太师、太傅、太保，秦汉称"三公"，晋为"上公"。据《大戴礼记》，"三公"是分别负责君主智育、德育、体育之人。《晋书·职官志》云："（上公）论道经邦，燮理阴阳。"太史令，《周礼》春官之属。汉晋时期，太史令的行政职事归太常，而作为九卿之一的太常又是掌管朝廷文教的官员。

成汉"三公"虽说只是"论道之职"，却与"兴文教"关系密切。而太史令乃成汉管理文教的官员，极有可能就是专司"兴文教"的"学官"。《晋书·李雄载记》说：

> 时海内大乱，而蜀独无事，故归之者相寻。雄乃兴学校，置史官。

《华阳国志》卷九《李特雄期寿势志》则写道：

> 雄乃虚己爱人，宽和政役。远至迩安。年丰谷登，乃兴文教，立学官。

李雄之时，不仅"立学官"，选拔世家子弟，兴办学校，培养人才，而且还邀集文人学士"置史官"于成都，整理和研究古代文化典籍。史学家常璩和思想家李班（李雄兄李荡的次子，系李雄养子）即是其佼佼者。常璩的《华阳国志》（虽成书于东晋，实草创于成汉）和李班的"大均"思想，可以说是成汉文化、也是巴蜀文化的两项重大成果。

成汉统治者向慕中华文化，多"好学重文"。《晋书·李雄载记》记李雄云：

> 雄性宽厚，简刑约法，甚有名称……听览之暇，手不释卷。

被李雄立为太子的李班，也是"好学爱士""仁厚好学"，《晋书·李班载记》云：

> 班谦虚博纳，敬爱儒贤，自何点、李钊，班皆师之；又引名士王嘏及陇西董融、天水文夔等为宾友……为性泛爱，动修轨度。

《华阳国志》卷九《李特雄期寿势志》亦指李班云：

> 班字世文……好学爱士。每观书传，谓其师友天水文夔、陇西董融等曰："吾见周灵王太子晋、魏太子丕、吴太子登，文章鉴识，超然卓绝，未尝不有惭色。何古人之难及乎！"进止周旋，勤于咨问。

李雄的第四子李期，在《晋书·李期载记》里记为"聪慧好学，弱冠能属文"。《华阳国志》则记作"少攻学问，有容观"。

作为处于动乱之世而移民蜀地、以少数民族占统治地位的成汉朝廷，竟如此倾慕以儒家文化为主要内容的汉文化，下大力气来发展文化教育，实属难能可贵。这表明中华文化不仅对巴蜀人民，而且对外来入蜀的少数民族也同样具有深厚的吸引力与凝聚力。这同时也可见蜀地儒学长期教化的力量，其潜移默化已臻滴水穿石的地步。难怪在成汉统治时期，尤其是李雄为政时期，蜀地会在乱世纷攘中成为一方"乐土"。史记其"事少役稀，民多富贵。至乃阖门不闭，路无拾遗，狱无滞囚，刑不滥及"。（《华阳国志·李特雄期寿势志》）

巴氐羌族人的成汉国虽然是一个由外来移民在蜀地建立起来的政权，立足也不久，却在有限的时间里极大地丰富了巴蜀文化，发展了巴蜀文化，促成巴蜀文化与以儒家文化为核心的中华优秀文化的进一步融合，功莫大焉！

成汉李寿时期，原居住于群柯郡（主要在今贵州）的僚人，因不堪忍受昆明族的侵扰及西晋战乱之苦，极其向往相对安定的巴蜀地区。李寿当年与叔父亲属等曾饱受兵燹离乱之苦而同情僚人的处境，下令批准群柯僚人迁徙入蜀。史载"蜀本无僚，至是始出巴西、渠川、广汉、阳安、资中、犍为、梓潼，布在山谷，十余万家"。（《蜀鉴》卷四，引李膺《益州记》）直到隋唐之世，僚人仍广泛分布于巴蜀地区。

作为外来少数民族的成汉政权，其全盛时疆土东守三峡，南至南中，西尽岷邛，北据汉中，相当于今四川盆地及陕、滇、黔等省部分地区。这在巴蜀移民史上真是神奇的篇章。

3. 北方移民向往的"世外桃源"

东晋永和三年（347年），桓温征蜀，四川地区重归晋朝版图。自此至隋开皇元年（581年）隋文帝杨坚遣第四子杨秀镇蜀，四川地区先后历经东晋，前秦，谯纵，南朝的宋、齐、梁，北朝的西魏、北周共8个政权的统治。成汉以后特别是南北朝时期，四川地区政治动荡，战争频繁，社会经济相对停滞。隋炀帝大业十三年（617年）十二月，进占长安后的李渊挥军南下，招抚巴蜀。

唐武德元年（618年），李渊在巴蜀故地置益州总管府，加强对四川的经略。贞观元年（627 年），朝廷在巴蜀地置剑南道；玄宗以后，治所设在益州（州治在今成都）。至德二年（757 年），再分置剑南东川、剑南西川两节度使。前者治所在梓州（州治在今三台），辖 12 州；后者治所在成都府（府治在今成都），辖 1 府 26 州。在此之前所置山南东道与山南西道在今四川省境内也各领 4 州和 10 州。唐中叶后以剑南西川、剑南东川及山南西道三镇合称"三川"或"剑南三川"，即四川称"川"的来历。

在中国封建社会，许多农民不堪朝廷赋役剥削，流亡外地而无户籍，形成所谓"逃户"。有的逃户在逃亡地定居下来，成为移民。这种现象自秦汉以后，历代均有，隋唐时期也不例外，这便形成了常态性的移民运动（与特殊条件下的移民运动，如"湖广填四川"不同）。

不过，隋唐之际，特别是唐代巴蜀的逃户移民却是由平坝向山地迁徙，而不出川。武周圣历元年（698 年）陈子昂上疏说，"今诸州逃走户，有三万余"，（《上蜀川安危事》）分布于剑南道辖下蓬（治所在今四川仪陇）、渠（治所在今四川渠县）、果（治所在今四川南充）、合（治所在今重庆合川）、遂（治所在今四川遂宁）的 5 州境内山林中。若按《旧唐书·地理志四·剑南道》天宝年间的统计（户十六万九百五十，口九十二万八千一百九十九），30000 余逃户即达十七八万人之多。天宝年间，南宾县（今重庆石柱土家族自治县）亦"逋亡，襁负而至者不可胜数"。（《唐代墓志汇编·和府君墓志铭》）当时流寓蜀地的杜甫在《东西两川说》中评议道：

> 蜀之土肥，无耕之地。流庸之辈，近者交互其乡村而已，远者漂寓诸州县而已，实不离蜀也。

杜甫之论，道出了当时逃户之所以从平坝逃往山地的原因，乃是平坝已"无耕之地"（因人口增长而土地相对减少）；至于"逃而不离蜀"（秦并巴蜀以后，或巴蜀并称，或以蜀代巴，均指今川渝地区）之由，则在于蜀地土肥——不仅在于土壤较好，还在于蜀地没有大规模的战争征伐，政治局面相对安定，社会环境相对较好。这是巴蜀以外其他地区（除却江南）所无法比拟的。

史载隋末朝廷征讨高丽，"剑南独无寇盗，属者辽东之役，剑南复不预及，其百姓富庶"。（《资治通鉴》卷一百九十九）因此，蜀地便自然成了北方人民所向往的"就食"之地。唐高祖《遣使安抚益州诏》便云："西蜀僻远，控接巴夷，厥土沃饶，山川迥旷。往昔隋末丧乱，盗寇交侵，流寓之民，遂相杂挠，游于堕业，其类实繁。"《隋书·地理志》载，大业五年（609 年），巴蜀地区有户 41.4 万，约占全国总户数的 4.6%；而《旧唐书·地理志》则载，唐太宗贞观十三年（639 年），巴蜀地区有户 69.4 万，约占全国总户数的 23%。要知道隋末唐初全国人口户数呈大幅度下降之势［隋末 890 多万户，唐太宗贞观二十三年（649 年）也只接近 380 万户］，而巴蜀人口却不降反升。这 30 年间多出的 28 万户人口，当主要是北方移民。李白其实也是这以后的北方移民。而吸引他们的，乃是巴蜀之地的富庶、稳定以及当地人的豪爽与礼让。卢求《成都记序》说：

> 大凡今之推名镇为天下第一者，曰扬、益。以扬为首，盖声势也。（益州）人物繁盛，悉皆原住民。江山之秀，罗锦之丽，管弦歌舞之多，伎巧百工之富；其人勇且让，其地腴以善；熟较其要妙，扬不足以侔其半。

而蜀人既忠勇又讲仁义礼让，加上有天险（剑门蜀道与夔门峡江）可凭借，因此从"安史之乱"唐玄宗奔蜀起，唐朝君主在关中不能立足时，多南避走蜀，并试图利用四川财力、物力再作恢复，如唐德宗避朱泚之乱、唐僖宗避黄巢起义（其中德宗虽仅至兴元而返，但预设目的地却是秦巴山地所屏障的四川盆地）。追随这些君王的，除宗室、朝臣、护驾军士外，还有大批文人与成千上万的老百姓。大历年间的右羽林大将军石藏用即言："天下将有变，而蜀为最安处，又多佳山水，吾将避地焉。"（《宋代蜀文辑存》卷十）不久后，其便举家迁入蜀地眉州（治所在今四川眉山）。也正是这个缘故，唐王朝多以重臣、贵戚出任益州大都督府长史、剑南节度使等以镇蜀，如中书侍郎、同平章事陆象先，礼部尚书苏颋，宰相杨国忠、杜鸿渐、武元衡等。与此相应，在唐后期，朝廷的宰相也主要从剑南三川节度使及淮南节度使中遴选。据统计，自宪宗元和元年（806年）至僖宗乾符六年（879年），在担任三川节度使的93人中，先后有40人入朝为相。剑南三川因此被认作"宰相回翔之地"。唐代蜀地之所以能成为朝廷所凭借的战略回旋地与战略大后方，之所以是战乱之际吸引外乡人的一处"世外桃源"、温柔富贵之乡，除去经济、地理的因素外，还在于其文化昌盛，人多知书识礼、忠勇仁义。而这则是自古蜀蚕丛、鱼凫开国以来，2000年间逐渐形成的翁郁苍翠的巴蜀文化之树荫护滋润的结果。而培育这棵大树的园丁，也包括2000年间不断迁徙入蜀的外乡人。李白与杜甫——这一对盛唐诗坛星空中的"双子座"，也便是这样辗转入蜀，进而为巴蜀文化之树的繁花绽放做出了巨大的贡献。

4. 两宋之际的移民浪潮

宋代四川精神文明与物质文明的发达，不用说是包括唐至五代入蜀移民在内的全体川人共同努力的结果。就四川地区人口的增长而言，唐开元时期（713—741年），四川地区（含今四川省、重庆市管辖地区）有87.1915万户；至宋太宗之时（976—997年），则为115万户；至宋徽宗崇宁元年（1102年）已升到183.38万户。此时四川人口户数占宋朝户数2026万户的9%。四川也成为当时全国4大人口稠密地区之一，但可耕地却并未见增长。可以说，整个北宋时期，四川人口压力都非常大。这就势必造成两种情况：一是大量客户（晚唐以后专指佃客，即失去土地而佃种别人土地的佃户）从平坝迁往边远山地和少数民族地区；二是部分居民外迁出川，如往北至黄河流域，往南至大理（今云南一带），往东至湖北。前一种情况是自我逃亡，后一种情况是响应朝廷号召；但都是为了另谋生路，自求发展。前一种情况仍在四川境内，后一种情况具体迁出多少，史无明载。

宋钦宗靖康元年（1126年），金兵攻入开封；次年，宋高宗赵构在南京（今河南商丘）称帝，后建都临安（今浙江杭州），史称南宋。宋金战争导致宋朝政治中心南移，军事防御前线南置，北方人民南迁；而二者的指向则是四川。四川不仅成为抗金最前线，而且还是北方人口迁徙、安置的重点接受区。这些人口中，主要是逃难百姓、抗金战士、民兵及其家属与战败的散兵游勇。

宋代外地移民入川，尤以两宋之交的"靖康之变"前后最为活跃，且动辄每批以上万甚至数万以上者计。如绍兴二年（1132年），川陕宣抚处置使张浚上奏朝廷说，是时仅"舍伪从正"，即弃金投宋而南下入川的北方汉族将士就达15万人之众。（参见刘时举的《续宋编年资治通鉴》卷三）这次由金灭北宋而引发的移民入川浪潮，直至绍兴十一年（1141年）十一月宋金达成和约（东以淮河、西以大散关，即今陕西宝鸡西南为界，禁止互相接纳对方人员），才暂告平息。但仅过了20年，即绍兴三十一年（1161

年），金海陵王又大举攻宋，于是再掀移民入川浪潮。隆兴元年（1163年）有人向朝廷报告：时川中"新附之众"已达"几十余万"。

按李世平先生在《四川人口史》里的统计，北宋崇宁元年（1102年），四川有户183.38万，525.5万人；到南宋绍兴三十二年（1162年），四川已有户394.92万，1153.1万人。扣除当时0.5%左右的年自然增长率，移民总数也当在238万左右。（参见《巴蜀移民史》）而四川多达1000多万的人口总量，也占当时南宋辖区总人口的20%。"这个数字，是19世纪前四川历史上人口的最高纪录。"（《四川通史》第四册）

周蜀容先生认为，北宋末南宋初大量北方移民入蜀，除了大大增加四川劳动力（其实当时四川劳动力已经饱和）外，对四川的经济、文化发展并没有带来重大影响。这一时期的移民活动，比起唐至五代时期北方移民入蜀对四川社会进步所发挥的作用，是大为逊色了。不过，他也承认，两宋之交大量移民入蜀，还是对当地经济与社会面貌的改进有一定意义，如开垦荒地，促进当地农业的精耕细作，输入以大曲为内容的伎乐，促进火葬流行，等等。（参见《巴蜀移民史》）

二、成都历史上的四次移民

1. 第一次大移民——促进巴蜀文化与中原文化大融合
【时间】春秋战国时期

自古蜀地富饶，成都平原的肥沃和丰富的物产，加之"蜀道之难，难于上青天"，使巴蜀大地长期独享安宁。秦惠文王时，其想征服巴蜀，也深知必先修一条道路，于是修了金牛道。

正因为有了这条道路，秦军不到3个月就攻进了成都，灭掉了蜀国。

前228年，秦灭赵。这时中原的许多富豪和工匠也大批迁徙进入蜀地，他们不仅带来了大量的财富，也带来了先进的工艺技术。其中最主要的就是金属冶炼技术；最著名的就是赵国的冶炼大户卓氏，整个家族都辗转徙蜀，来到成都南边的小城临邛，成为蜀中，乃至全国最大的冶铁大户，一时富比诸侯。

秦国的这次大移民，在成都历史的进步中作用非常重大，它第一次将中原文化注入巴蜀文化的血脉中，从此确立了巴蜀文化与中原文化的大融合，使蜀地不再是落后的西南夷，特别是成都平原，从此成为与中原平起平坐的富饶之乡。

2. 第二次大移民——刘备入蜀带来很多文人工匠
【时间】三国时期

成都的原住民大多身材矮小，皮肤黑黄，眼睛比较凹，鼻梁比较塌，嘴巴比较大；而今天的成都人则身材高大，皮肤细腻白嫩，长相俊美，特别是成都美女早已名扬天下，使外地人大为惊叹。这就是移民大融合的作用。

成都人在惊讶之后不禁要问：我们来自何方？

自秦大规模移民蜀地后另一次大规模的入蜀行动，发生在三国时期。被打得四处逃窜的刘备来到隆中拜访了诸葛孔明，得到卧龙先生的指点迷津，告知三分天下，以西川为基本，可以抗衡江南和中原。其实刘备的先祖刘邦就是这么干的，当年刘邦被项羽赶进巴蜀，就凭借巴蜀之本成就了帝业。

刘备的入蜀带来的不仅是军人，还有大批文人、谋士、工匠。当时追随刘备的百姓也不少，他们将江南、中原的文化、技艺、生活习性也带来了，使成都成为偏远的繁华都市。

298 年，关中地区大饥荒，略阳、天水等 6 郡十几万流民入蜀；西晋、东晋时，四川南边的犍为郡等州县大批僚人入蜀，光成都就迁徙了 3000 多户，整个入蜀的僚人有 10 多万户，50 万多人，这是一个庞大的数字。外族人与汉人的大融合，不仅对蜀文化的形成有重要的影响，甚至于对蜀人的体格、对蜀方言的发音等也都有重要的影响。

3. 第三次大移民——清朝初年开始的"湖广填四川"

【时间】历经一个世纪

在成都历史上最重要的一次大移民是"湖广填四川"运动。

"湖广填四川"早在元末明初就已开始。南宋后期，四川成为抗击元军最后的堡垒，战争持续了半个世纪（至今在成都的金堂云顶山上还保留着一座石头城），在数十年的抵抗中一直顽强坚守。川人在这种抗争中死难无数，最终导致人口锐减。

至二十七年（1290 年），四川在籍人口数仅有 61 万，比三国时的 90 余万更少，不及南宋嘉定十六年（1223 年）660 万人口的 1/10。成都平原的肥田沃土之上，一时显得十分荒芜，田地无人耕种，长满杂草。这时元末红巾军起义，湖北随县人明玉珍率军入川，建立了大夏国。他带来了 20 万农民起义大军和大批农民，这无疑给荒凉的四川注入了新鲜血液。在以后的岁月里，两湖一带战乱不断，大量湖广人陆续移民四川。到明朝初年的洪武十四年（1381 年），四川的人口已由元末的几十万人上升到 146 万人。明朝时，四川人口最高纪录达到 410 万之多。但到了清顺治十八年（1661 年）时，全省人口仅存约 8 万人，数列全国倒数第三位。

这是一种千里断炊烟的景象，川西平原是中国为数不多的几个大粮仓之一，一旦荒芜，其给中原大地和关中平原带来的压力是无法承受的，所以，历代帝王对移民四川都十分重视。

成都历史上多次被攻陷，但真正遭到灭城之灾的只有两次。第一次是 1279 年，元朝灭南宋，两度攻陷成都，进城后便进行了惨烈的屠城。"城中骸骨一百四十万，城外者不计"。成都的城民被一批批抓去处死，尸体堆积如山。元朝统治的 80 余年，成都几乎就是一座死城，所有史书上关于这一段历史的记载都是一个"惨"字。

成都遭受的第二次灭城之灾是崇祯十七年（1644 年），张献忠杀进成都，建立大西政权。他在成都干了两件事，第一件事是杀人，第二件事是劫财。张献忠所做的"七杀碑"写道："天生万物以养人，人无一德以报天，杀杀杀杀杀杀杀。"这种充满杀气的碑文，不管它是出自野史还是正史，都可感到那种从历史的深处传来的恐怖和悲凉。

给成都原住民居民带来灭顶之灾的，还有吴三桂。这是一个屠夫，他将四川蹂躏了 6 年之久，川民"皮穿髓竭"，成都十室九空，已是一座空城，连虎狼野兽也趁机行凶。于是就有了历史上一次又一次的移民潮。

这 300 多年来，成都又出现过几次大的移民潮。

清朝顺治末年到康熙年间，经太子太保、四川巡抚李国英奏准，"招两湖两粤、闽黔之民实东西川，耕于野；集江左右，关内外、陕东西、山左右之民，藏于市"。

清朝政府还专门出台奖励移民措施，实行免赋政策。大批的两湖两广人、福建人、江西人、陕西人在免赋政策的诱惑下，纷纷举家迁往四川。成都的洛带，成了移民进入成都平原的中转站。

　　"湖广填四川"使四川又人丁兴旺起来，生产又得以恢复，移民还带来了不同地域的文化和生活方式，带来了新鲜血液，甚至带来了更丰富的方言。

　　"湖广填四川"一直延续到乾隆中叶，历经一个多世纪。到乾隆四十九年（1784年），四川的人口上升到2100万。至咸丰元年（1851年），又增长到4400万。四川在中国历史上几次繁荣又几度衰落，每一次大的移民之后都使四川的经济再度兴旺。

　　4. 第四次大移民——抗战时期和中华人民共和国成立后的大军南下

　　【时间】抗战胜利后数十年

　　这一次移民浪潮是抗战时期和中华人民共和国成立后。

　　在抗战时期，北方27所大学迁来成都，成都一时名人荟萃，成了大后方的文化中心，许多北方知识分子在成都结婚生子，成都的许多知识分子的上一辈、上两辈都是北方移民。1940年，华东和华中250家工厂迁入四川，到1944年工业企业增加到1万多家，同时迁来的还有数十万流动人口大军。整个四川成了抗战的大后方。抗战结束后，许多工厂学校又回迁，但人员并没有完全回迁，他们留在了四川，建立家庭并繁衍后代，成为成都的老城民。

　　中华人民共和国成立后，几十万大军云集西南，一时间四川来了大批晋、豫、秦、鲁、苏的干部。现在成都许多家庭都是那一时期由北方南下的干部同当地人结合建立的。如今活跃在成都的四五十岁的人有许多是南下干部的后裔。

　　20世纪50年代末60年代初，大批的工厂内迁，被称为三线建设。按照当时军事的划分，中国沿海为前线，中部地区为二线，内陆地区，特别是四川地区为三线。三线基本处于中国西部的大山之中，战略位置上比较安全。湘西、鄂西及云南、贵州、四川三省为西南三线，尤以成都为中心，上千家工厂和科研机构迁到这里，使四川省（包括当时的重庆）成为中国最重要的工业和科研大省。

　　今天成都东郊大片的工厂都是那一时期迁来或建立的。大批的东北人、上海人随之迁徙，对成都的人口起了巨大的融合作用。成都东郊出美女、出俊男。东郊人更高大，人更聪明，这是显而易见的，特别是20世纪60年代那次大饥荒，别处的人大多承受了饥荒之苦，粮食定量供应，营养普遍不良，而东郊因是国营大工厂，基本生活能够保证，下一代受到的拖累相对要小一些，因而发育良好。

三、移民对巴蜀文化的影响

　　巴蜀地域具有悠久的历史文化，每一次大规模的移民运动，都促进了巴蜀文化的发展。移民运动所带来的文化变迁，不是单一的输入或者输出，而是巴蜀文化与移民文化的碰撞、交流和融合。每一次交流融合，都为巴蜀文化注入新的元素，以至丰润的巴蜀大地长满了丰硕果实，成为一朵艳丽奇葩。

　　文化的变迁和发展，不仅受社会、经济、政治的宏观制约，还受环境的改变和人的行为习惯的影响。巴蜀地区特殊的地理环境，使其自古以来就成为中华民族多元文化的积淀地和交汇地；其特殊的地理环境所带来的人文环境的变化，又造就了巴蜀文化具有兼收并蓄的鲜明特征。先秦时期，岷江上游的"蜀人"（蜀族、蜀国）和东部地区江涪流域的"巴人"（巴族、巴国），一般合称"巴蜀"。前316年，秦并巴蜀，建立中央集权统治下的郡县制。因战争频仍，先后建立"蜀汉""成汉""前蜀""大夏""大西"等政权；北宋设"川峡四路"，"四川"由此得名。元代建制"四川行中书省"，明清延制，后称"四川省",因古称"巴蜀",衍生出"巴蜀文化"概念。到1997年重庆市直辖,四川、重庆分治,"巴蜀文化"仍是一个整体概念。"巴蜀文化"作为一个地域文化的特定概念,延续几千年,至今仍有重要影响。

从历史上考察移民对巴蜀文化的影响,每一次较大的移民运动,都促进了巴蜀文化的变化和再造,逐渐形成其特有的地域文化特色。

1. 移民与巴蜀文化的多元化格局

巴蜀特殊的地理环境,形成了一个纵横东西、贯通南北、融合汉民族文化和少数民族文化的"大文化圈"。特殊的地理位置,不间断的移民入川,形成了各个历史时期巴蜀文化的多元化格局。

先秦时期,巴蜀文化的融合,主要受3支文化的影响:一是来自甘青地区的古氐羌文化,二是来自中原地区的华夏文化,三是来自长江中下游地区的楚文化。晚商至商周之际的广汉三星堆遗址和成都金沙遗址的发现,揭示了古蜀文化的多元化和复合型特征,这种特征成为我们研究巴蜀文化发展史的一个基点。

西周至春秋战国时期,中原文化和古楚文化对巴蜀文化的影响始终占据主导地位。开明王朝治蜀,九世开明,"始立宗庙,以酒曰礼,以乐曰荆"(《华阳国志·蜀志》),邓少琴云:"言荆是指巴人初自荆楚而来也。"前316年,秦并巴蜀,"乃移秦民万家实之"(《华阳国志·蜀志》),改变了蜀国"人萌椎髻左衽,不晓文字,未有礼乐"(《蜀王本纪》)的状况,蜀"民始能秦言",逐渐融入中央集权的统一文化中。

两汉时期,蜀地殷富,中原移民"就食蜀汉"(《汉书·食货志》)的情况一直存在。汉武帝开发西南夷,巴蜀成为中原移民进入西南少数民族地区的要地。一方面,中央集权大一统文化在蜀地扎根,巴蜀文化成为西南地区文化中心,留下了汉代画像砖、石图像百科全书;另一方面,巴蜀文化也承载着汉民族文化和少数民族文化融合之大任。巴蜀文化在多民族文化的交流中,快速发展,繁荣昌盛。

东汉末至三国南北朝时期,战争不断,巴蜀成为移民投足之地。"南阳""三辅"流民西迁巴蜀,刘备入蜀建蜀汉政权,集各籍高官、学者入蜀,此后陈寿之《三国志》,奠定了流传至今的"三国文化"的兴起和发展。西晋陇西6郡流民入蜀、成汉巴蜀大姓流徙荆湘,再次促成陕西、两湖地区与巴蜀文化的融合。宗教的传播,也是形成巴蜀移民文化多元性的一个原因。张道陵在大邑鹤鸣山创五斗米道,北传中原;最早的佛教图像,在乐山东汉晚期摩崖石刻上留下珍迹,不论是道教出川还是佛教入川,都在巴蜀地区得到熔炼。四川出土不少东汉晚期和三国蜀汉时期的佛像与文物,如成都万佛寺废址出土的南朝佛教石刻造像,都是中国早期佛教文化的珍品。在北方中原石窟塑像的影响下,四川于北魏晚期开始凿造石窟,唐宋时期达到极盛,延续到元、明、清至民国仍有余绪,长达1400年,留下不少珍品,令人叹为观止。

隋唐五代时期,每遇天灾、战乱,都有大批中原移民避难入蜀。安史之乱时期,黄河流域移民大批南迁,不少人避难入蜀,连唐玄宗都亲带1300官宦逃蜀。藩镇割据时期和唐末战乱时期,再次造成大规模北方移民入川,唐僖宗亦来蜀避难。许多迁蜀官宦、文人在蜀定居,传续后代。五代时期,北方人氏王建和孟知祥先后在川任官。由于四川经济发展、社会安定,不少北方官员和百姓入川投靠,先后建立前蜀(907年)和后蜀(934年)政权。

这一时期，大规模的北方移民入川，有些人士定居下来，使巴蜀地区再一次成为中华文化的中心。文学上，以陈子昂、李白、杜甫、白居易为代表的诗派，均在巴蜀留下佳作；数十位著名作家来到四川，诗名远扬；五代时期，创"花间派"词的18位作家中，韦庄等人均移民入川。《花间词》以四川和外省的民间小曲为词牌，填词唱曲，不仅开创了新的文体，更重要的是这种文学与音乐的结合、文人创作与民间艺术的结合、说唱艺术诸宫调的产生以至明清时期戏曲艺术的出现，都以曲牌填词为基础。因此，"花间词"派的出现，在巴蜀地区移民文化发展史上也具有非常重要的意义。前蜀王建墓雕刻的24伎乐石刻图像，是隋唐至五代宫廷乐舞的生动刻画，真实地记载了西域文化与中原文化的融合，以及中原文化向巴蜀文化的渗透和传播。

这一时期，因中原学者入蜀，儒学在巴蜀地区得以广泛传播，四川成为儒学教育的一个中心。一方面，官方办学堂，修学馆；另一方面，一些中原衣冠士族，或者在官办学堂授课，或者办私学传授儒学。后蜀宰相毋昭裔是河中龙门人，他不仅重视儒学教育，还历时8年，以《开成石经》为蓝本，刻《孟蜀石经》，用于学堂。入蜀学者带来大量书籍，仅"杜天师在蜀"，就"集道书三千卷，儒书八千卷"。由此可以看出，这一时期中原移民文化对巴蜀教育和学术的发展起到非常重要的作用，也恰恰由于四川特殊的地理位置，才使得唐代两朝皇帝入蜀避难，使四川成为中央之外的又一个文化中心。

这一时期，宗教文化随着僧人、道士游历于各省之间而传播。他们中的有些定居下来成为移民，促进了文化的交流和统一。宗教文化在传教行为不间断的发展过程中，在巴蜀文化中留下了深深的印记。西天取经的高僧玄奘法师也曾在唐初入蜀，在广元净土寺修行4年后又北上长安，终为唐代佛教文化的发展做出重大贡献。四川的石刻大佛和石窟造像在全国也处于前列。张道陵之孙张鲁带着"五斗米道"出川北上中原后，扩大发展，成为中国本土宗教道教的源头，至今，四川仍然是中国道教文化的重要基地。从魏晋南北朝到清代，四川寺庙、道观等建筑以及石窟艺术、塑像、音乐等表现宗教文化题材的艺术得以快速发展。儒、释、道三教的融合，也体现中国移民文化的一种影响和特点。

两宋时期巴蜀文化续前发展，在各个领域都有新的成就，特别是在史学、文学和艺术领域，对中国文化的发展又有不少新的建树。正如近世历史学家刘咸炘所言："宋一代之史学实在蜀，此当就六朝以来南北文化论之，盖自永嘉南渡，文风南盛而北衰。唐以科举取士，又重门阀，不重乡贯，士多以官为家，始聚于北。五代之乱，北纬兵蹶，惟吴、蜀二方多收文士，北宋资之以开一代之文，欧、曾、王、苏其著也。宋复南迁，得有吴、蜀，掌故文献，蜀人保存之力为多。"苏轼开创豪放派词，传遍大江南北；黄庭坚、陆游、范成大流寓或宦游四川多年，后又出川，留下脍炙人口的佳作。绘画艺术方面，自五代时期西蜀和南唐即成为全国两个绘画中心，唐代画家移民入蜀，又有新的发展；以大足石刻为代表的石窟艺术达到高峰，与北方石窟艺术渐趋衰落形成鲜明对比。其中移民对文化的影响是一个重要原因。

宋代四川民间艺术的发展，适应都市经济的兴起和市民阶层的需求，兴盛一时，在中国民间说唱艺术发展史上占有非常重要的地位。成都等地游赏之风盛行，"瓦肆""勾栏"兴起，形成南北民间艺术交汇、百花争艳的局面。许多新的艺术形式由民间艺人创作，开启了我国西南地区说唱艺术的先河，也留下了我国宋杂剧、元诸宫调等新起艺术的珍贵资料。广元宋墓出土的大曲、三弦、唱赚、路歧人等艺术图像，正是历史的见证。南宋遂宁人王灼在成都碧鸡坊妙胜院用4年（1145—1149年）完成《碧鸡漫志》五卷，首述古初至唐宋声歌递变之由，对南北词派、南北音乐、南北歌曲的演变、交流、风格以及北宋民间艺人张山人、孔三传等的活动和首创的诸宫调等艺术形式的史实，等，进行了收罗比较并做了详细记载，反映了宋代以前我国移民文化对文学艺术的影响。两宋时期，南北艺术的交流和融合，主要通过文人和民间艺人的迁徙实现，也更加直接地反映了宋元时期移民所带来的艺术流变，表现出宫廷艺术向民间艺术转化，文人创作与民间艺术结合的趋势，对我国明清时期戏剧艺术起源和发展产生了重要影响。

南宋后期，蒙古与南宋的战争从四川利州路开始打响，延续了近半个世纪，四川遭到疯狂掠夺，人口急剧减少，"蜀人受祸惨甚，死伤殆尽，千百不存一"。从战事开始就有不少文人学士外迁，一直到南宋被灭，幸存者仍往外迁，主要迁徙地在川渝东南各省的湖南、湖北、江苏、江西、福建、广西等地，这是历史上最苦难、规模最大的巴蜀移民。巴蜀文化在本土遭到空前毁灭，却在江南各地广泛传播。出川的文人，把中原正统文化的精髓带到东南地区，"元兵略蜀，蜀士南迁于浙，浙人得此则成文献之府库，江南文风大盛，蜀反如鄙人矣"。元代四川文化虽因战争受到严重冲击，尚有虞集《道园学古录》传世。

宋元时期移民对巴蜀文化的影响表现在：一方面北方移民继续不断进入巴蜀，带来先进的中原文化。到了南宋末，又伴随着巴蜀移民大量流入东南，把中原文化再次南传到东南地区，中原传统文化经巴蜀入东南地区，实现了一次比较大规模的南迁和渗透。另一方面值得注意的是，北宋末期金兵侵略中原，造成大量移民。入川后，人们长期居住下来，代代相传。四川利州路的北部川陕、川甘、川豫接壤处，成为北方移民最为集中的地方，保留了北方文化艺术的特色。如《舆地纪胜》卷一百八十四的《亭武忠》所记广元一带，"城南纯带巴音，城北杂以秦语"。这一地区还保留了一些北方民歌和曲种，而有些艺术形式在北方却消失了。

明清时期"湖广填四川"的大移民运动，导致四川文化发生了一次比较大的变迁，古老的巴蜀文化逐渐沉淀在历史的长河中，一场新的文化转型和重构在古老文化的土壤上播种、生根、发芽、结果，延续下来，直到今天。

2. 移民与巴蜀文化的包容性和积淀性

各地文人、学者、艺人移民巴蜀，带来先进文化和文化精髓，逐渐形成巴蜀文化的包容性和积淀性特征。文人学者移民巴蜀，主要来自两方面原因：一是战争和灾难造成局势混乱，而巴蜀偏于一隅的地理位置使其成为天然避风港，使文人学者自发移民巴蜀。二是中国历史上由中央政府主导的几次大的移民运动，文人学者跟随赴蜀豪族、官吏入蜀，从管理、教育、文化等宏观层面丰富了巴蜀文化。重大移民运动一般发生在政权转换的重要时期，移民带来的先进文化或文化精髓在巴蜀地区积淀下来，各种地域文化也在这种相对集中的环境中得以交流和融合，由此形成巴蜀文化包容性和积淀性的显著特征。

3. 移民对巴蜀文化的包容性形成的影响

历史上，秦代将6国贵族大户迁徙巴蜀，使巴蜀文化很快融入中原文化，并广泛吸收各地文化，造就了汉代巴蜀文化发展的一个高峰期。唐代玄宗、僖宗避难入蜀，随从文人学者入蜀，使儒学在四川得到快速发展，成就了巴蜀文化艺术发展的又一次高峰，一直延续到两宋时期。南宋末期，巴蜀文化向东南地区的传播，实际上起到了传播先进的中原文化和以儒学为代表的中央集权政治文化的作用。少数民族文化在巴蜀地区的传播和积淀，不仅扩大了巴蜀文化的含量，还促进了汉文化与少数民族文化的融合。

举艺术为例，四川出土汉代画像砖石艺术，留下了中原经学、考绩、建筑、音乐、舞蹈在巴蜀地区的印记。隋唐五代时期，中原许多画家流寓四川。玄宗年间，诗圣吴道子两次入川，把嘉陵江三百里山水风光，画在大同殿内壁上，开创山水画派。随唐僖宗入蜀留居四川的画家就有吕晓、孙位竹虔、腾昌祐、张询等多人，致使"益州多名画，富视他郡""举天下之言唐画者，莫如成都之多"。唐代说唱变文最早出现在四川，佛教文化的传播与本土艺术的融合直接催生了中国曲艺艺术的诞生。明清时期川剧艺术5大声腔的形成，更显露多种地域文化融合的特点。

移民对巴蜀文化积淀性特征形成的影响，在考古艺术中留下了踪迹。每当社会发生动荡，战争和灾难爆发之时，地域文化几乎都会面临毁灭的危险。地域文化中最精华的那一部分却常常随着官宦、文人、学者移民外流，往往辗转流传到远离战祸的四川，沉积下来。例如晚商—商周之际三星堆——金沙文化，战国"钟磬之乐"嵌错铜壶雕刻、汉代画像砖、石图像，三国文化遗迹，唐代古琴，前蜀王建墓的伎乐石刻，宋代杂剧、勾栏表演石刻，明清时期大量戏剧故事石刻，以及建筑、书法、绘画，等等，每个历史时期的艺术精品，都积淀在巴蜀文化深厚的土壤中，几乎没有断层，许多都是稀世珍品，弥足珍贵。

移民文化对巴蜀文化的深刻影响，还表现在多民族文化艺术并存，形成百花争艳、姹紫嫣红的格局，在此不再赘述。

综合历史上移民文化对巴蜀文化鲜明地域文化特征的影响，我们可以看出，巴蜀文化的开放性促进了巴蜀多元文化的并存和发展；而巴蜀地区多元文化的积淀，又使巴蜀文化承载着历史的记忆，为民族、为社会留下了珍贵的文化遗产。

第二节　亦庄亦谐——妙趣横生的方言文化

宋代诗人陆游曾提及："蜀语初闻喜复惊，依然如有故乡情。"

由西南交通大学人文学院特聘教授、博士生导师汪启明主持的国家社科基金项目结项成果《中上古蜀语考论》经中华书局出版，4位学者倾注20年心血，结合考古学、人类学、移民史等学术成果，探究了"蜀语"发展至"蜀方言"，最终形成今天"四川方言"的过程，证明了蜀文化是中华文明的重要源头，蜀语是汉语的源头之一。

汪启明感叹："学徒鳞萃，蜀学比于齐鲁。"蜀语，是四川人的骄傲。

一、从蜀语到四川方言，数千年之变翻天覆地

远古时期，蜀人与中原各民族有着共同的祖先，进入农耕社会后，蜀人逐渐与中原隔绝。

在秦灭蜀之前，蜀人语言与中原语言已经有了很大的差别。秦人入蜀之后，蜀语吸收了秦语等的成分，成为独具特色的华夏语地域方言。

根据地域名称以及行政归属的演变，汪启明把中上古时期的蜀地（不含少数民族）语称为"蜀语"，把宋元明时代蜀地语称为"蜀方言"，把清代以后的蜀地语称为"四川方言"。

众所周知，语言在时间的延续中既有统一，也有分化，蜀语也一样。

"蜀语处于不断发展中，这种变化是渐变的，它不是脱胎换骨，因而蜀语具有存古的性质。"

二、蜀语到四川方言经历的发展阶段

汪启明发现，从蜀语到四川方言经历了六个漫长的发展阶段。

第一阶段，无文字记录的"史前时期"，包括岣嵝碑、三星堆符号、巴蜀图语等，因为处在一个相对封闭的地域，这时的蜀语有自己的体系和通行区域。

第二阶段，有文字记录的上古时期，先秦时代。"我们通过文献的只字片语，推测蜀语在那个时候和秦语一起，成为汉语的优势方言，是华夏通语的主要成分之一。"汪启明说，刘逵曾在《蜀都赋注》里说，秦灭巴蜀后，"蜀人始通中国。言语颇与华同"。但他研究后认为，这个论断是错误的，早在商周时期，蜀语与秦语、晋语、齐语、楚语等华夏语就有接触。有一个例子，就是彭祖。《史记·楚世家》中写道："彭祖氏，殷之时当为伯侯。"由此可见，彭祖这个蜀人，在商朝做官。那么，他所说的蜀语，当然不会是别人听不懂的语言，而是与中原华夏语相同的语言，甚至是一种优势方言。

第三阶段，为魏晋南北朝及隋唐时代。由于蜀地战事频繁，蜀语的发展也较为缓慢。

第四阶段，为宋元明时期。宋代建立了四川行政区划，成为今天四川方言区的基础。

第五阶段，即明末到五四运动以来，受文学作品的影响，四川方言呈现完全不同的面貌，"它以中上古蜀语为底层，主要成分变成北方方言区的西南官话"。

第六阶段，有了上述基础，发展到最后一个阶段，就是五四运动至今，四川方言已成为现代汉民族共同语的北方方言的一个次方言了。

"四川是一个典型的移民省份，蜀语和其他方言区的语言产生大量接触与融合，四川方言的成分已经发生了翻天覆地的变化。"汪启明直言，"从蜀语到蜀方言，再到四川方言，这个过程既有传承也有消亡，可以说，现在的四川方言和蜀语已经相去甚远。"

所以，该书另一位作者、西南交通大学人文学院副教授赵静表示很遗憾，她说："真要去证明古蜀语怎么说，是不可能的了，现在没有人会说真正的古蜀语了，所以我们只能通过文献，去考证哪些字在古蜀语中使用，但发音已经无法确认了。"

三、传承蜀语，历史名人有贡献

清代傅崇矩在《成都通览》中做过统计：今之成都人，原籍皆外省人。但为何到后来，这里的人都说着一口成都腔呢？正所谓，一方水土养一方人，在不断的影响、融合、消亡、再造过程中，最适合表达的语言得以流传。

西华大学的纪国泰教授曾做过统计，明代李实的《蜀语》共收集 567 个词条，在蜀方言中仅有 184 个，占 32%，而与现代四川方言形、音、义相同的只有 132 个，比例更小。尽可能寻找到最符合史实的蜀语，是汪启明、赵振铎、伍宗文、赵静等人面临的浩大工程。

在《中上古蜀语考论》中，他们通过对扬雄的《方言》、杭世骏的《续方言》、张慎仪的《方言别录》和李实的《蜀语》等文献进行全面梳理，将 742 个蜀语词汇汇总，以表列出，哪些蜀语消失了，哪些蜀语流传至今一目了然。

与眼睛有关的很多动词，如"眨眼睛"的"眨"，"瞠目结舌"的"瞠"，"眯眼睛"的"眯"，都是来自古蜀语。一些自然现象类的词语，如"烟雨蒙蒙"的"蒙"，"彩虹"的"虹"，也都沿用至今。

还有的人物称谓，古蜀语的叫法和现在也一样，如"地主""伙计""亲家""恶少""雇工"等，都是现在汉语中常用的词语。

此外，那些带着四川地道民风的古蜀语能流传至今，则更有意思。

李实在《蜀语》里写道，蜀人把平原叫作"坝"。叠词有"坝坝"，合成词有"院坝、河坝、坝子"，地名有"中坝、北坝"等。这个意思从南北朝到近代，再到现代，没有变化。

还有隋代无名氏的诗《绵州巴歌》有"白雨"一词，意思为暴雨。现代四川方言中，尤其是绵阳一带，"白雨"仍然流行。

汪启明特别提到一个古蜀语词：瘆。它表达的意思为"毒"。李实《蜀语》：以毒药药人曰瘆。今天川北方言有"瘆人"，如"我的饭不瘆人。""我又没有给你下瘆药。""他喝瘆药死了。"

汪启明笑言，这个在四川独有的说法，其实并不是原生词，"这是蜀人从其他地方学来的，结果现在反倒在四川才能听到"。汪启明认为，蜀语的演变具有内外相互影响的双向性，而这个过程，四川的历史名人功不可没。

扬雄是西汉蜀郡人，24岁到长安为官，中途两次回到成都。他出蜀后，著有《方言》，收录20条古蜀语词。例如蜀地将短衣、短袄叫作"曲领"，而当时长安称为"襦"。

苏轼，21岁出蜀，他讲的方言对海南至今都有影响，他文字中提到的"鲜翠""元修菜"等蜀语，比比皆是。

长期生活在蜀地的杜甫，在《闻斛斯六官未归》中，有一句"荆扉深蔓草，土锉冷疏烟"。这里的"土锉"就是蜀语，表示一种炊具，也就是今天的砂锅。

陆游在《邻曲》里，写下"拭盘堆连展，洗酺煮黎祁"。这里的"黎祁"，指的就是蜀人做的豆腐。此外，在陆游的作品中，还屡次出现"三老""招头"等蜀语词，指的是船工。

四、消失的蜀语

有些蜀语流传至今，而更多的蜀语却由于使用减少而消失，湮没于历史的尘埃中。

"蜀语使用率下降或消失的原因是运用越来越少。"

汪启明提到了东汉《说文解字》中的记载，"蜀人呼母曰姐"，就是说当时的四川人，把"妈妈"喊成"姐姐"。"不过，据查证，到目前，四川仍有少数地方称母亲为'姐'，如广元、广汉、威远、西昌等地，那就是当地受到的外来冲击不大，方能沿用至今。"

赵静从《华阳国志》中发掘了几乎已经消失的13个蜀语词。例如，对一些事物独有的叫法，"开明帝，始立宗庙，以酒曰醴，乐曰荆，人尚赤，帝称王"。这里是说，在开明帝时，当地的人把酒称为"醴"，把音乐称为"荆"。而最复杂的，莫过于古蜀人对茶的称谓——"葭萌"。除了这个艰深的词语，唐朝的著名茶学家陆羽在《茶经》中，还总结了茶的另外几种说法，"一曰茶，二曰槚，三曰蔎，四曰茗，五曰荈"。

四川省资阳市安岳县文史研究学者陶元甘认为这五种茶名都是借用汉字对译的古蜀语，"槚、葭、蔎音近，用这三个字指茶，是只取其音，未用其意"。

而司马相如《凡将篇》将茶称为"荈诧"。《尔雅·释木》中写道："槚，苦茶。""茶"即"茶"。

一个字，在蜀语中有这么多叫法，其实并不稀奇。"杜鹃鸟在蜀地的叫法更是林林总总，又叫名鷤、布谷、各顾、鸣鸠、鷤周、子鷤、杜鹃、杜宇、催归、子归、杜主、望帝等。"

所以，赵静认为，"'杜鹃鸟'可能是中原华夏语的音译叫法，来到蜀地，到了各个地方，受不同方言的影响，就有了这些差异化的叫法。"

但纵然蜀语中有千百种叫法，随着历史的发展，茶叶最后还是叫"茶"，"杜鹃"一词也没有改变，所谓优胜劣汰，在语言界也是规律。

五、趣说蜀语

在古代四川农村，有一种说法，叫"碾鸡"。这里的"碾"不是现代汉语中"压碎、压平"的意思，而是"赶""追"的意思，沿用至今。

早在汉代，人们就发现四川人好用叠词，常常用"丁丁""点点""些些"等叠词表示"少"的意思。"外面下起了麻麻雨。"这里的"麻麻雨"是指比小雨更轻微的细雨，而在古代，四川人直接叫"细雨"为"雨毛"。

今天，四川人把温度达到100℃的水，称为"开水""沸水"，与普通话说法无异，但是在古代，四川人把它叫作"滚水"，形象地表示出沸水翻滚的状态。

第八章 仙乡禅源：天府佛道文化

第一节 鹤鸣九霄，天师创教

一、道教在天府诞生的渊源

在我国的文化中，宗教文化占据着十分重要的地位，和人民的生活息息相关。而我国的宗教文化，和蜀文化也有着非常紧密的联系——道教就是在蜀创教的。

世界上的几大宗教中唯一在我国土生土长的便是道教，而道教的创教之地就在蜀。

在今四川省都江堰市青城山腰，有一座道教名观——常道观，其建筑雄浑庄严，金碧交辉，环境摇青耸翠，泉林交荫。观后有一岩洞，内有张天师的石刻像。观前有古银杏一棵，相传为天师手植。这道观据说是东汉道教天师张道陵的结庐传道之处，后世遂称为"天师洞"。

张道陵（34—156年），原名陵，沛国丰（今江苏丰县）人。自幼熟读《老子》，年轻时曾任巴郡江州（今重庆）令，受巴蜀"仙道""鬼巫"一类宗教习俗的深刻影响。后来，张道陵弃官入洛，又辗转入蜀，在西蜀鹤鸣山（今四川大邑县境内）学道，于汉安元年（142年）创立"正一盟威"之道，简称"天师道"，这也就是后来传遍全国的道教。

从学道到创道的过程，也是张道陵为道教做理论准备和进行创教实践的过程。他写道书24篇，完成了道教的神学思想体系。张道陵选择叠幽拥翠的青城山作为"静思精致""整理鬼气"的创教传教基地；改造仙鬼巫术，建立神系、宫观组织、教区组织和斋戒仪轨，其中最主要的是创立教区组织"二十四治"。

初期的二十四治全在四川盆地西部，以阳平治（今四川彭州）为中心，鹿堂治（今四川绵竹）和鹤鸣山治（今四川大邑县）最为重要。天师道后来分化很多。南北朝时，南朝有南天师道，北朝有北天师道。蜀本土天师道的发展演变也不绝如缕。

三国时期，张道陵之孙张鲁凭天师道"雄踞巴、汉垂三十年"。成汉时，李雄的国师范长生以青城山作为根据地，率千余家传道，被尊为天地太师。后人在他的旧居建有长生宫。

唐玄宗为解决山下飞赴寺僧人强占青城山道观"天师洞"的纠纷，曾下诏，"勿令相侵，观还道家，寺依山外旧所，使道佛两所各有区分"，并刻于石碑上。这就是著名的《大唐开元神武皇帝书碑》，至今仍立于常道观的三皇殿中。

五代前蜀时，道教著名领袖杜光庭定居青城山白云溪清都观，即今祖师殿，主持青城山及全蜀教务，著书立说，为道教理论建设做出了巨大贡献，被誉为"扶宗立教，天下第一"。

传说明代张三丰曾住在成都二仙庵。张三丰为武当山道教南派，因此巴蜀地区武当派颇盛。清代康熙初，全真龙门派陈清觉自武当山来青城山传道，后来又主持二仙庵，使道教再一次兴盛。

青羊宫原名青羊肆，是成都城内最著名的道观。相传是老子出关见关尹之处，唐僖宗中和三年（883 年）改为青羊宫。宫内收藏有木刻《道藏辑要》板片，是研究道教的重要文物资料。宫内现存两尊铜羊（俗称"青羊"）以及八角亭、吕纯阳石刻等著名建筑。

四川道教石刻为数不多，整个盆地内共有 28 处，其中以大足石刻中的道教造像最为系统和完整。

二、张道陵创立五斗米道

五斗米道的创始人是张道陵，据《三国志·张鲁传》载：张道陵"客蜀，学道鹄鸣山中，造作道书以惑百姓，从受道者出五斗米，故世号米贼"。《后汉书·刘焉传》的记载与此大致相同，区别之处仅将"鹄"作"鹤"、"道书"作"符书"。

关于张道陵的生平，正史记载语焉不详，只能根据后世葛洪（东晋）所著神仙传和《汉天师世家》及其他一些史料，推算生平大致为：张道陵，字辅汉，沛国丰（今江苏丰县）人，相传为汉留侯张良之后。年少时即精研《道德经》，旁及天文地理、河洛图纬之书。曾入太学，通达五经，举贤良方正直言极谏科。汉明帝（58—75 年在位）时，出任马巴郡江州（今重庆）令。后隐居北邙山，学长生之道，朝廷征为博士，称病不应。汉和帝（89—105 年）征为太傅，三诏不就。顺帝时，修道于蜀中鹤鸣山，自称太上老君"授以三天正法，命为天师"，为"三天法师正一真人"，并写道书 24 篇，开始传播五斗米道。其道尊老子为教主，奉《老子五千文》《道德经》为基本经典。据《后汉书》和《三国志》等记载，五斗米道初创时，要求奉道者和求治病者交纳五斗米为"信米"，故得名。

张道陵选中蜀地作为创教之地，并非偶然，而是与当时蜀地的自然社会状况及宗教习俗、风土人情有密切关系。首先，从自然条件来看，张道陵创道的鹤鸣山属于广义的青城山支脉之一。青城山自古相传就是神仙出没隐居之地，古书记载有五岳丈人宁封子、岷山真人容成公等修道于此。加之其山葱茏幽深、古木参天、崖壁耸立、洞穴森然，被认为是仙家修炼之地。这大概是张道陵将其作为创教基地的重要原因之一。其次，从社会条件看，蜀地的社会习俗及风土人情也为张道陵创教、传教提供了良好的条件。青城山一带的岷江地区在东汉时汉夷混杂，民智未开，颇符合张道陵入蜀前所期待的那种"蜀人多淳厚，易可教化"的创教传教条件。这里原始巫风炽盛，当地的汉夷群众信奉一种具有本地特色的"鬼道"，敬鬼事巫，民有"鬼族"之分，地有"鬼城""鬼市"之说，巫有"鬼帅""鬼卒"之称。而其巫术仪式则有所谓的"涂炭斋"（"驴碾泥中，黄土涂面，摘头悬柳，诞植使熟"），十分野蛮落后。现青城山天师洞仍有降魔石，丈人峰下仍有"誓鬼台""鬼界牌"等遗址。

当时，蜀中图谶数术之学和黄老道术相当流行，《后汉书·杨厚传》载：新都人杨厚"修黄老，教授门生，上名录者三千余人"。而广汉人翟酺"好《老子》，尤善图纬、天文、历算"。另一广汉人折像则"能通京氏易，好黄老言……乃散金帛资产，周施亲疏"。诸如杨厚、翟酺、折像这类人，在蜀地还有很多。可见，黄老道术在蜀地是广为传播的。另外，蜀地居住着多个少数民族，其宗教习俗颇尚鬼巫。《后汉书·列传·南蛮西南夷列传》谓"俱事鬼神"，賨人（巴人）"俗好鬼巫"。这些，都为五斗米道诞生于蜀地提供了良好的条件。

此后，张道陵对他所创立的道教从组织上进行整顿，初步建立了教仪、教规：第一，入道者要交米五斗，以供斋醮之用。第二，要敬神仙、祭祖先，即规定教民要忠贞贰地信奉元始天尊、太上老君等道神。除每年五月、腊月的吉日祭祀祖先，二月八日祭灶神外，不得另有祭祀，更不准淫祀。第三，教民对家人要慈孝，对外人要敬让，不准兴讼好斗，不准欺诈世人。第四，积德行善，修复道路。第五，修身炼性，服食丹药，讲究房中之术。对于违反以上科律者即令其有病，病者须行请祷。请祷之法，即令病人饮符水，居静室思过。同时继承了古代关于天官（天帝）赐福、地官（地祇）赦罪、水官（水神）解厄的神话传说，令病者自书姓名、服罪、悔过之意的文书一式三份，一份放置于山上，一份埋入地下，一份沉入水中，称为"三官手书"。经过一番整顿，五斗米道真正成为一个有教祖、教父、教仪、教规的道教组织。

三、张鲁建立政教合一的地方政权

张道陵创立的五斗米道是原始道教的重要流派，张鲁北迁与五斗米道北传都对中国道教的发展、当时社会政治经济文化产生了深远的影响。

张道陵死后，其子张衡、孙张鲁相继嗣教。"陵死，子衡行其道。衡死，鲁复行之。"张衡的生平事迹正史几乎没有记载。其子张鲁嗣教后，继续传播并发展壮大了五斗米道，在汉中建立了政教合一的地方政权。

188年，刘焉由太常卿放任为监军使者兼领益州牧，经过两年经营，基本控制了蜀郡，又谋划向北方的汉中发展。汉中地理位置优越，是进入蜀地的门户，战略地位十分重要。据《华阳国志》卷六《刘先主志》记载："汉中，蜀之咽喉，存亡之机，若无汉中，则无蜀矣。"190年，"益州牧刘焉，以鲁为督义司马，与别部司马张修将兵击汉中太守苏固。鲁遂袭修，杀之，夺其众"。这样，张鲁就开始了在汉中的政治生涯。

刘焉把如此重要的战略任务交给张鲁，是因他与张鲁有着特殊的关系。《华阳国志》卷五《公孙述刘二牧志》载："张鲁以鬼道见信于益州牧刘焉。"《三国志·蜀志·刘二牧传》云："张鲁母始以鬼道，又有少容，常往来焉。"《后汉书·刘焉传》记述此事，改"少容"为"姿色"。上述史料说明，五斗米道上层与政府官员交往密切，深得益州牧刘焉信任。张鲁母子企图借助官方的支持与影响壮大自己的势力，刘焉要巩固与扩大自己的地盘，也想利用五斗米道作为精神统治工具。二者在政治、宗教方面互相利用的问题上形成了高度默契。

张鲁在汉中"以鬼道教民，自号'师君'。其来学道者，初皆名'鬼卒'。受本道已信，号'祭酒'。各领部众，多者为治头大祭酒。皆教以诚信不欺诈，有病自首其过，大都与黄巾相似。诸祭酒皆作义舍，如今之亭传。又置义米酒，悬于义舍，行路者量腹取足。若过多，鬼道辄病之。犯法者，三原，然后乃行刑。不置长吏，皆以祭酒为治，民夷便乐之""有小过者，当治道百步，则罪除；又依月令，春夏禁杀；又禁酒。流移寄在其地者，不敢不奉"。可见，张鲁割据汉中，以五斗米道教化百姓，自封为"师君"，规定初入道者称"鬼卒"，经过考验而信仰坚定者为"祭酒"，祭酒各领部众，为首领，部众多的称"治头大祭酒"。祭酒既管教务，也理行政。张鲁建立了"政教合一"的政权和从鬼卒、祭酒、治头大祭酒直至师君的金字塔式的教阶制和行政管理体制。祭酒是教内骨干，他们保证义舍、宽刑、禁杀、禁酒等项措施的"实行"。此外，还设有专为信徒讲解老子五千文的"奸令祭酒"，设"鬼吏"给请求治病者主持祈祷仪式。其政令的实施，是以廉耻治人，诚信不欺诈，令病人自首其过、修路补过等具有浓烈宗教色彩的措施来保证的。而这些措施，多与《太平经》的思想一致，受到百姓的普遍欢迎。

张鲁以五斗米道统治巴、汉一带前后将近30年，扩大了五斗米道的势力，史称"民夷便乐之"，朝廷"力不能征"。任继愈先生指出，"张鲁时期的五斗米道，其性质已变为地方军阀割据一方的思想工具，它与朝廷官方神权的对立，不再表现为地主阶级与农民阶级之间的冲突，而主要表现为地方势力与中央政权之间的矛盾"。张鲁政权得以长期存在，固然由于汉廷软弱，鞭长莫及，也由于五斗米道变得平和自守，可以加以容忍。于是朝廷封张鲁为"镇民中郎将，领汉宁太守"，通其贡献。

张鲁是三国时割据汉中的主要"军阀"，在汉中地区实施"政教合一"的统治，推行很多公共福利事业，后来归顺了曹操。

四、二十四治与早期道教的传播

东汉后期，道教二十四治逐渐形成规模，成为较为完整的教区组织系统。其在天下大乱、民不聊生的年代里，借神灵保佑的托词，用道民命籍制度取代了朝廷的户籍制；用宗教道德作为教民的行为规范；用征收信米的方式取代了官府的税收，逐步使二十四治成为"政教合一"的组织形式。与此同时，教区倡导平抑物价，讲究诚信，兴办实业，开拓盐井，兴修水利，发展水陆交通，发展农业，解决教民的温饱问题，实际上行使着政权的作用。

道教的二十四治如下：

阳平治、鹿堂山治、鹤鸣神山太上治、离沅山治、庚除治、秦中治、昌利山治、真多治、棣上治、涌泉山神治、稠粳治、北平治、本竹治、蒙秦治、平盖治、云台山治、口治、后城治、公幕治、平冈治、主薄山治、玉局治、北邙山治。

此外，还设有八品游治，分别为峨眉治、青城治、太华治、黄金治、兹母治、河逢治、平都治和青阳治。

五、《老子想尔注》

《老子想尔注》是老子《道德经》的注释本，张道陵著，是道教早期教派五斗米道的一部哲学兼丹经的经典著作，为天师家学。

《老子想尔注》的思想内容虽然与《道德经》不尽相同，甚至有所违背，但它在一定程度上反映了当时民众的良好政治愿望，具有积极的意义。同时，它也是研究道家哲学如何转变为道教神学的重要材料。

《老子想尔注》与其他道经在北周武帝时均受禁。以后，《老子想尔注》长期失传，被埋没，这大概与它夹杂房中术有关，也与它"注语颇浅鄙，复多异解，辄与老子本旨乖韦"有关。

《老子想尔注》作为道家历史上的重要文化符号，显示了道家的思想主旨是倾向对学派重要人物思想的探讨性的阐释，和中国哲学与社会史中的论古习气一脉相承，体现了中国哲学以古为大的内存和追求，是中国哲学从秦到当今缺乏创新的重要体现和延伸。

《老子想尔注》的主要思想：五斗米道尊老子为教主，以《老子五千文》为道民所习之典。《老子想尔注》，即当时讲习《老子》的注本。《老子想尔注》在清光绪二十五年（1899 年）于甘肃敦煌莫高窟被发现，为一种六朝（222—589 年）时的写本。但原件已被英国人斯坦因窃走，现藏大英博物馆。卷末题《老子道经（上）》，下注《想尔》二字分行。经文（前文遗失）起有"则民不争亦不盗"迄"悉皆自正矣"，即为《道德经》中"使民不争、天下自正"的注文。基本上是上篇《道德经》的注释本。其内容大部分采用《太平经》思想，部分吸收《老子河上公章句》，借《老子》为题来发挥道教思想理论，是研究五斗米道的重要材料。

第二节　梵影禅心：西蜀"传灯"

一、佛教传入天府的路线、方式与遗存

佛教是我国古代最重要的宗教，根据近年的研究和考古发现，佛教传入我国的途径是多源的。

印度、中亚和西亚同我国古代的联系主要通过西域、南海，滇缅五尺道，牦牛道 3 种途径。古蜀位于这 3 种途径的交汇点，因此特别体现了佛教南传与北传在这里交汇的特点。

近年来，蜀地发现不少东汉晚期的佛教造像，如绵阳何家山 1 号崖墓出土的摇钱树上的铜铸佛像，乐山柿子湾 1 号崖墓和麻浩 1 号崖墓出土的石刻佛像，什邡皂角乡东汉砖石墓出土的画像砖上的佛塔与菩提树，宜宾黄塔山东汉墓出土的坐于青狮上的佛像，彭山县（今四川彭山区）东汉崖墓中出土的摇钱树陶座上的坐佛与侍者像，乐山西湖塘出土的施无畏印陶俑，忠县蜀汉墓出土的 3 株摇钱树上铸的 14 尊佛像。此外，还有流失到日本的几尊摇钱树佛像。除了佛像以外，还有一些与佛教有关的造像，如西昌以及绵阳何家山 2 号墓出土的摇钱树上西王母额中有个小圆圈，似为佛教白毫相特征。摇钱树上常见莲花、羽人与西王母相伴，这是佛教传入初期仙佛相混的特征。这些考古材料证明，早在东汉时期，佛教已传入蜀地。而同一时期中原地区至今还未见东汉佛像遗物和佛塔痕迹，但却在蜀地摇钱树和画像石、画像砖上大量涌现，这必是佛教已有了较长时间的传入过程，才有可能反映在艺术形象上。其显然不是经过西域——中原的途径输入，而是从南方传入的。这是我们目前已知的佛教南传入中国的最早的实物证据。

众多的禅林古刹，构成巴蜀文化的一大景观。南北朝以来，巴蜀高僧大德辈出，伽蓝古刹雄视，历代皆有传承，尤其是唐代以来，在中国固有文化基础上，佛教的禅宗对巴蜀影响极大。

禅宗所倡导的丛林制度也是在巴蜀地区完善和光大的，禅林在巴蜀成为佛寺的主流。巴蜀作为禅宗的重要阵地，产生了一大批杰出人物，如唐代修禅十大家中就有马祖道一、圭峰宗密等 5 家是巴蜀人，在全国禅宗内力量最为雄厚。

宋代时，巴蜀禅宗在全国已占绝对优势，并形成了自身的传承系统。故佛学界有"言蜀者不可不知禅，言禅者尤不可不知蜀"之说。四川的寺院丛林与四川禅宗的发展是密切相关的。

南北朝时期，佛教由南北交错传来，遍及巴蜀盆地，摩崖石刻造像遍布川中。广元千佛崖有北朝造像，茂汶、西昌、成都万佛寺与龙泉山北周文王碑都有南朝和北朝的石佛像，表明佛教传播已甚为广泛。

到隋唐以后，北传禅宗与南传密宗在巴蜀地区交汇。现存唐代巴蜀石刻佛像百余处所见者多为北传，而在安岳、乐至、乐山龙泓寺、夹江千佛岩、邛崃、昭觉等地则又能见到唐代密宗佛像。大足宝顶山大佛弯还有宋代赵智凤集中雕造的迷宗柳本尊故事，是传承一行法师的"法密"。这些密宗造像渊源多为南传。

南传与北传佛教在唐代以后的巴蜀出现了斑斓驳杂、复杂交流的局面，使巴蜀成为我国佛教石刻造像最多的省份，其分布之广，造像之多，题材之富，技术之精，为全国所仅见。直到今天，四川盆地中广元的千佛崖和皇泽寺，巴中的南龛和水宁寺，安岳的千佛寨、玄妙观、卧佛院、华严洞、毗卢洞，大足的北山、南山、宝顶山，邛州的花置寺，大邑的药师崖，夹江的千佛崖，蒲江的飞仙阁等地的佛教石刻造像仍然保存完好，名扬远近。

在众多的石刻造像中，巴蜀又是名副其实的大佛之乡，全川高度在 10 米以上的大佛共有 20 座之多。

乐山凌云寺大佛通高 71 米，头高 14.7 米，足背长 11 米，赤足上可围坐百人。始建于唐玄宗开元元年（713 年），完成于唐德宗贞元九年（803 年），历时 90 年，经过唐代高僧海通禅师、剑南节度使章仇兼琼、剑南西川节度使韦皋等累代修筑，才成了今天这样的规模。

潼南马龙山卧佛是全国第一大卧佛，独占山峰的半壁岩面，长达 36 米，却只刻了佛的上半身，下半身与山体结合，隐于祥云雾霭中，可谓匠心独运。

安岳卧佛全长 23 米，在八庙乡卧佛沟。经窟上刻满了佛经，共有 131 平方米，约 26 万字，是一座罕见的唐代石刻经库。

荣县大佛是我国第二大佛，也是第一大释迦佛，通高 36.67 米。过去的荣县大佛是全身贴金的，在阳光下金光闪耀可达数里，可惜 1943 年被当时的地方官将贴金取掉，这种光彩夺目的奇观遂不复得见。

二、独树一帜的天府禅学

"有宋一代"，是中国佛教各宗派建构完成（主要在唐代）后的一个大发展时期，禅宗的理论体系与传播系统更是日新月异，嬗变激烈。法演和圆悟克勤，特别是后者，以勇于挑战的精神引发了禅宗史上的一次重要变革，其意义并不亚于慧能当年引发的那场大革命（倡行"直指人心、见性成佛"的顿悟法门）。

法演原系绵州（今四川绵阳）邓氏子，35 岁时始离俗入道，在成都研习百法唯识，颇得法相奥妙，但却不谙禅门人士的口头禅："如人饮水，冷暖自知。"于是负笈出蜀，到南方去寻求答案。后来常住黄梅（在今湖北）五祖山，学得禅宗真谛，将自杨岐方会而下的临济杨岐派发扬光大，终至极盛，世称"蕲州（黄梅属蕲州）五祖"，又称"五祖禅师"。其门下弟子济济，著名者 22 人，以佛眼清远、佛鉴慧勤、圆悟克勤（佛果克勤）名声最响。法演在参禅方法上，摒弃因循已久的机锋、棒喝等模式，而提倡"参公案"。他曾引艳诗参禅，而弟子圆悟克勤亦回以艳诗以示顿悟，毫不顾及可能招致犯戒的指责。（参见普济编《五灯会元》卷十九）这种不拘一格的开放式手段，弘扬了南宗禅自信、自立、不迷信权威、乐观奋进的教义精神，将禅宗的修持方法引领到一个新境界。

唐末五代时的禅风，多以当下"接机"为主，禅师们"上堂"的"法语"并不多见。但到了两宋之交，特别是宋室南渡之后，禅宗从机锋、棒喝转变为文字禅、公案禅及话头禅。促成这一转变的，首先是法演，其次是在他教育提携下用功最勤、思维最敏的圆悟克勤。

圆悟克勤原系彭州骆氏子，一生转益多师，遍参知识。他于崇宁元年（1102后）住持成都昭觉寺，至宣和七年（1125年）奉诏住持汴京（今开封）天宁寺。不久，"靖康之变"起，宋高宗践祚于南京（今河南商丘），召克勤论军国事，赐号"圆悟大师"。克勤亦奔走淮泗，力劝豪富输将，以纾国难。稍后，高宗渡江而南，称臣于金，划淮自守；又以"僧寺财赀，鬻度牒，卖师号，课香水钱"。圆悟克勤力谏未果，遂经庐山返蜀，再度住持昭觉寺，直至绍兴五年（1135年）逝世。这期间，他注意到禅宗讲学中实际存在的"不立文字"与不离文字的尴尬状况，遂以大立文字的方法完成了禅宗史上具有重大影响的《碧岩录》十卷。

《碧岩录》是圆悟克勤在昭觉、灵泉和道林3寺讲解云门宗禅僧雪窦重显《颂古百则》的语录，由他的门徒汇编整理而成。其将公案、颂文、经教3者结合起来，以评唱（注释）为主要特色，在评唱中时用机语，又以夹注或透机锋，"创造了一种新的禅宗经典形式"。（杜继文、魏道儒著《中国禅宗通史》）

《碧岩录》应是当时一种优美的白话文学读本，同时又是面向广大佛徒的通俗实用的讲经教材。其文字简短，多则十余字，少则三五字，有时甚至只有一字；语言生动活泼，间或使用韵语，遂使教学充满生趣。弟子能于轻松活泼中明白事理，机智幽默中领悟真谛。这比此前老一辈禅师的棒喝更具吸引力，也更具理性和人文色彩，当然也就深受弟子们的欢迎了。

虽然此前也有沩仰、临济、德山、赵州、洞山、雪峰、云门、法眼等大师的"语录"推出，但多如云门者也仅三卷。《古尊宿语录》所收集的诸家语录，最多是佛眼清远的，为九卷多。圆悟克勤却不仅一口气完成《碧岩录》十卷，而且还推出以"击节"为特色的语录《击节录》二卷、书信集《心要》三卷。《大藏经》收录他的语录为二十卷。他的《碧岩录》在日本也很有影响，被视为中国佛教的三大奇书之一（另为《坛经》《圆觉大疏》）。

在圆悟克勤的教诲下，弟子大慧宗杲（1089—1163年）用功更勤，完成《大慧普觉禅师语录》三十卷。冉云华先生在《印度禅与中国禅》一文里说禅宗和尚做了一件很大的好事：不主张念经，而主张实干。禅宗语录采用庄子那种优美、滑稽、毫不拘束的形式，使一些奇怪的话变成了非常重要的思想和行动，并代替了佛经。禅宗语录是禅完全中国化的一个标志，体现了中国禅宗的一大特点，即"以我为主而各取所需，要言不烦而一语中的"。不过，将这一特点予以强烈凸显，使禅宗语录大行于禅林，从而使禅宗讲学由"讲'公案'逗'机锋'的'灯录''语录'，发展到'注释'公案、机锋的阶段，也可以说是对'公案'进行研究的阶段"，从机锋、棒喝进入文字禅繁荣时期的则是蜀中和尚圆悟克勤。（参见皮朝纲《圆悟克勤的禅学思想及其对中国美学的启示》，载《四川师范大学学报》1991年第5期）以后，他的学生大慧宗杲才在此基础上将禅宗讲学发展为旨在摆脱公案、超越文字的看话禅（话头禅）。

两宋间的四川禅师在学术上的永不满足、不断追求，在修持方法上的因应时变，推陈出新，铸成了四川禅宗在中国禅林引人注目的地位，亦促成四川佛学界与中国佛学界学术思想上的大演变。

第九章 "食"在天府

第一节 川菜

一、川菜概述

川菜是我国著名的地方菜之一，在我国烹饪历史上占有重要地位。它取材广泛，调味多变、菜式多样，口味清鲜、醇浓并重，以善用麻辣著称，并以其别具一格的烹饪方法和浓郁的地方风味享誉中外，成为中华民族饮食文化与文明史上的一颗灿烂夺目的明珠。川菜与鲁菜、淮扬菜、粤菜并称"中国的四大菜系"，有"吃在中国，味在四川"的美誉。

川菜作为一方风味的形成，大约远在秦始皇统一中国到三国期间。那时，无论烹饪原料的取材，还是调味品的使用以及刀工、火候的要求和专业烹饪水平均已粗具菜系的雏形。到了唐代，川菜在宫廷中已小有名气。"诗仙"李白以在四川吃过的焖蒸鸭子为蓝本，用百年陈酿花雕酒、枸杞、三七等蒸肥鸭献给玄宗。玄宗非常欣赏，将这道菜赐名为"太白鸭"。川菜发展到清乾隆年间，烹调技艺已十分丰富，四川文人李调元在《函海·醒园录》中就系统记录了川菜的炒、滑、爆、煸、溜、炝、炸、煮、烫、煎、蒸、煨、炖等烹制方法，有38种之多。近代川菜崛起于清朝末年。由于战乱，四川地区民生凋敝，清政府的"湖广填四川"政策引入众多能人志士。外地官员多自带厨师入川，各大菜系的融会贯通丰富了川菜菜系的风格；20世纪40年代，国民政府、高等学府等机构的西迁再次促进了川菜的发展；改革开放后，四川对外输出劳动力成为一种潮流，大量厨师外出务工，他们到达外地后发扬川人不怕苦累、敢于创新的精神，将川菜与当地菜系进行交流与结合，把川菜大发展的踪迹推向全国以至全世界。

川菜历经千年，迄今已有3000多个品种、数百种名菜，说不尽、道不绝。川菜之味，以麻辣见长，但川菜之精妙，又岂止在麻辣。

辣椒与其他辣味料合用或分别使用，就出现了干香辣、酥香辣、油香辣、芳香辣、甜香辣、酱香辣等10种不同辣味。

除了味型多，川菜调味品也是多样化。川味调味离不开三椒（辣椒、胡椒、花椒）和鲜姜；调味法以多层次、递增式见长，或是先麻后辣，或是先甜后辣，或是先辣后香。

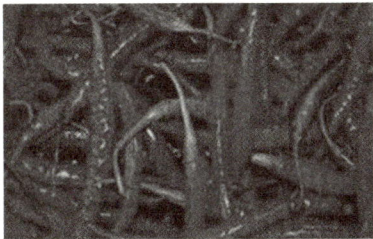

川菜的调味品

二、川菜的分类及特点

1. 川菜的菜式分类

（1）高级宴会菜式。

（2）普通宴会菜式。

（3）大众便餐菜式。

（4）家常风味菜式。

2. 川菜的主要特色

川菜讲究色、香、味、形，尤其在"味"上风格独具，以味型多样、变化精妙，用料广、口味厚为特色。

川菜的特点可以概括为"三香、三椒、三料，七滋、八味、九杂"。

（1）三香：葱、姜、蒜。

（2）三椒：辣椒、胡椒、花椒。

（3）三料：醋、郫县豆瓣、醪糟。

（4）七滋：酸、甜、苦、辣、麻、香、咸。

（5）八味：鱼香、麻辣、酸辣、干烧、辣子、红油、怪味、椒麻。

（6）九杂：用料杂。

3. 川菜的烹调特点

（1）选料认真。

（2）刀工精细。

（3）搭配合理。

三、川菜名菜撷要

1. 回锅肉

回锅肉咸中带甜，微辣醇鲜，味浓而香。到四川回锅肉不能不吃，俗话说"入蜀不吃回锅肉，等于没有到四川"。现在回锅肉的品类已经很多了，有连山回锅肉、干豇豆回锅肉、红椒回锅肉、蕨菜回锅肉等。

回锅肉

回锅肉是川菜中具有代表性的名菜，传说这道菜是从前四川人初一、十五打牙祭（改善生活）的当家菜。当时做法多是先白煮，再爆炒。据传，清末时期，成都有位姓凌的翰林，因宦途失意退隐家居，潜心研究烹饪。他将先煮后炒的回锅肉改为先将猪肉去腥味，以隔水容器密封的方法蒸熟后再煎炒成菜。因为久蒸至熟，减少了可溶性蛋白质的损失，保持了肉质的浓郁鲜香，原味不失，色泽红亮。自此，名噪锦城的久蒸回锅肉便流传开来。

2. 樟茶鸭子

此菜是选用成都南路鸭，以白糖、酒、葱、姜、桂皮、茶叶、八角等十几种调味料调制，用樟木屑及茶叶熏烤而成，故名"樟茶鸭子"。其皮酥肉嫩，色泽红润，味道鲜美，具有特殊的樟茶香味。

樟茶鸭子

成都市有一家专业腌卤鸭店，名叫"耗子洞张鸭子"，"耗子洞张鸭子"创始于20世纪30年代。创办人张国良1928年起随父亲在提督东街和暑袜街交口处摆摊卖烧鸭子、牛肉肺片，因其地外面是茶馆，里面是酒店、旅馆，巷子深、进口小，故被称作"耗子洞"。张为大姓，偌大一个成都，卖腌卤鸭子的有上百家，招牌数不胜数，难辨真假。为了以示区别，老买主才将张鸭子的出售地点加在前面，呼之为"耗子洞张鸭子"。之后父亲去世，张国良带着两个兄弟将生意撑持下来。在经营中，兄弟二人严守"不怕人不买，只怕货不真；不怕无人请，只怕艺不精"的父训，逐渐摸索、总结出了一套经验，信守至今。该店樟茶鸭选用细嫩仔鸭，用樟树叶和茉莉花茶末燃烧时产生的樟茶烟味熏制，并经过腌、蒸、炸、卤等多种工序制作而成。

3. 鱼香肉丝

散发鱼香味的肉丝，不见鱼却有鱼味，此乃绝处。然而，肉无鱼相佐何来鱼香？"鱼香"料，由泡辣椒、川盐、酱油、白糖、姜末、蒜末、葱调制而成。此调料与鱼并不沾边，而是模仿四川民间烹鱼所用的调料和方法，具有咸、甜、酸、辣、鲜、香等特点。

鱼香肉丝

相传清朝时期，在四川当地有一户生意人家，丈夫常年在外做生意，妻子在家看顾家庭。这家人有个爱好，就是特别喜欢吃烧鱼，不但喜欢吃烧鱼，还喜欢变着法地烹饪各种鱼类，尤其是喜欢往这鱼菜里加一些葱、姜、蒜、酒、醋、糖等之类的调料。时间长了，也有了自家做鱼的独特烹饪风格和手法，自家做的鱼不但鲜香可口，而且味道浓醇回甘，十分好吃。

有一天，丈夫刚做完生意，回到家，还没吃饭，妻子这会儿还没准备晚餐，可是厨房里除了前天剩下的鱼汤和一些猪肉，别无其他食材。妻子知道丈夫喜欢吃鱼，没办法，只得将这鱼汤浇在炒熟的肉丝上，本想着丈夫吃后，会觉得不好吃而怪罪她。谁知，丈夫吃了以后，连连叫好，直说好吃。丈夫问及妻子这菜究竟是怎么做的，妻子看丈夫说好吃，没有说什么怪罪的话，便将事情的原委一五一十地讲给他听。丈夫听后，觉得挺有意思，于是这家人在以后的日子里，吃剩的鱼汤从来不扔，就用来做炒肉丝吃。

这家人平时做生意免不了要招待重要来宾，每每丈夫都命妻子给来宾做这道菜。来宾吃后都一个个称奇，表示从没吃过这么鲜香的菜肴，于是个个讨要烹饪法宝。一传十、十传百，慢慢地，鱼香肉丝这道菜就传遍了当地。

后来，这户人家又将鱼香肉丝加以改良，只用自家平日烧鱼用的调料来烹饪肉丝，谁知味道一样好！

久而久之，鱼香肉丝就形成了现代的做法，鱼香并不是真的带有鱼肉，而是用做鱼用的调料炒的肉丝，由于其味道麻辣鲜香、酸甜可口、十分下饭，逐渐成了川蜀地区平常人家的热门菜。除了宴请宾客，更是平日佐酒小食的上上品，名气由此远扬全国。

4. 宫保鸡丁

此菜由鸡丁、干辣椒、花生米等炒制而成，鲜香细嫩、辣而不燥，略带酸甜味。现已风靡全国，各地的品种略有差异，有的已将鸡丁演化为肉丁而成宫保肉丁等。

宫保鸡丁

关于宫保鸡丁的来历，一般认为和丁宝桢有关。据传，丁宝桢是贵州省毕节市织金县牛场镇人。他小时候不慎落水，巧被桥边一户人家救起。后来他为官后记起此事，遂前去感谢，那户人家就做了这道菜招待，他吃后觉得味道很好，就加以推广，这就是这道菜的真实来历。

关于宫保鸡丁的其他三种传说。

传说一：丁宝桢原籍贵州，清咸丰年间进士，曾任山东巡抚，后任四川总督。他一向很喜欢吃辣椒与猪肉、鸡肉爆炒的菜肴。据说在山东任职时，他就命家厨制作"酱爆鸡丁"等菜，很合胃口，但那时此菜还未出名。调任四川总督后，每遇宴客，他都让家厨用花生米、干辣椒和嫩鸡肉炒制鸡丁，肉嫩味美，很受客人欢迎。后来，他由于戍边御敌有功被朝廷封为"太子少保"，人称"丁宫保"，其家厨烹制的炒鸡丁，也被称为"宫保鸡丁"。

传说二：丁宝桢来到四川，大兴水利，百姓感其德，献其喜食的炒鸡丁，名曰"宫保鸡丁"。

传说三：丁宝桢在四川时，常微服私访。有一日，丁宝桢和一家仆去山东济南大明湖一带微服私访。到了晌午，突然闻到一股菜香味从附近一农家院中飘出。于是，便信步走进院中，看见一中年汉子正在灶房内炒菜。喜欢烹饪的丁宝桢连忙走上前问汉子："你炒的是何菜？"汉子回答道："爆炒鸡丁。"随后，又让丁宝桢品尝一下。鸡丁一入口，感觉味道十分鲜美，于是丁宝桢连忙又问道："既为鸡丁，为何却这般鲜嫩？"汉子答道："此乃取当地笨鸡鸡脯肉切丁，而外薄裹淀粉糊（水淀粉），以利于快熟且可防味泄，再配以花生、胡椒，加上白糖、盐、酱油、南酒、葱、姜、蒜等调料，经旺火爆炒而成。成品色泽红亮，鸡丁细嫩，花生米酥脆，咸鲜香辣，佐酒下饭均宜。"丁宝桢抚须连连点头，于是找出盘中的花生放入嘴里，细细品尝，果真是别有滋味。这道菜令丁宝桢回味悠长，于是他就记准了地方，回府不久就遣人重金把汉子聘为家厨。每每远客到，必用此道菜为压轴菜招待客人，客人也百吃不厌，称其美味。后来，丁宝桢调任至四川总督，汉子感其恩重，便携家眷一起随丁宝桢进川，进而把爆炒鸡丁带到了四川。他的后人则通过把胡椒换成辣椒，最后做出了川味的宫保鸡丁。在丁宝桢去世后不久，"宫保鸡丁"就被四川当地官员作为贡菜献给皇帝，并发展为御用的名菜之一。

5. 麻婆豆腐

此菜特色是以"烧"法烹之，形整而不烂，在雪白细嫩的豆腐上点缀着棕红色的牛肉末和油绿的青蒜苗，外围一圈透亮的红油，如玉镶琥珀，具有麻、辣、烫、嫩、香、鲜的独特风味。

麻婆豆腐

关于麻婆豆腐，有以下两种传说。

传说一：在清代光绪年间，成都万宝酱园一个姓温的掌柜，他有一个满脸麻子的女儿，叫温巧巧。她嫁给了马家碾的一个油坊的陈掌柜。10年后，她的丈夫在运油途中意外身亡。丈夫死后，巧巧和小姑的生活成了问题。运油工人和邻居每天都拿来米和菜接济她俩。巧巧的左右邻居分别是豆腐铺和羊肉铺。她把碎羊肉配上豆腐炖成羊肉豆腐，味道辛辣，街坊邻居尝后都认为好吃。于是，两姑嫂把屋子改成食店，前铺后居，以羊肉豆腐做招牌菜招待顾客。小食店价钱不贵，味道又好，生意很是兴旺。巧巧寡居后没改嫁，一直靠经营羊肉豆腐维持生活。她死后，人们为了纪念她，就把羊肉豆腐叫作"麻婆豆腐"，沿称至今。现在，"麻婆豆腐"已成为一道家常菜，随处可见，而且漂洋过海，深受国外朋友喜爱。

传说二：传说中的麻婆本姓陈，专门以做豆腐为生。清朝同治年间，成都万福桥是商贾聚集之地，陈老太在此开了一家豆腐店。由于她点浆技巧过人，做出的豆腐又白又嫩，烧制的豆腐菜又特有风味，因此生意越做越红火。

不料这竟引起她对门一家豆腐店老板娘的嫉妒。一天，一位过客提着两斤刚剁好的牛肉末来陈老太店中落座，对门豆腐店的老板娘仗着自己年轻又有几分姿色，便给这位客人暗送秋波。这位客人一时惊喜，便忘了那包牛肉末，径自向她店门走去。陈老太见此情景，心中又气又恼。这时又走进几位客人，他们看餐桌上的牛肉末便想要吃牛肉炒豆腐。陈老太本不想用别人的牛肉末，但客人急着要食用，于是就把这牛肉末同豆腐一起做菜给客人吃了。没想到这道菜又香，又有味，吃的人越来越多，生意异常火爆，顾客络绎不绝。对门豆腐店的老板娘见了又气又眼红，便在顾客面前说陈老太的坏话，骂她是丑八怪，是麻子。陈老太是个大度的人，面对这一切，她不屑一顾，不露声色，一心做自己的生意。后来，她干脆在自家门头上挂起一块大招牌——"陈麻婆豆腐"。再后来，这个店名声越来越大，"麻婆豆腐"这道大众的佳肴也就名扬四海，成为脍炙人口的著名的豆腐菜肴。

6. 灯影牛肉

此菜色泽红亮，回味甘美，味鲜适口，为佐酒佳肴。因其片薄透明，似民间"皮灯影"，故称"灯影牛肉"。有位美国畜牧专家曾说，灯影牛肉既是一种别有风味的美食，又堪称一种奇妙的工艺品。

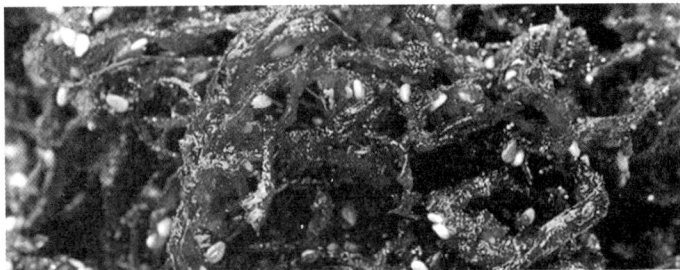

灯影牛肉

据说，唐代诗人元稹在通州任司马时常到一家酒肆小酌。下酒菜中有一道"灯影牛肉"，其色泽油润红亮，味道麻辣鲜香，质地柔韧，入口自化而无渣，食后令人回味无穷，使元稹赞叹不已。更让他惊奇的是，成菜肉片较大，薄如纸，呈半透明状，用筷子夹起，在灯的照射下红色牛肉的丝丝纹理在墙壁上显出清晰的影像来，煞是好看。这使他联想到当时京城盛行的"灯影戏"（现称"皮影戏"），兴之所至，当即称之为"灯影牛肉"。人们尊敬元稹的清正廉洁，因他的赞誉，该菜引起轰动，一举成为名菜。

7. 夫妻肺片

此菜胜在菜名怪异。有人好奇菜名，经不住点上一份；有人因"肺片"二字误以为有"肺"作为原料而不愿品尝。其实，此菜和"肺"根本没有关系。原料主要是牛肉、牛杂（牛肚、牛心、牛舌、千层肚、牛头皮），现拌现吃，清香可口。

夫妻肺片

20世纪30年代，在四川成都有一对摆小摊的夫妇，生活艰辛。他们看到一些动物内脏都被扔掉，觉得很可惜，于是一大早夫妻俩就到屠宰场，在堆积的内脏中挑选自己觉得还能吃的，打理干净上锅煮熟。经过反复试验，他们做出的牛肚白嫩如纸，牛舌淡红滑嫩，牛头皮透明微黄，再配以他们精心搭配的红油、花椒粉、芝麻、香油、味精、酱油和鲜嫩的芹菜等各种调料，炮制出了这道令后世传诵的美食。

因为原料是从废弃的内脏中挑选出来的，加工时又都切成薄片，开始称其为"废片"，由此得名"夫妻废片"。而后随着食客的增多，声名远播，有人嫌"废片"二字不好听，于是主张改成"肺片"，这就是"夫妻肺片"的由来。

8. 鸡豆花

此菜是用鸡脯肉茸、熟火腿和鸡清汤制成。成菜形似豆花，质地滑嫩，汤清肉白，鲜美异常。"吃鸡不见鸡""吃肉不见肉""以荤托素"是此菜的一绝。鸡豆花是荤托素的代表菜，也是川菜中清淡醇厚的代表菜之一。

鸡豆花

关于鸡豆花有一个典故，在《四季菜谱摘录》和《成都通览》书中记载，废太子李承乾被流放到黔州后，每日茶饭不思、精神萎靡，手下人看到这种情况都心急如焚。李承乾手下有个丫鬟对他爱慕已久，看到自己心爱的人这样，心痛万分，于是便想方设法地做好东西来让他开胃。一天，丫鬟将鸡脯肉剁碎后，加入鸡蛋清煮出一道食品，形似豆花，李承乾吃了以后胃口大开，便大加赞赏。虽然李承乾不久之后就郁郁而终，但是这道他喜欢的佳肴却流传了下来。后来经过后世的改良，做法也更加精致。

第二节　川酒文化

一、川酒文化概述

巴蜀佳酿，历史悠久，源远流长。历史上比较有名的川酒发祥地，大都分布在四川东部盆地以内，而且沿着盆地四周山区底部边缘形成一个"U"字形分布地带。

古代巴蜀时期的酒文化已十分发达，历经千载而不衰，正如西晋张载《酒赋》中所吟："物无往而不变，独居旧而弥新，经盛衰而无废，历百代而作珍。"泸州老窖、宜宾五粮液、绵竹剑南春、成都全兴、邛崃文君等美酒，饮誉中外，雅俗共赏。无论在国宴盛会，或是燕居小饮，无不"启封香溢惊四座""才饮一盏即醺人"。四川佳酿名扬四海，香飘万里，是中华民族酒文化的一枝奇葩。

二、饮酒风俗

1. 转转酒

彝民嗜酒，男女老少皆能饮酒。他们喝酒时，常先把酒倒进大碗里，你喝一口递给我，我啜一口传给他，大家轮流喝着这一碗酒。于是，人称彝家这种喝酒方式为"转转酒"。

客人在火塘边坐定后，女主人便从里屋端来用玉米酿造的酒。这种家酿酒酒味香醇，甜中略带酸味，喝起来既爽口又凉快。"无酒不成礼"，这是傈僳族人待客的习惯。通常是主客共喝一碗酒：客人双手接过主人递上来的酒碗，喝上一口，用手把喝过的碗边抹一下，再双手把碗捧还主人，说一声"谢谢"；主人端碗喝一口，抹一下碗边，又递了过来……就这样，你让我，我敬你，喝得好不痛快。大家越喝越亲热。这时，主人让家人再添一碗，喝个合杯酒：主客两人共捧一碗酒，互相搂着对方的脖子或肩膀，脸贴脸，同时共饮；反过来，如果客人扭扭捏捏，或不喝不沾，那便是对主人的不恭。

喝着喝着，主人忽地起身登上屋棚，从粮囤里舀来一碗玉米。只见他扒出火塘的炭火，把一些玉米粒放在炉炭上，用一根竹夹子扒来扒去地烧烤。不一会，玉米粒"噼里啪啦"地炸响了。主人敏捷地从炭火上捡起一颗颗爆玉米花，放在手掌上吹吹炉灰，请客人吃爆玉米花。尽管这是最普通的食品，但啜一口酒，吃几粒酥香的玉米花，也别有一番情趣。傈僳族人的饮食很简朴。他们早晨起来，从酒坛舀上一碗酒，再爆一点玉米花下酒，就算吃过早餐了。据说，玉米酒不但可抵御高山风寒，而且营养丰富。难怪傈僳人不分男女，个个看起来都是身强力壮的。

2. 咂酒

"贵客临门共咂酒。"土家人爱喝自己酿造的酒，几乎所有食物都可酿制成酒。其中，咂酒是土家人款待上客的宴饮形式。咂酒又称喝"咂抹坛酒"，也就是说前一位客人用竹管吸酒后用毛巾拭抹管口让后一位客人吸饮。

咂酒一般隔年制作，相传源于明代。咂酒清香醇厚，有诗作记："万颗明珠共一瓯，王侯到此也低头，五龙捧着擎天柱，吸尽长江水倒流。"

三、川酒代表

1. 五粮液

五粮液产于长江第一城——四川宜宾。宜宾位于四川省南部，坐落在金沙江和岷江汇合处，古称"叙州""戎州"，北宋时改称宜宾。这里水质纯净，适宜酿酒，素有"名酒之乡"的美誉。据传，早在2000多年以前宜宾就出现了酿酒业。自汉代以来，酿酒业迅速发展，唐宋时期最盛。唐代大诗人杜甫于永泰元年（765年）到戎州，在他写的《宴戎州相使君东楼》诗中就有"重碧拈青酒，轻红臂荔枝"的诗句。据《叙州府志》记载，宋朝王公权用3种原料造"荔枝绿"酒，曰："王墙东之美酒，得妙用于三物，三危露以为味，荔枝绿以为色。""三物"，即稻米、高粱、玉米。宋代大诗人、大书法家黄庭坚谪居戎州时，曾在天柱山下劈石成谷，修建"流杯池"。他在《咏绿荔枝与荔枝绿》诗中写道："王公权家荔枝绿，廖致平家绿荔枝；试倾一杯重碧色，快剥千颗轻红肌……谁能品此胜绝味，惟有老杜东楼诗。"诗中将"荔枝绿"酒赞美为"戎州第一"。明代，对采用多种谷物酿酒也有记载。《本草纲目》中说："秦、蜀有咂嘛酒，用稻、麦、黍、秫、药曲等封酿而成，以筒吸饮。"1929年，这种以谷物酿成的酒被改名为"五粮液"。

五粮液属于浓香型大曲酒。它是汲取五谷之精华，蕴积成精液，调和诸味，精心勾兑而成。此酒开时香气突起，浓郁扑鼻。饮用时满口溢香，香气久留口中，余味不尽。五粮液酒液清澈透明，酒虽高达60度，可是沾唇触舌，无强烈刺激感，唯觉酒味醇厚，酒体柔和甘美，落喉净爽，回味舒适悠长。五粮液在大曲酒中以酒味全面著称，各味协调，恰到好处，形成独特的风味，在同香型酒中出类拔萃。

五粮液酿造工艺精细，操作要求严格。酿造时，用的是陈年老曲。酿造用水取自岷江江心，这种水水质纯净，清澈无杂质，是酿酒的优质水源。发酵池是陈年老窖，发酵期长达70天以上，发酵中酯化完全。用柔熟陈泥封窖，隔热性能良好，既减少了酒气的挥发，又保证了酒香的浓郁。

五粮液以"喷香浓郁、清洌甘爽、醇甜余香、回味悠长"四大特点享誉海内外，在全国名酒评比中连续3届被评为国家名酒，并3次荣获国家金质奖。

2. 泸州老窖

泸州老窖特曲始创于明朝万历年间，距今已有400多年历史。据记载，明末清初，泸州舒姓武举，在陕西略阳担任军职，对当地曲酒十分欣赏，曾多方探求酿酒技艺和设备。清朝顺治十四年（1657年），其解甲归田时，把当地的万年酒母、曲药、泥样等材料用竹篓装上，聘请当地技师，一起回到泸州，在城南选择了一处泥质适合做酒窖的地方住下。附近的"龙泉井"水清洌而甘甜，与窖泥相得益彰，于是他开设酒坊，试制曲酒。这就是泸州的第一个酿酒作坊——舒聚源，即泸州曲酒厂的前身。到清乾隆二十二年（1757年），所产曲酒已闻名遐迩。

泸州老窖特曲是我国享有盛誉的名酒之一，素以"醇香浓郁、清洌甘爽、回味悠长、饮后尤香"的独特风格，闻名古今、畅销中外。1915年，该酒在巴拿马国际博览会上获得国际名酒一等金质奖章和奖状；1916年至1926年间，相继获南洋劝业会一等奖章、上海展览会甲等奖状；1952年，在第一届全国评酒会上被评为全国四大名酒之一。在以后的历届评酒中，均获全国名酒称号，并多次荣获国家金质奖。

3. 郎酒

郎酒产于四川古蔺县二郎镇。此镇地处赤水河中游，四周崇山峻岭。就在这高山深谷之中有一清泉流出，泉水清澈、甘甜，人称"郎泉"。因取郎泉之水酿成，故名"郎酒"。

古蔺郎酒已有 100 多年的酿造历史。据有关资料记载，清朝末年，当地百姓发现郎泉水适宜酿酒，开始以小曲酿制出小曲酒和香花酒，供当地居民饮用。1932 年，由小曲改用大曲酿酒，取名"四沙郎酒"，酒质尤佳。从此，郎酒的名声越来越大，声誉也越来越高。它以酒液清澈透明、酱香浓郁、醇厚净爽、入口舒适、甜香满口、回味悠长等特点誉满中华。

古蔺郎酒在酿造过程中继承和发扬传统工艺，采取两次投料，反复发酵蒸馏，7 次取酒的方式，一次生产周期为 9 个月。每次取酒后，分次、分质储存，封缸密闭，送入天然岩洞中；待 3 年后，酒质香甜，再将各次酒勾兑调味；经过质量鉴定合格后，方可装瓶包装出厂。

郎酒在 1963 年被评为四川省名酒；1979 年，在第三届全国评酒会上被评为全国优质酒；1984 年，在第四届全国评酒会上被评为国家名酒，并荣获金质奖。

4. 沱牌曲酒

沱牌曲酒产于县南柳树镇（今沱牌镇）。1940 年，镇上小商李明方，初以售零酒为业，后用"谢酒"工艺酿造白酒，因其酒清香味正，名噪镇内。后其子李吉安礼聘蜀中名曲酒师郭炳林来镇，继承"谢酒"传统工艺，引进曲酒生产技术，酿成浓香清冽，风味独特的曲酒。1946 年新春，前清名士、举人马天衢取"沱泉酿美酒，牌名誉千秋"之意，将此酒命名为"沱牌曲酒"。

中华人民共和国成立后，沱牌曲酒不断引进先进技术，探索创新工艺流程。在传统工艺基础上调整配方比例，采用新工艺，形成了沱牌曲酒"窖香浓郁，绵软醇厚，清冽甘爽，尾净余长，尤以甜净著称"的独特风格。自 1979 年沱牌曲酒系列产品首次参加名酒品评鉴定会被评为优质名酒以来，连续 9 年被评为地（市）、省、部、国家名优酒，荣获地（市）、省、部、国家奖章和金奖，被誉为"初尝者久思，长饮者不腻"。

四、川酒醉天下

随着"湖广填四川"移民运动的兴起，在秦晋商人的投资资助下，川酒之魂重又苏醒，并愈以"浓香"著称，加之清代川酒捐税奇轻，到 20 世纪初川酒因此获得很大发展。1915 年，在美国旧金山举办的巴拿马太平洋万国博览会上，泸州老窖大曲获得金奖，一举与茅台齐名，开创了川酒发展的新纪元，奠定了"浓香正宗""酒中泰斗"的历史地位。川酒的旷世奇迹出现了……翻开中国地图，追寻中国酒文化的历史风采，人们很容易发现，在长江上游的崇山峻岭之间，存在着一个相当集中的"西部名酒带"。名酒带以四川为中心，沿盆地四周山区底部边缘呈"U"字形分布，包括岷江、长江流域。如果加上淌酒的赤水河则成了"I"字形，再将古蔺、仁怀、遵义三地贯穿成"一"字形，你会惊奇地发现，在祖国大西南的地域上兀立着一只标准的高脚大酒杯！它以酱香型国酒茅台、郎酒与董酒为基座，高高托起浓香型国酒泸州老窖、五粮液以及绵竹剑南春、成都全兴、邛崃文君、绵阳丰谷、荣县旭水、万县太白（万县即重庆市今万州区）、巴中江口醇，还有宝莲、玉蝉、叙府、梦酒、习酒、鸭溪窖等系列名酒，而射洪沱牌，则是这只大酒杯中一朵跳跃的、晶莹的酒花！这不得不令人惊叹大自然的鬼斧神工！这里是一个浓香的世界，或者说是大曲酒的故乡，汇聚了50%的国家级名酒。20世纪中国酒文化史上最值得大书特书的，就是这个名酒带的崛起。

有人说，这个"高脚大酒杯"更像一支燃烧的火炬，那么它所照亮的应该就是百年川酒的辉煌发展历程了。沿着这辉煌的发展历程，川酒走过"村村有酒卖"的20世纪50年代，曲折动荡的60年代和70年代，"金花""银花"泛起，工艺革新，科技含量不断提高。

20世纪80年代，是川酒挥斥方遒的时代，产量达100万吨，占全国酒总产量的1/8，五粮液的异军突起更是神来之笔。一幅班禅大师祭酒图，无与伦比地将五粮液推上"神州神酒"的显赫地位；一座精心构建的五粮液酒史博物馆，更是提升品牌价值数十亿，使其超越群雄。外省酒家纷纷入川"朝圣"，改换门庭，学酿浓香型酒。

于是，"凡有酒店处，势必售川酒"，天下之"酒国"几为浓香型的"川军"所统治！20世纪90年代，"首届国际酒文化学术讨论会"在成都举行。1996年，泸州老窖明代窖池群由省重点文物升格，被国务院命名为全国重点文物保护单位，以之为代表的浓香型川酒的历史地位也得以确认。

1998年，成都全兴酒厂在水井街发现地下埋有古代酒坊遗迹。1999年经省、市考古队发掘鉴定，确认为明清两代遗址，"中国白酒第一坊"——"水井坊"遗址，遂被国家文物局评为1999年度全国十大重要考古发现之一。2000年，古蔺郎酒厂的天然酒库"天宝洞""地宝洞"以其规模宏大、气势磅礴的"酒阵兵马俑"奇观而载入吉尼斯世界纪录。2000年10月，在陕西省咸阳市举办的第四届国际酒文化学术研讨会上，剑南春酒的"纳米光环"首次亮相，震惊中外，无疑为川酒行业争得了更大荣誉。

第三节　川茶文化

古往今来，一代代勤劳智慧的四川人创造了灿烂的巴蜀文化。其中，独具特色的川茶文化在历史长河中历久弥新，愈渐醇香。下面，让我们拂去岁月的轻尘，在川茶文化的大观园中找寻川茶的故事与传奇吧。

川茶自古多特色。在唐代，蜀中有八大名茶，即"雅州之蒙顶，蜀州之味江，邛州之火井，嘉州之中峰，彭州之堋口，汉州之扬村，绵州之善目，利州之罗村"。其中，以蒙顶、味江地方的川茶最出名。茶博士陆羽在《茶经》中有10多处写到川茶，历代诗人对川茶也多予吟咏。

一、最早的茶事发源地

茶，发乎神农，闻于周公，兴于唐，盛于宋，具有药用、食用、饮用三大用途，位列世界三大无酒精饮料（可可、咖啡、茶）之一，是中国三大传统出口产品（丝绸、陶瓷、茶叶）之一。

四川是我国茶叶的原产地之一，是古籍记载中可知的历史最久远的产茶区。《神农本草》记载："茶树生益城山谷、山陵道旁，凌冬不死。"《华阳国志·巴志》称周武王时期，巴国有香茗，并把其作为贡品。前59年，西汉王褒所作的《僮约》中有"武阳（今四川眉山市彭山区）买茶""烹茶尽具"的记载。可见，当时蜀地已经有了茶叶集市，饮茶已成为社会风尚。这是我国，也是全世界最早的关于饮茶、买茶和种茶的记载。由这一记载可知，四川地区是全世界最早种茶与饮茶的地区，武阳地区是当时茶叶主产区和著名的茶叶市场。清初学者顾炎武考察研究中国古代茶事，得出结论，"自秦取蜀而后，始有茗饮之事"，认为饮茶是秦统一巴蜀之后才开始在中原地区传播开来的。历史学家李剑农在其《魏晋南北朝隋唐经济史稿》中也认为"茶之发现，其最初当在蜀"。著名茶学专家陈椽考察蒙顶山后在《茶业通史》中提到"蒙山有我国植茶最早的文字记载"。

2004年，第八届国际茶文化研讨会在雅安市名山县（今四川雅安市名山区）举行，全世界的25个产茶国共同发表了《世界茶文化蒙顶山宣言》，正式确立了"蒙顶山——世界茶文化发源地、世界茶文明发祥地、世界茶文化圣山"的地位。

二、高山云雾出好茶

四川省档案馆馆藏档案《"中华民国"四川省建设厅全宗》中，一份川藏茶业股份有限公司筹备处名山县办事处给四川省政府《关于发起组织川藏茶业股份有限公司的呈》上记载："名山为吾国产茶名区，品质既优，产量亦富。清朝时早由商人采购行销康、藏多年。民间竞种茶株，成为农村主要副产物。"由此可见，四川茶叶历来以数量多、分布广、品质好而著称。

茶文化

茶树喜温、喜湿、耐阴。四川地处北纬30°，气温、降雨量、湿度、土壤都适宜茶树生长，尤其是蒙顶山、峨眉山独特的高山环境，为茶树提供了得天独厚的生长条件，多种茶叶闻名全国。蒙山茶作为中国名茶中的一颗璀璨明珠，受到世人青睐。"扬子江心水，蒙山顶上茶""若教陆羽持公论，应是人间第一茶"等诗句便是对其品质的称颂。峨眉山产茶历史悠久，唐代就曾将白芽茶列为贡品。明代有峨眉山白水寺（今峨眉山万年寺）"种茶万株，采制入贡"的记载。我国黑茶始制于四川，雅安黑茶传入藏区后将黑茶的药用、食用及保健价值发挥到了极致。藏族谚语有云："一日无茶则滞，三日无茶则病。"宜宾的川红工夫茶自问世以来，因生长环境和茶香的独特性，成为世界红茶的味觉标志，与"祁红""滇红"并称中国三大工夫红茶。

三、"茶马古道"的起点

作为中国档案文献遗产之一的"明万历年间泸定土司藏商合约"档案，现存四川省泸定县档案馆。这件档案是明万历四十五年（1617年）三月十一日，当地土司、喇嘛，藏区茶商，川、陕、滇等5省汉商代表共25人在甘孜州泸定县兴隆镇，以和平协商方式解决边茶贸易纷争而形成的合同。这份合同客观地反映了中央政府和地方土司对茶马古道的重视，是了解藏汉边茶运输路线、交易中心、交易方式的第一手资料，是研究藏汉民族长期友好相处、互通有无的重要物证，是研究茶马古道的珍贵历史文献。

千百年来，四川茶叶源源不断地输入藏区，而藏区的土特产品也随着茶叶贸易流通到内地，历史上称之为"茶马互市"或"茶马贸易"。"茶马互市"自宋代兴起，"茶马古道"包括川藏道、滇藏道和青藏道，以川藏道开通最早，运输量最大，作用最为重要。目前，名山区新店镇保存的"茶马司"遗址为全国仅存。

茶马古道

四、四川茶馆甲天下

"福记悦来茶园"的营业执照现存于成都市档案馆，该营业执照由四川省会警察局于1945年核发。营业执照上记载："为发给执照事，兹据福记悦来茶园遵照四川省各级警察机关管理公共娱乐场所规则，向该管警察机关声请登记，呈经本局查核相符，除准予登记外特给此照。"这份档案表明，20世纪40年代的四川政府对茶馆行业的管理十分严格，茶馆须申请登记并取得营业执照方可营业，营业执照由警察机关核发，警察机关依据管理公共娱乐场所的规则对茶馆进行管理。"领照人须知"从7个方面对茶馆经营者的经营行为进行约束。"营业种类"有"川剧"的记录，表明当时茶馆经营范围包括展示民俗文化的内容。

四川茶馆

"四川茶馆甲天下"，素来为人们所津津乐道，其中尤以成都为甚。清宣统元年（1909年），成都平均每条街道就有一家茶馆。随着经济社会发展，如今成都茶馆发展到2万余家，饮茶、品茶、论茶以及以茶为中心的休闲生活已成为成都一道靓丽的风景。四川茶馆设施别具一格，有古朴的老虎灶、小方桌、竹椅子，还有小巧别致的盖碗茶。四川茶馆的名字大多新颖雅致，如"谈天处""各说阁""漱泉楼"等，茶招也做得颇为考究。

在四川茶馆里喝茶，不仅可以欣赏到滚灯、吐火、变脸等地道的川剧绝技和四川清音、说唱、评书、木偶戏等艺术表演，还可领略到精彩纷呈的茶艺、茶技表演。蒙顶山"龙行十八式"茶技，多次在茶文化盛会上表演，震撼国内外来宾。

五、川茶文化底蕴深

茶，是中国人开门七件事（柴、米、油、盐、酱、醋、茶）之一。蜀中人民借助当地独有的茶叶资源，充分发挥聪明才智，不但研发了品类繁多且举世瞩目的茶叶精品、名品，同时也产生、演绎了四川璀璨夺目的茶叶典故、民间传说、名人轶事、诗词歌赋、书画楹联等独具特色的川茶文化。

蜀中自古多才俊，从西汉的司马相如，宋代的"三苏"，到现代的郭沫若，他们深受蜀中茶文化的熏陶，与茶结下不解之缘。宋代文学家苏东坡爱茶至深，将茶比作"佳人"，写下"戏作小诗君勿笑，从来佳茗似佳人"的诗句。邛崃市是四川古老的产茶区之一。据档案文献记载，卓文君与司马相如曾在此地开过茶馆。1957年，郭沫若到此地考察时，作《题文君井》诗，写下"会当一凭吊，酌取井中水，用以烹茶涤尘思，清逸凉无比"的诗句。当地一家茶厂还以"文君"为茶名，创制出翠绿油润、栗香浓厚的绿茶和花茶。

自古文人多入蜀，四川秀丽的山川、丰饶的物产、独特的人文氛围，吸引着不少文人墨客来此寓居。他们在蜀中的茶事活动和茶事作品，丰富了蜀中茶文化的内涵和底蕴，在中国茶文化史上占有重要地位。西晋文学家张载入蜀后创作的《登成都白菟楼》

川茶

描绘了成都商业繁荣、物产富饶、人才辈出的景象，其中"芳茶冠六清，溢味播九区"一句是我国最早的咏茶诗句。宋代的陆游将自己的蜀茶品饮经历付诸诗篇，成为后人了解、研究蜀中茶事历史的重要文献。抗战时期，叶圣陶、朱自清、何满子等文化名人，也留下了不少关于成都茶事的文字，向世人展示了近代成都独特的茶事风情。

古往今来，巴蜀大地的美丽与富饶，巴蜀风情的独特与多元，巴蜀茶文化的醇厚与浓郁，孕育了四川茶业的欣欣向荣，滋润了世代蜀中人民的"茶味"人生。2014年2月28日，四川省人民政府以一号文件印发了《关于加快川茶产业转型升级建设茶业强省的意见》，这是川茶产业界的一件大事。文件要求把四川建成国内外知名的茶叶生产、加工、贸易和文化基地。文件提出，到2017年，全省茶叶种植面积500万亩，产量30万吨，综合产值达到600亿元，培育大集团，打造大品牌，扩大出口规模。到2020年，建成千亿川茶产业，打造一批国内外知名品牌。如今，川茶正以一种更加开放的姿态走出四川人的生活，走出巴蜀大地，走向全国，走向世界。

六、未来发展

四川高度重视茶产业发展，2014年省政府一号文件明确"到2020年，建成千亿川茶产业强省"的目标，以打造大品牌、开拓大市场、培育大集团、建好大基地，促进川茶产业转型升级。川茶产业得到迅猛发展。

现在四川的茶馆种类繁多。新茶馆环境优美、设备齐全，除了继承传统的服务项目外，还增添了冷饮、糕点等食品。新茶馆的现代色彩较浓，人们不论白天还是晚上都可以边喝茶边看电视。新茶馆收费虽然高些，但青年人喜欢光顾。城郊茶馆有的设在河边，有的设在树荫下，空气清新、风景优美，是养鸟人爱去的地方。泡上一杯茶，鸟笼挂在树枝上，一边喝茶一边逗小鸟鸣叫，也是一种享受的乐趣。棋园茶座是棋艺爱好者切磋棋艺的好地方，它的布置另有一番风味，经常吸引外地客人或港、澳、台同胞前来喝茶、观棋。所以，四川茶馆既是休息的场所，又是聚会、洽谈的地方，具有文化娱乐和社交等多种功能。

第四节　四川火锅

一、火锅概述

火锅在广东称为"边炉"，在宁夏称为"锅子"，在四川叫作"火锅"。四川的火锅早在西晋文学家左思的《蜀都赋》中就有记载："金罍中坐，肴槅四陈，觞以清醥，鲜以紫鳞。"实际上说的就是一种家庭小火锅，可见其历史在1700年以上。悠久的火锅历史造就了妙趣横生的火锅文化，有人开始将火锅称为"热盆景""盆中鲜""烫中乐"。火锅城、火锅街中出现了"日暮汉宫吃毛肚，家家扶得醉人归"等颇有诗情画意的章句，将四川火锅提高到了一个并非为了温饱的水平。

当今四川火锅从火源、锅、锅台、餐具到卤汤、原料、样式以及店面、环境等方面都在不断地创新。除了增加"红景"（以郫县豆瓣、潼川豆豉做基料的麻辣火锅）、"白景"（以骨头汤做料水的海味火锅）、"鸳鸯景"等类别外，"热盆景"中烫、涮、煮的内容也丰富了很多。

俗话说，"热当三分鲜"，火锅随时都是烫的，而且场面热闹、自烫自食、丰俭由人，所以深受各地都市人的欢迎。火锅之所以红遍大江南北，是因为它特有的饮食文化。文化是它的根本，有了根它才能长盛不衰。

二、火锅的主要类别

火锅基本上有以下 4 大类别：

（1）麻辣汤锅，四川火锅大多为这种。

（2）汤为淡味，以涮生片为主，蘸料占重要角色，以涮羊肉及广式打边炉最具代表。

（3）锅内的料已熟，如砂锅鱼头、冷锅鱼、火锅鸡等，炉火只是起保温作用，并可用来烫青菜。

（4）锅内的料全都熟透，连青菜也无须再烫，炉火完全是用来保温的，和大锅菜无二，如佛跳墙、复兴锅等大锅菜。

四川火锅

三、四川火锅的吃法

四川火锅的吃法不同于川菜，它不像一般菜肴那样，上桌前已经完全烹调好了，端上来就可以吃，而是必须自己操作，自涮自烫，吃得好不好，在于食者的涮烫水平。

火锅的吃法大致分为两类：

吃法一，烫（涮）。

吃法二，煮。

四、四川火锅的革新与变化

火锅在中国已有千余年的历史。明、清以来，火锅的各种吃法已盛行于世。而近 10 年来，四川火锅因其独特的吃食方式和丰富多彩的口感享受迅速火遍大江南北。同时，四川火锅本身也在不断创新，更加多姿多彩、风味别样。

1. 汤卤火锅誉满天

汤卤火锅是一种最传统、最普及的火锅形式。所谓汤卤，是指用市场上买来的底料熬成的火锅汤料，或是用各种佐料熬成的卤汁制成汤料。在火锅店，汤卤多由店家用牛肉汤、牛油、郫县豆瓣、永川豆豉、冰糖、姜米、花椒、辣椒末、川盐、绍酒、醪糟汁等佐料自行熬制。

2. 水煮火锅金不换

水煮火锅，发端于"水煮活鱼"这道菜。一般待吃完"水煮活鱼""香辣鱼"鱼肉后，把汤宽、水足，又香醇鲜美的鱼汤架于火炉上做火锅汤料，再就着汤、下小菜、粉条，吃起来鲜美无比，有"水煮锅汤金不换，一菜两吃喜滋滋"之谓。而用料讲究、可一锅几吃的明炉火锅，与水煮火锅稍有不同。一般用仔鸡、嫩鸭和鲜羊肉或狗肉来代替鱼肉，用明炉煨代替水煮；同样是先吃肉，待肉吃完后，则放高汤煮熟鸡杂、鸭杂续吃，后下粉丝、下菜再食。

3. 清炖火锅延福寿

清炖火锅是继传统火锅后吃得时间最久并流传得较为广泛的火锅样式。它的汤底，系用清炖手法烹制的羊肉、洋鸭、肚片、三鲜排骨、狗肉、鱼头、甲鱼等原汁做成，味清鲜而爽适，滋补而不腻，适合于家庭火锅以及讲究温补的中老年人。

4. 干锅火锅巴口香

干锅火锅以"干"著称，不着汤水。这种火锅改写传统火锅必置汤水的概念，用足量的油、姜、香干、辣椒等佐料爆炒主料，之后加黄酱炒透再上火锅，调火烹之。通常是边炒边吃，待主料吃之将尽，下青菜、粉丝边拌边吃。干锅火锅色重味猛、香气袭人，刺激性强，主料通常有羊肉、狗肉、牛肉、鸡鸭、虾、蟹及蛙等。

5. 白水火锅颂风雅

白水火锅，纯用白水做汤，全靠每人桌前的调料来调剂。无论鱼片、海鲜品、肉片、野味品、豆腐片、白菜片、萝卜片，在白开水中涮一把，烫熟了，在自己的调味碟蘸一蘸即食，其纯净、天然的风味，深受清雅之士所青睐。

6. 冷锅火锅领新潮

确切地说，近年来，成都最热门的当属冷锅鱼火锅了。冷锅鱼以其味浓、味丰、味厚、辣麻多汁、鲜香舒爽、鱼鲜肉嫩、吃口舒适、回味悠长、物美价廉而成为当今火锅新宠。冷锅鱼的吃法是在品吃微烧闷熟的鱼后，再点火烫食其他菜品。

第十章　天府人文旅游

第一节　神秘的古蜀文明——三星堆

一、三星堆文化遗址

1. 惊世发现

三星堆文化遗址位于四川省广汉市南兴镇北，被发现于1986年。三星堆文化遗址距今4800～2800年，延续近2000年，与夏、商、西周等朝（时）代相近，曾为古蜀国都邑所在地。

三星堆遗址的发现，始于当地农民燕道诚于1929年淘沟时偶然发现的一坑玉石器。

1931年春，在广汉县（今广汉市）传教的英国传教士董笃宜听到这个消息后，找到当地驻军帮忙宣传保护和调查，还将收集到的玉石器交由美国人开办的华西大学博物馆保管。

根据董笃宜提供的线索，华西大学博物馆馆长葛维汉和助理林名钧于1934年春天组织考古队，由原广汉县县长罗雨仓主持，在燕道诚发现玉石器的附近进行了为期10天的发掘。发掘收获丰富，根据这些材料，葛维汉整理出《汉州发掘简报》。

1963年，四川大学冯汉骥教授预言：这一带"很可能是古代蜀国的一个中心都城"。1980年，对三星堆遗址进行大规模考古挖掘，发现了房屋、墓葬遗址、城墙遗址。

1993年5月，三星堆部分文物在瑞士展出，其后相继在法国、英国、美国等国展出。

2. 商代大型祭祀坑

三星堆古遗址位于四川省广汉市西北的鸭子河南岸，分布面积12平方千米，是迄今在西南地区发现的范围最大、延续时间最长、文化内涵最丰富的古城、古国、古蜀文化遗址。现有保存最完整的东、西、南城墙和月亮湾内城墙。三星堆遗址被称为20世纪人类最伟大的考古发现之一，昭示了长江流域与黄河流域一样，同属中华文明的母体，被誉为"长江文明之源"。

其中，出土的文物是宝贵的人类文化遗产，在中国的文物群体中，属最具历史价值、科学价值、文化价值、艺术价值和最富观赏性的文物群体之一。在这批古蜀秘宝中，有高2.62米的青铜大立人，有宽1.38米的青铜面具，更有高达3.95米的青铜神树，均堪称独一无二的旷世神品。而以金杖为代表的金器，以满饰图案的边璋为代表的玉石器，亦多属前所未见的稀世之珍。

1986年7—9月，发现了两个商代大型祭祀坑，出土了数以千计的青铜器、金器、玉石器和象牙，震惊世界。

著名的一、二号祭祀坑位于三星堆城墙东南50余米，两坑相距25米，是三星堆遗址最重要的考古发现之一。两坑坑室走向一致，均为东北—西南走向，坑口呈长方形，口大底小，坑壁整齐，填土经夯打。

根据 C14 和树轮校正法测年，一号坑相当于殷墟第一期，前 14 世纪左右，二号坑相当于殷墟二、三期，前 13 ~ 11 世纪，两坑相距一二百年。

一号祭祀坑坑口长 4.5 ~ 4.64 米，宽 3.3 ~ 3.48 米，深 1.46 ~ 1.64 米，坑口三面各有一条宽约 1 米，长 0.34（残）~ 3.85 米的坑道，呈对称布局向外延伸。二号坑不带坑道，坑口长 5.3 米，宽 2.2 ~ 2.3 米，深 1.4 ~ 1.68 米。坑室内器物均分层放置，埋藏现象前所未见。大多数器物埋藏时或埋葬前明显经过有意焚烧和破坏，或烧焦、发黑、崩裂、变形、发泡甚至熔化，或残损、断裂甚至碎成数块（段）而散落在坑中不同位置。部分青铜器、头像及面具有口部涂朱、眼部描黑现象。一号坑共出土各类器物 567 件，其中青铜制品 178 件，黄金制品 4 件，玉器 129 件，石器 70 件，象牙 13 根，海贝 124 件，骨器 10 件（雕云雷纹），完整陶器 39 件以及 3 立方米左右的烧骨碎渣。

三星堆一号祭祀坑遗物出土时的情况

三星堆一号祭祀坑

二号祭祀坑共出土各类遗物 6095 件（合残片和残件可识别出的个体），其中青铜制品 736 件，黄金制品 61 件（片），玉器 486 件，石器 15 件，绿松石 3 件，象牙 67 件，象牙珠 120 件，象牙器 4 件，虎牙 3 件，海贝 4600 枚。

三星堆二号祭祀坑遗物出土时的情况

三星堆两个祭祀坑出土器物的种类，除部分中原地区夏商时期常见的青铜容器、玉石器和巴蜀文化遗址常见的陶器外，大多是过去从未发现过的新器物，如青铜群像、青铜神树群、青铜太阳形器、青铜眼形器、金杖、金面罩等。两坑出土器物不仅数量巨大，种类丰富，文化面貌复杂、新颖、神秘，而且造型奇特，规格极高，制作精美绝伦，充分反映了商代蜀国高度发达的青铜铸造技术、黄金冶炼加工技术、玉石器加工技术以及独特的审美意识和宗教信仰。一、二号祭祀坑既是整个三星堆遗址的精华所在，同时又代表了古蜀文明的最高成就。它们的发现，对研究中国巴蜀地区青铜时代的历史提供了罕见的实物资料，填补了中国青铜艺术和文化史上的一些重要空白，极大地改变了人们对商代四川盆地社会发展水平的传统认识，引起人们对中国古代文明起源和早期发展历程的重新审视，在中国考古学研究课题上具有不可替代的地位。

3. 稀世宝物的出土

文物类型有金器、青铜器、玉石、象牙、海贝以及陶器等。

（1）金器

金器包括金杖、金面罩、金树叶等。

①金杖。金杖（编号 K1：1）系用金条捶打成金皮后，再包卷在木杖上。出土时尚见金皮内残留的炭化木渣。金杖总长 142 厘米，直径 2.3 厘米，净重约 500 克。金杖上端有 46 厘米长的平雕纹饰图案，内容为鱼、鸟、人头像等。其内涵尚待深入探讨。

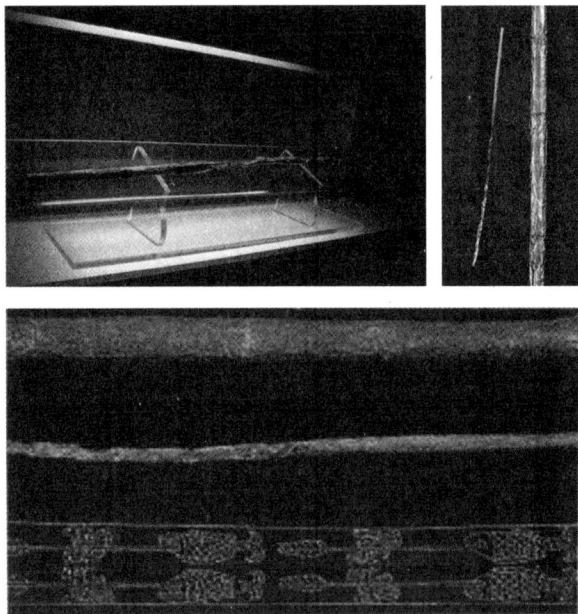

金杖

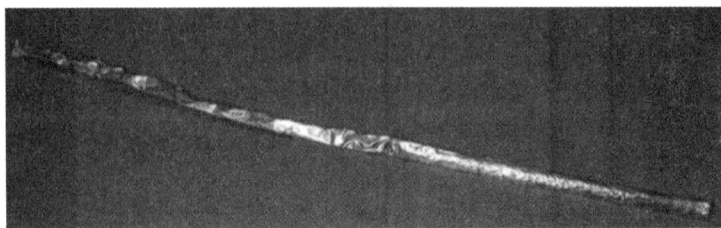

金杖（编号 K1：1）

②黄金面具与黄金龙形饰。

黄金面具

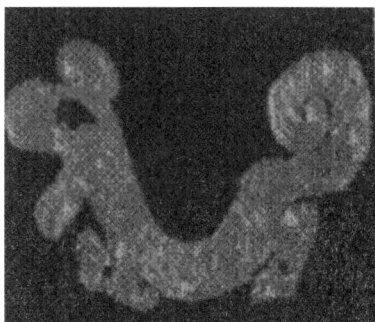
黄金龙形饰

（2）青铜器

三星堆中出土了大量的青铜像，有82个人物雕像，以及鸟、鹰、龙、凤像等。

三星堆铜塑的工艺技术特点如下：

①采用合金材料，分别使用了铜、锡、铅3种成分。

②采用铜液浇铸工艺，以及焊铆、热补法、分铸法、浑铸法等。

青铜人头像

金面铜头像

　　戴金面罩青铜人头像（编号K2②：45），平顶，头发在脑正中编结成辫，辫上端用宽带套束。面部较瘦削，粗眉、立眼、直鼻、阔口、方颐，下颌宽，颈直，颈下端呈倒三角形，前短后长；金面罩用金皮捶拓而成，上齐额，下包颐，两侧过耳，双眉、双眼及耳垂穿孔，镂空。面罩两耳尖及左耳后下颌处残缺。

　　青铜兽首冠人像（编号K2③：264），下身残缺，面部、右耳、下颌部有多处铸造孔。兽首冠右耳下部为补缺，左耳边缘上有三处裂纹，兽首吻部上缘有一长约12厘米的补铸形成的裂缝，延伸至左耳根部。兽颈部前面右侧有多处铸造孔。人像左腋下有一道铸造形成的缺口，人像脑后冠下部有一个敲击形成的凹洞。兽鼻顶端有一处因铸造不佳形成的孔洞。

戴金面罩青铜人头像（编号 K2②：45）

青铜兽首冠人像（编号 K2③：264）

青铜立人像（编号 K2②：149；150），出土于广汉三星堆二号祭祀坑，连座通高 2.62 米，重 180 千克，铸造历史距今已有 3000 多年。如此庞大的青铜巨人，迄今为止，在国内出土的商周文物中尚属首例，因此被誉为"东方巨人"。

青铜喇叭座顶尊跪坐人像（编号 K2③：48），分铜喇叭座和跪坐顶尊人像两部分，人像上身裸露，乳头突出，下身着裙，腰间系带，带两端结纽于胸前，纽中插物。人像双手上举捧护圈足尊腹部。表现了巫师跪在神山顶上，顶尊献祭天神的情景。从人像的造型特征看，可能表现的是古蜀国的女巫形象。

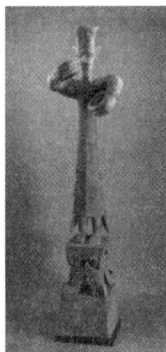

青铜立人像（编号 K2②：149；150）

青铜喇叭座顶尊跪坐人像（编号 K2③：48）

青铜神树（编号 K2②：94），据称是"目前为止世界上最大的青铜树"。

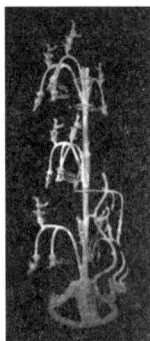

青铜神树

三星堆遗址出土有大量的鸟及鸟形器，其喙部多有如鱼鹰者，很可能就是鱼凫的象征或其族徽。

青铜爬龙柱形器（编号 K1：36），器身呈圆柱形，上大下小。器上有一龙昂首站于器顶，下身垂于器壁，两后爪紧抱器壁两侧，尾上卷。龙口大张，做啸吼状。此器可能是套在木柱顶端的附件。

青铜鸟头（编号 K2②：141），横断面呈椭圆形，矮冠末端上卷，大眼，钩喙，如鹰头。钩喙口缝及眼珠周围涂朱，器下端边沿处有三圆孔。

青铜爬龙柱形器（编号 K1：36）

青铜鸟头（编号 K2②：141）

（3）玉石

坑中出土的玉石礼器有上千件，包括玉璧、玉璋、玉戈、玉琮等。其中，最大的玉璧，状如井盖，外径 70 厘米，孔径 19 厘米，厚 7 厘米，重百斤以上。除此之外，还有 80 多枚象牙，以及数千枚海贝、铜贝。

①玉璧。玉璧（编号 K2②：146-2），主要是用于祭天、祭山等，属最重要的礼器之一。这种圆形而中央有孔的礼玉，在古人心目中是天盖的象征。

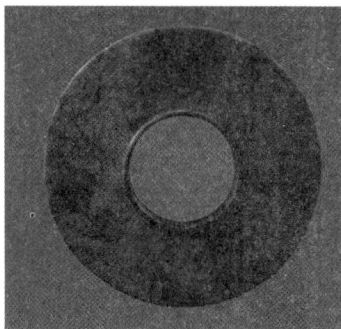

玉璧（编号 K2②：146-2）

②玉璋。玉璋（编号 K1：235-5），该器射部酷似鱼身，射端形成叉口刃状，宛如鱼在呼气吸食。在射端张开的鱼嘴中，站立着一只镂空的小鸟；鱼鸟合体的主体甚为明显，寓意深刻。

玉璋（编号 K2③：174），器形前端宽大，后端窄小。射前呈弧形，向前展开。中间从两面磨出"r"状叉口刃。射后端两侧五方齿，长直邸。两齿之间正中一圆穿。

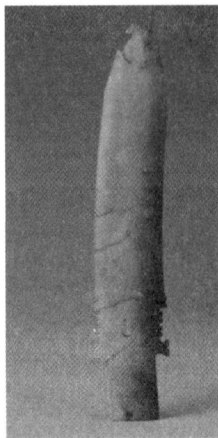

玉璋（编号 K1：235-5）

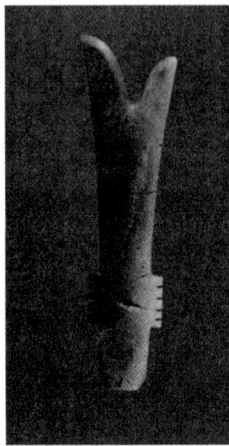

玉璋（编号 K2③：174）

玉璋（K2③：201-4），二号祭祀坑出土，通长 54.2 厘米，器身呈黑色，出土前经火烧后部分呈鸡骨白。图案上、下两幅对称，每幅以云雷纹分割为上、下两段，每段人与山又以平行线分隔。山上有云气纹和"⊙"形符号。此玉璋图案展示了古蜀人用璋的祭祀活动场景，具有丰富的古蜀文化内涵。

玉璋（K2③：324），器形薄长，前端呈叉形刃，宽 6.8 厘米，厚 0.7 厘米，通长 68厘米，是三星堆遗址出土玉牙璋中较长的一件，制作工艺精美绝伦，是中国商代玉石器中十分难得的文物珍品。

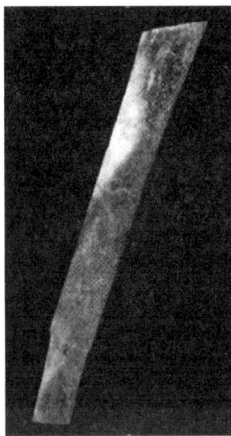

玉璋（编号 K2③：201-4）

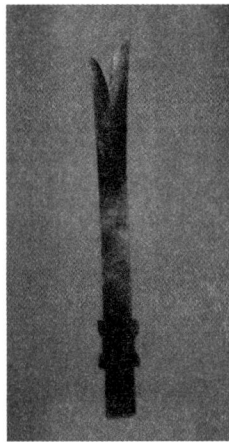

玉璋（编号 K2③：324）

③玉戈。玉戈（编号 K2③：227-1），是三星堆玉石器中种类最宏富、数量最繁多的大宗器物之一，具有很高的文物和艺术价值。两坑出土的玉戈都非实用器，应是在古蜀人举行隆重仪式时所用的礼器。

④玉琮。玉琮（编号 000909-WGS），全器呈黄绿色。琮是古代礼仪中祭祀天地的重要器具，被列为"六器"之首，古人用它来连接天地、沟通人神。

玉戈（编号 K2 ③：227-1 ）

玉琮（编号 000909-WGS ）

（4）象牙、海贝

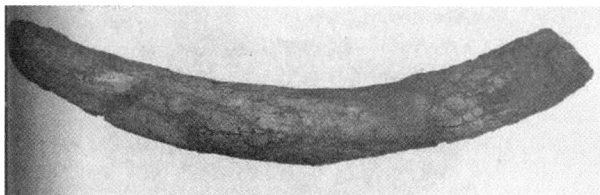

象牙

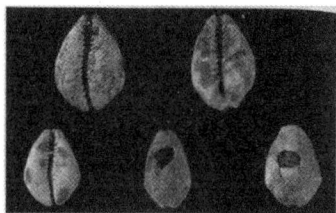

海贝

（5）陶器

①陶瓶（编号 GSDaT3 ②：58 ）。陶瓶是三星堆遗址出土的很有地方特色的器物，被做成喇叭口、细颈项、圆平底。其出土区域较集中，可能是一种酒瓶。遗址出土不少陶瓶，在形制上大同小异，一般高 10 多厘米，有些瓶颈部饰有附加堆纹，使之显得质朴美观。

②陶蟾蜍（编号 86GS Ⅲ T1415-9）。三星堆遗址出土的陶制动物造型简练生动、形态逼真，颇为神奇，都是小巧玲珑的艺术杰作。

陶瓶（编号 GSDaT3 ②：58 ）

陶蟾蜍（编号 86GS Ⅲ T1415-9 ）

③陶三足炊器（编号86GSⅢT1415⑨：172）。陶三足炊器，形制近似"周式鬲"，口缘下再加一周宽沿，上端酷似四川人居家必备的"泡菜坛"，下端近似鬲的三足，可能是加甑其上的甗的下部。

④陶盉〔编号86GSⅢT1415（8B）：102〕。陶盉在中原地区是二里头文化的典型器具，三星堆遗址出土大量陶盉，应与二里头文化的影响有关。

陶三足炊器（编号86GSⅢT1415⑨：172）　　陶盉〔编号86GSⅢT1415（8B）：102〕

⑤陶鸟头勺把（编号86GSⅢT1516-9）。数以百计的鸟头勺把是三星堆出土的最为著名和最具特色的陶器制品。有学者推测，大量鸟头勺把在三星堆遗址的出土可能和蜀王杜宇时代的史迹有关。

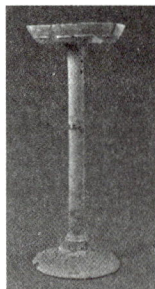

⑥陶高柄豆（编号80GSDaT2②：36）。陶高柄豆是三星堆遗址出土的蜀文化典型器物之一，它在整个遗址出土陶器中数量最大，数以千计。陶高柄豆上面的盘状体用于盛物，下部为喇叭形圈足，以豆连接二者。这是席地而坐的古人为方便生活而设计的巧妙实用的生活用具，便于提来拎去，随意安置。

陶鸟头勺把（编号86GSⅢT1516-9）　　　　陶高柄豆（编号80GSDaT2②：36）

4. 三星堆屋基和作坊遗址

古城有高大的城墙和城外壕沟。古城内已经发掘出了许多房屋遗址、作坊遗址、陶窑遗址和窖藏遗址。发现有大面积的房基遗迹，房屋为木结构建筑，面积10～60平方米，木骨泥墙，开始使用土坯砌墙。遗址内有制陶作坊，可能还有青铜器作坊。

三星堆出土的器物反映蜀地当时高度发达的青铜铸造业和玉器加工业。当时的三星堆交通发达，贸易往来频繁。

二、三星堆文化的丰富内涵

1. 人类青铜文明史上的华丽篇章

城市的出现，标志着人类进入了文明社会，它是阶级对立的标志之一。

三星堆青铜塑造像可与西亚、欧洲的古代青铜雕塑在艺术领域并驾齐驱，纠正了我国上古无青铜雕像的偏见。其中，两个祭祀坑内发现有大量的玉石礼器、大量精美青铜礼器、金器等，但生产工具数量相对较少，表明此非一般的城镇，而是政治中心。这也说明古蜀文化是一支有别于中原文化的独立的文化体系。

2. 丰富多彩的社会风貌

（1）发达的社会经济

①发达的农业。出土的生产工具，如石斧、石锛、石刀、石凿，反映了当时发达的农业生产状况。

②饮酒风气盛行。发现的酒器很多，以陶器为主，亦有铜器。种类有杯、尖底盏、觚、壶、勺、缸、瓮等。从酿造、储藏到饮用的酒具，应有尽有，而且数量很多。说明当时饮酒风气盛行，有定期的大型祭祀和娱乐活动。

③较为发达的畜牧业和狩猎经济。在一号祭祀坑的发掘中，在坑底发现一层骨渣，堆积厚60～80厘米。据推测是将动物用于祭祀"燔燎（烧柴祭天）"牺牲的结果。

还发现有较多的鹿牙和猪牙以及其他一些骨制品，虎、象、牛、猪、羊、鸟、鱼、蛙等陶塑、石雕及装饰图案，反映了当时饲养业是相当发达的。

（2）城市的出现

①遗址的东、西、南三面有城墙，北边以河为障。

②具有古都城的特点，中轴线上是宫殿区和祭祀区，两侧为居民区和作坊区。

③发现有大面积的房基遗迹，既有穿斗结构的大房子，亦有小房舍。

④房子的建筑方法是在房子的四周挖沟槽，沟槽中立木柱，在木柱间编缀木根、竹条，然后抹草拌泥而成"木骨泥墙"。

3. 贵贱贫富分化的现象

①服饰多样，反映不同的社会地位。从三星堆青铜大立人的服饰来看，最引人注目的则是青铜大立人像的龙纹长袍！其很可能是古蜀王国中最为华丽高贵的服装。这身华贵的左衽长袍分为外衣、中衣和内衣三层，其中层短、外层略长，里层最长，垂如燕尾。

外衣的右侧和背部主要装饰为阴刻的龙纹，左侧则饰有回字形纹饰和兽面纹。从袍尾良好的垂感可以看出，其很可能是质地优良的丝绸制品；从袍上有起有伏的各种纹饰来看，古蜀人至少在3000年前已经较为熟练地掌握了刺绣和织锦方面的技艺，这也为西周以后的蜀锦生产打下了良好的基础。立人像的中衣呈双袖右衽鸡心领，领口较大，比外衣略短，从半露的右袖和全露的左袖来看，装饰有较大面积的花纹，给人的感觉也应是刺绣而成。

青铜大立人像的龙纹长袍

但总的来看，立人像的服装纹饰和中原的风格略有不同，应当属于具有地域特色的巴蜀式绘绣工艺的体现。另外，立人像内衣也为鸡心领，加上外衣明显的燕尾形，令人不得不感叹古蜀人独具特色的审美心理，这不也顺应了当今服装界的时尚气息吗？除此以外，立人像饰有华丽的冠饰，威仪的法带，别致的足镯。其无论是制作形式，材料质地，图案纹饰，都显示这是古蜀王国中一种规格很高的礼仪服装，充分衬托出青铜大立人像雍容华贵的王者风范。

青铜大立人像的双手极为夸张，呈抱握状，代表的是国王兼巫师一类的人物，在下民眼中，他同时也是"神"，是集神、巫、王于一身的最具权威性的领袖人物，是神权与王权最高权力的象征。它是中国，也是世界迄今为止发现的同时代文物群中最早、最大、最奇特、最神秘、最为宏伟壮观的青铜立人雕像，被誉为"铜像之王"。

三星堆青铜大立人像的着装示意图

②从房屋规模、人像服饰以及各类雕像反映贫贱分化、社会权力和等级的出现。

③铜像大致可分为3类：仿真人的青铜人头像、青铜人面像、青铜人全身像，0.03 ~ 2.6米不等，或跪或被反缚，有的被"砍""伐"，有的衣冠楚楚，有的则赤脚或裸露上身。

④反映古蜀社会的4个等级："宗祖神""蚕丛"等图腾之神像，能"通天达地"的上层人物，"椎髻耕田"的奴隶，被"伐"殉葬"人牲"的代用品。

4. 高超的手工艺

（1）青铜铸造法

三星堆的青铜铸造法已十分成熟高明，分制作陶范—烧制定型—合范—熔化铜液—浇铸—修整加工6大工序。

（2）通天神树

"神树"构件多，对各个范模的设计非常精确，制造工艺相当复杂。说明当时青铜加工技术已达到很高的水平。

"通天神树"全是用青铜铸造，高达384厘米，最上端的部分已经缺失，估计全部高度在4米以上。神树分上、中、下3层，每层有3枝，共9枝；每枝朝不同方向弯成弓形，上面挂满了"果实"；上面有9个金乌神鸟，是古蜀人根据"十日传说"制造的一件青铜器。神树上还有一条龙，从树顶上蜿蜒而下，栩栩如生。"通天神树"结构复杂的造型、精美独特的工艺，可谓举世无双。

三、三星堆文化和古蜀文明

1.《蜀王本纪》和《华阳国志》的记载

蜀之先称王者有蚕丛、柏灌、鱼凫、开明。是时人萌（民）椎髻左衽，不晓文字，未有礼乐。

此三代各数百岁，皆神化不死，其民亦颇随王化去，鱼凫田于湔山，得仙，今庙祀之于湔。时蜀民稀少。

蜀王号曰望帝。治汶山下邑，曰郫化，民往往复出。

——《蜀王本纪》

蜀侯蚕丛，其目纵，始称王。

鱼凫王田于湔山，忽得仙道，蜀人思之，为立祠。

至黄帝，为其子昌意娶蜀山氏之女，生子高阳，是为帝颛顼；封其支庶于蜀，世为侯伯，历夏、商、周；武王伐纣，蜀与焉。

——《华阳国志·蜀志》

周武王伐纣，实得巴蜀之师，著乎《尚书》。巴师勇锐，歌舞以凌殷人。

——《华阳国志·巴志》

嫘祖为黄帝正妃，生二子……其二曰昌意，降居若水。昌意娶蜀山氏女，曰昌仆，生高阳。高阳有圣德焉。黄帝崩，葬桥山。其孙昌意之子高阳立，是为帝颛顼也。

——《史记·五帝本纪》

秦惠王欲伐蜀，乃刻五石牛，置金其后。蜀人见之，以为牛能大便金。牛下有养卒，以为此天牛也，能便金。蜀王以为然，即发卒千人，使五丁力士，拖牛成道，致三枚于成都。秦道得通，石牛之力也。后遣丞相张仪等随石牛道伐蜀焉。

——《蜀本纪》

2. 三星堆文化证实了古蜀文明

三星堆考古发现证实了古史记载的可靠性。

①蚕丛"其目纵"，纵目即眼球突出，青铜人头像有此特征。

②古蜀民"椎髻左衽"，此亦可以青铜人像为佐证。

③古蜀王蚕丛、柏灌、鱼凫、杜宇都与鱼、鸟有关。

④古蜀王蚕丛的都城"瞿上"就是三星堆，经历了蚕丛、柏灌、鱼凫诸朝，此后才迁至成都。

青铜人头像——蚕丛

3. 三星堆反映的古蜀社会

①古城规模较大，可与郑州商城相当。

②古城的中轴线上分布有两个祭祀坑、三星堆、月亮湾等台地。

③古城有防御的"城墙"和公共设施，是规格较高的王城。

④生活富裕、服饰华丽，酿酒技术发达。

4. 古蜀文明考古的最新成果

① 1995—1996 年，发现了四川新津宝墩古城、都江堰芒城、温江鱼凫城、崇州双河古城及郫县古城 5 座古城，称为"宝墩文化"。

②初步推断距今 4500~3700 年。

5. 三星堆文化的未解之谜

第一谜：三星堆文化来自何方？

第二谜：遗址居民的族属为何？

第三谜：古蜀国的政权及宗教如何？

第四谜：青铜文化是如何产生的？

第五谜：古蜀国是如何消亡的？

第六谜：祭祀坑的年代及性质为何？

第七谜：蜀文化的重大未解之谜——"巴蜀图语"。

第八谜：三星堆群像身份之谜。

①青铜大立人像是国王、巫师，还是"群巫之长"？

②青铜人像、人头像或人面像是"群巫集团"，还是各族首领或巫祝的形象？

第九谜：金杖和青铜树是否是神权的象征？

①金杖是源自西亚、埃及还是本土的文化？

夸父与日逐走……弃其杖，化为邓林。

——《山海经·海外北经》

②青铜树是图腾树、上天的天梯还是建木神树？

第十谜："祭祀坑"之谜。

①祭祀坑是否是避祸的窖藏？

②祭祀坑里的器物是否是蜀王的陪葬品？

③祭祀品是否是祭奠天地和先祖的？

④两坑位于祭祀区，祭祀的礼器、物品摆放有序。

第十一谜：大批海贝说明了什么？

①海贝是货币吗？

②海贝产于南海和印度洋吗？

③南方丝绸之路连接蜀、滇、南亚、中亚、东南亚地区吗？

第二节　失落的古蜀文明——金沙遗址

一、遗址年代与文明传承

金沙遗址，是世界文化遗产（预备名录），全国重点文物保护单位，国家 AAAA 级旅游景区，国家一级博物馆，国家考古遗址公园。

金沙遗址具有以下特点：

①大型祭祀活动场所。

②金沙遗址是世界上出土古代象牙最集中的遗址。

③金沙遗址是中国同时期出土金器最多的遗址。

④金沙遗址是中国同时期出土玉器最多的遗址。

⑤金沙遗址的石雕像群十分突出。

金沙遗址是 2001 年 2 月 8 日在一次基建施工过程中偶然发现的。现已发现的重要遗迹有大型建筑基址、祭祀活动场所、一般居址、大型墓地等。

金沙遗址馆图

金沙遗址是位于成都市城西苏坡乡金沙村的一处商周时代遗址，是前 12 世纪至前 7 世纪长江上游古代文明中心——古蜀王国的都邑。

遗址出土了世界上同一时期遗址中最为密集的象牙以及数量最为丰富的金器和玉

器。其中最负盛名的是太阳神鸟金箔，被确定为中国文化遗产标志和成都城市形象标识主图案。金沙遗址的发现，把成都城市的历史提前到了3000年前，由此被视为成都城市史的开端。

金沙遗址博物馆位于成都市城西，距市中心约5000米，是全国重点文物保护单位。金沙遗址博物馆2007年在金沙遗址原址建成开馆，展示了神秘的古蜀文化和独特的青铜文明。

金沙遗址博物馆

第14号遗迹

金沙文化和三星堆文化的文物有相似性，但是没有城墙，约等于三星堆文化的最后一期，代表了古蜀的一次政治中心转移。

经过对金沙遗址出土文物的综合研究，考古人员基本认为遗址年代大致在商代晚期至春秋早期（约前1200年—前650年），商代晚期至西周中期是它最繁盛的时期，这一时期的金沙应是古蜀国的都城所在地。

金沙遗址是我国先秦时期最重要的遗址之一，它与成都平原的史前古城址群、三星堆遗址、战国船棺墓葬共同构建了古蜀文明发展演进的4个不同阶段。已有的发现证明，成都平原是长江上游文明起源的中心，是华夏文明重要的有机组成部分。金沙遗址的发现极大地拓展了古蜀文化的内涵与外延，对蜀文化的起源、发展、衰亡的研究具有重大意义，特别是为破解三星堆文明突然消亡之谜找到了有力的证据。可以说再现了古代蜀国的辉煌，复活了一段失落的历史，揭示了一个沉睡了3000多年的古代文明。

1. 金沙的太阳神鸟

对于古蜀人来说，无论是三代蜀王时期的蚕丛氏、柏灌氏、鱼凫氏，还是之后的杜宇王朝和开明王朝时期的古蜀人，都把所能够理解并掌握的自然现象和自然规律，总结为科学知识，如天文历法知识等；而把不理解的自然现象归之于神秘的宗教崇拜和神话传说。因此，神话传说除去想象与夸张的外衣，也都具有其科学性。"民以食为天。"古蜀人一方面祭祀祈祷天神和日神保佑；一方面顺应天时，总结自然规律，利用自然规律科学地安排生产和生活。

特别是在农业发明以后，一方面，古蜀人对于自然的依赖更加严重。人们既靠地，希望土地能生长出好的作物；又靠天，希望能够风调雨顺。然而，靠"天"，"天"威不可测，风、云、雷、电肆虐，雨、雪、冰、霜侵袭，更要命的是有旱、涝之灾，于是饱受其苦的古人就有了"十日神话"和"大洪水传说"，也就有了治水的大禹、鳖灵和射日的后羿这样的英雄；靠"地"，"地"也不以人的意志为转移。所有的这些不可抗拒、不可理解的自然现象和自然灾难又几乎都是与"日"有关，而代表上天的"日、月、星辰"中，又以太阳最为突出。因此，"太阳"就成为各地先民崇拜的对象，祭"日"就成为必然。古蜀人尤为突出。以鸟为图腾的古蜀人在崇拜太阳的同时，很自然地把太阳和鸟联系在一起。

2. 太阳神鸟金箔

太阳神鸟金箔

【名称】太阳神鸟金箔、太阳神鸟金饰、四鸟绕日金饰。

【尺寸】外径 12.5 厘米、内径 5.29 厘米、厚度 0.02 厘米,重 20 克。

【年代】商后期(约前 1300—前 1046 年)。

【文物原属】2001 年 2 月 25 日出土于四川成都金沙遗址。

【文物现状】现藏四川省成都博物院金沙遗址博物馆。

【参展情况】2008 年北京奥运会期间,在首都博物馆"中国记忆——5000 年文明瑰宝展"中参展。2005 年 8 月 16 日"太阳神鸟"金饰图案被国家文物局公布为中国文化遗产标志。

整器呈圆形,器身极薄。图案采用镂空方式表现,分内外两层,内层为一圆圈,周围等距分布有十二条旋转的齿状光芒;外层图案围绕在内层图案周围,由四只相同的逆时针飞行的鸟组成。鸟头、爪较大,颈、腿长且粗,身体较小,翅膀短小,喙微下钩,短尾下垂,爪有三趾。四只鸟首足前后相接,朝同一方向飞行,与内层旋涡旋转方向相反。四只神鸟围绕着旋转的太阳飞翔,中心的太阳向四周喷射出十二道光芒,体现了远古人类对太阳及鸟的强烈崇拜,所以又被称为"四鸟绕日"。

整个图案似一幅现代剪纸作品,线条简练流畅,极富韵律,充满强烈的动感。此器构图凝练,是古蜀人丰富的哲学思想、宗教思想,非凡的艺术创造力与想象力及精湛工艺水平的完美结合,也是古蜀国黄金工艺辉煌成就的代表。

环绕太阳飞翔的四只神鸟,反映了先民们对美好生活的向往,体现了自由、美好、团结向上的寓意,圆形的围合也体现了保护的概念。十二道太阳光芒与四鸟的"十二"与"四"是中国文化经常使用的数字,诸如十二个月、十二生肖、四季、四方等,表达了先民们对自然规律的深刻认识!现在,成都很多地方均使用太阳神鸟的标志,如天府广场、宽窄巷子等,均体现了金沙遗址的文化内涵。

二、金沙遗址出土的器物

金沙遗址出土的器物有金器、玉器、象牙器、铜器、陶器和石器。

1. 金器

金沙遗址出土的 30 多件金器是该遗址出土文物中,最具独特风格和鲜明特色的。

这些金器主要包括金面具、金带、圆形金饰、蛙形金饰、喇叭形金饰等。除了金面具与三星堆青铜面具在造型风格上基本一致以外,其他各类金饰均为金沙遗址所独有,都是用金片、金箔锤打而成,种类非常丰富。

金面具为一种文化的载体,广泛存在于世界各地,成为一种纵贯古今的重要文化现象。不同地区不同时期出现的面具,其造型、功能也各不相同,在古蜀文化中,面具被赋予独特的内涵,是古蜀先民精神世界的折射。金沙遗址曾出土了两件 3000 年前的黄金面具。

金面具

2. 玉器

金沙遗址出土的玉器有400余件，有玉琮、玉璧、玉璋、玉戈、玉矛、玉斧、玉凿、玉斤、玉镯、玉环、玉牌形饰、玉挂饰、玉珠及玉料等。出土的玉器十分精美，数量极多的圭形玉凿和玉牌形饰颇具特色；大量玉璋雕刻细腻，纹饰丰富，有的纹饰上饰有朱砂，与良渚文化完全一致。

玉器

其中，出土的最大的一件十节玉琮，高22.2厘米，上宽6.9厘米，下宽6.3厘米。为青玉，质地温润，半透明，颜色为翡翠绿，从造型、纹饰及琢刻工艺上看，这件玉琮与金沙遗址出土的其他玉器有显著差别，该玉琮雕刻极其精细，琮表面有细若发丝的微刻花纹和一人形图案，堪称一绝。

十节玉琮

该玉琮为长方柱体，外方内圆，器上大下小，中间贯穿一孔，上下均出射。全器分为十节，每节都雕刻有简化的人面纹，由阴刻细密平行线纹的长方形横棱表示羽冠，用管钻琢出一大一小的两个圆圈，分别表示眼睛和眼珠。长方形的短横档上有形似卷云纹的几何形图案，表示嘴。在其上射部阴刻有一人形符号。内壁两头大，中间小，为双面钻孔而成。器内外打磨抛光，玉质平滑光润，制作十分规整。

与金器一起出土的玉器则更多留下了中原和长江下游良渚文化的痕迹。

良渚文化在距今5000多年前兴起于长江下游的太湖地区，延续了1000多年的历史，而金沙遗址繁盛3000年前长江上游的成都平原，这两个考古学文化不仅在距离上相隔了1000多千米，而且还跨越了1000多年的历史长河，那么，这件良渚文化的玉琮为何会出现在如此遥远的古蜀金沙遗址呢？这还有待考古学家们进一步研究。

3. 象牙器

金沙遗址出土的象牙器有40余件，仅有柱状形器一类。柱状形器的一端正中有1个圆点，周围有6个圆点，出土的象牙不计其数，总重量近1吨。在祭祀场所里，这些象牙是古蜀人奉献给天地神灵的重要祭品，有时是整根象牙极有规律地朝着一个方向摆放，有时象牙被切成饼状或圆柱状，有时是只取象牙的尖来祭祀。这些方式体现了一种强烈的宗教色彩，具有某种特定的宗教含义。

象牙器

4. 铜器

金沙遗址出土的铜器有400余件，基本上为小型铜器，主要有铜立人像、铜瑗、铜戈、戚形方孔铜璧、铜铃、铜挂饰、铜牌饰及铜礼器残片等，其中铜立人像的造型风格与三星堆的青铜立人像几乎完全一致。

铜器

5. 陶器

陶器有陶尖底盏、尖底杯、高柄豆、圈足罐等，从文物时代看，绝大部分约当殷墟晚期和西周早期，少部分为春秋时期。还出土有木耜、木雕彩绘神人头像。

陶器

6. 石器

金沙遗址出土的石器有 170 件，有石璋、石矛、石斧、石跪坐人像、石虎、石龟、石蛇等；石跪坐人像头顶方形冠饰，两侧上翘，长辫及腰，口部涂砂，双手背后交叉做捆绑状，其造型与成都市方池街遗址出土的石跪人像基本相同；石虎做卧伏状，造型生动，耳部和嘴部涂砂；石蛇的造型更是多样。

石跪坐人像

关于金沙跪立神像之谜，有关专家们首先对石像的一丝不挂展开了研究。根据流传的神话或传说，古人只有在与神交流的时候才可能一丝不挂。因为在古人眼中，神灵是至高无上的，只有裸体面对神灵才是完全的崇敬。

三星堆遗址中出土的人像也有裸体的，这是一个长相端庄的古蜀女人［见三星堆遗址中的"青铜喇叭座顶尊跪坐人像"（K2③：48）］，上身赤裸，头上顶着一只庞大的尊。她被认为是一位专门为神灵服务的女人，并且也是跪着的，很容易与金沙遗址的石像联系起来。于是，考古学家推测，金沙石像可能与三星堆女人像一样，都是奉献给神灵的。

接下来的问题又来了，既然要奉献给神灵，为什么要捆绑住身体呢？考古学家又进行了种种的推测。一种说法认为这些石像是金沙古国在战争中俘获的战俘，所以才被金沙人捆绑起来，扒光衣服。这些从石像的表情上也有所体现，大多痛苦不安，甚至诚惶诚恐。所以，金沙人雕刻这些石像也许是为了炫耀战争的胜利，这些石像被当作战利品到处巡展。

还有学者认为，这些石像是古蜀人祈雨的巫师。

三、金沙遗址的意义

1. 古蜀文化与良渚文化的关系

良渚文化分布的中心地区在太湖流域，而遗址分布最密集的地区则在太湖流域的东北部、东部和东南部。1936 年在浙江杭县（今属余杭区）发现的良渚遗址，实际上是余杭县的良渚、瓶窑、安溪三镇之间许多遗址的总称。1959 年，依照考古惯例按发现地点良渚命名，是为良渚文化。

良渚文化存续期间为前 5300~4200 年，属于新石器时代，该文化遗址最大特色是所出土的玉器。挖掘自墓葬中的玉器包含璧、琮、钺、璜、冠形器、三叉形玉器、玉镯、玉管、玉珠、玉坠、柱形玉器、锥形玉器、玉带及环等；另外，陶器也相当细致。

小玉鸟

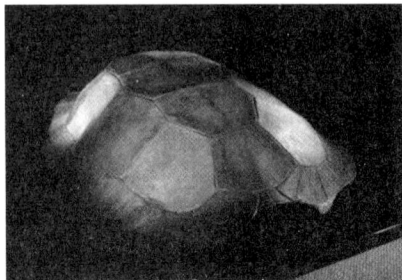

卜甲

金沙遗址出土的玉戈、玉钺等礼器明显与中原同时代文物一致，这说明金沙文化与中原文化有着深刻的内在联系。同时，金沙遗址出土的玉琮、玉璋并不是此地土生土长的，它们是通过长江这条自古以来的黄金水道自下而上运输至此的。金沙文化与中原及长江下游的频繁交流充分说明了此时的古蜀文化不是孤立的，而是中国古代文明的一个重要组成部分。这也再次证明了中华古文明的多元一体论，各区域的文化都是彼此作用和相互影响的。

良渚文化的器物通过长江传到蜀地，证明成都当时对外交往和贸易已非常频繁，也说明古蜀国并非古人所说的"蜀道之难，难于上青天"。同时也证明，当时蜀地也不是如文献记载的"不晓文字，不知礼乐"的蛮荒之地，而是已具有非常发达的青铜文化。

能够证明金沙遗址具有较高文明程度的还不仅于此。已清理出土的 1 吨左右的象牙，一部分产于古蜀国的南部，还有很大一部分来源于相邻的云南、贵州等地。这部分象牙很可能是西南少数民族进贡给这里的王公贵族的，这也说明了金沙当时已成为西南地区最重要的政治、经济、文化中心。

2. 金沙遗址出土文物的意义

金沙遗址的出土文物，很多都是有特殊用途的礼器，应为当时成都平原最高统治阶层的遗物。这些遗物在风格上既与三星堆文物相似，也存在某种差异，表明该遗址与三星堆有着较为密切的渊源关系。金沙遗址的性质，目前推测有可能属于祭祀遗迹，但由于出土了大量玉、石器半成品和原料，不排除存在作坊遗迹的可能。

不过，从出土的大量珍贵文物和周围的大型建筑、重要遗存来看，蜀风花园所在区域很可能是商末至西周时期成都地区的政治、文化中心。遗址出土的玉戈、玉瑗表明，金沙文化不是孤立的，它与黄河流域文化和长江下游的良渚文化有深刻的内在联系，再次证明了中华文化的多元一体。

金沙遗址 1 号坑象牙堆积

3. 金沙遗址发现的意义

（1）金沙遗址是研究古蜀文明的一块基石

金沙遗址对研究古蜀文化的起源、发展、衰亡和我国西南地区先秦时期历史具有十分重要的意义。金沙遗址与成都平原的史前古城址群、三星堆遗址、战国船棺墓葬共同构建了古蜀文明发展演进的 4 个不同阶段，这一发展演进历程，为华夏文明多元一体学说提供了考古学实证，是周边方国文明融入华夏文明的典型范例。

（2）金沙遗址为研究古蜀文明与外文化交流提供了珍贵资料

金沙遗址出土的文物包含大量反映古蜀文化与其他区域文化密切联系的信息。其中，中原文化的影响占主导地位，长江中下游地区文化的影响居次要地位；同时，金沙遗址也受西南地区和东南亚地区的古文化的深刻影响。

（3）金沙遗址是研究古蜀国都邑形态的重要遗址

金沙遗址是商代晚期至西周时期古蜀国在成都平原兴起的一个政治、经济、文化中心聚落，对于研究商周时期都邑遗址的布局结构和功能分区具有重要意义。位于成都市区西北部的金沙遗址的发现，将成都建城史推进到前 1000 多年前，成为研究成都城市史的重要实物资料。

（4）金沙遗址出土的玉器是研究商周时期玉文化的重要资料

金沙遗址出土的玉器种类极为丰富，玉器中有成品、半成品和玉料，玉器上保留了大量的玉器制作痕迹，为研究古代玉器的制作工艺、流程，探讨商周时期的玉器文化提供了珍贵的实物资料。

金沙遗址丰富的文化遗存表明，它不仅是一个地下文物宝库，而且是长江上游地区古代文明的杰出代表，是华夏文明的重要组成部分。金沙遗址对研究中华文明的起源、历史进程及早期国家的宗教意识形态具有重要价值。金沙遗址以其重要的历史、文化、科学和艺术价值，成为华夏文明中辉煌灿烂的一页，受到人类的重视和保护。

第三节　九天开出一成都——都江堰

一、都江堰水利工程

都江堰水利工程位于四川省都江堰市城西，是全世界迄今为止，年代最久、唯一留存、以无坝引水为特征的宏大水利工程。它以灌溉为主，兼有防洪、航运等作用。该工程建于公元前 256 年秦昭襄王时期，已有 2000 多年的历史了。

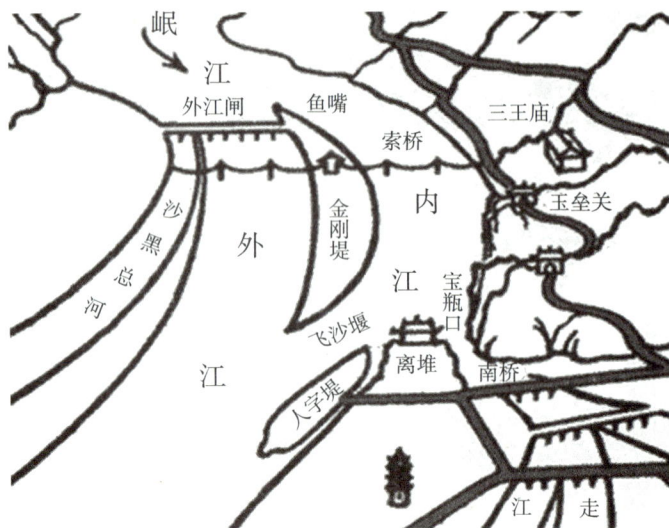

都江堰水利工程枢纽示意图

2000 年 11 月，青城山、都江堰被联合国教科文组织遗产委员会列入《世界遗产名录》。

都江堰在我国水利建筑史上有以下明显特点：

①采取无坝引水方式，实现了排、灌两便，在中国乃至世界水利建设史上都是独具特色的。

②灌区面积 2000 多年来有增无减，在中国古代水利建设史上是绝无仅有的。

③较好地解决了排沙保堰难题。

④水利工程已经初步形成了制度化的工程管理维修机制。

二、都江堰水利工程枢纽区河势及水文站位置

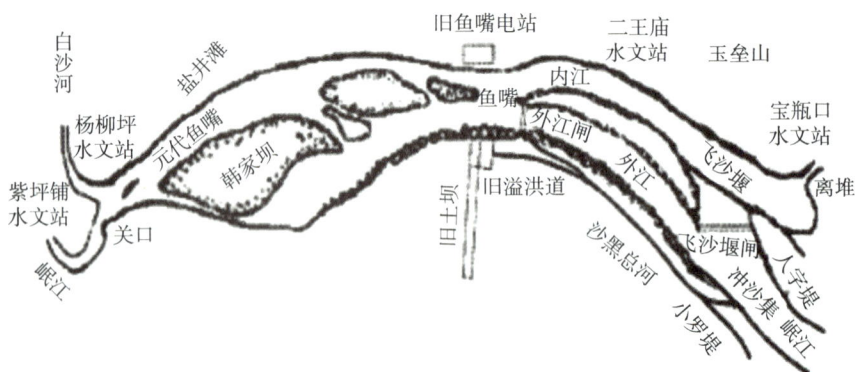

都江堰水利工程枢纽区河势及水文站位置示意图

三、都江堰三大主体工程

鱼嘴、飞沙堰、宝瓶口是都江堰渠首的 3 大主体工程，在一般人看来可能会觉得平平常常、简简单单，殊不知其中蕴藏着极其巨大的科学价值，它内含的系统工程学、流体力学等，在今天仍然处在科技的前沿，受到普遍推崇和运用，然而这些科学原理，早在 2000 多年前的都江堰水利工程中就已经被运用于实践中了。这是中华古代文明的象征，也是我们炎黄子孙的骄傲。

1. 鱼嘴分水堤

鱼嘴是都江堰的分水工程，因其形如鱼嘴而得名。它昂头于岷江江心，把岷江分成内、外二江。

鱼嘴分水堤

西边叫外江，俗称"金马河"，是岷江正流，主要用于排洪；东边沿山脚的叫内江，是人工引水渠道，主要用于灌溉。

（1）"分四六，平潦旱"

"分四六，平潦旱"是指鱼嘴天然调节分流比例的功能。

春天，岷江水流量小，灌区正值春耕，需要灌溉，这时岷江主流直入内江，水量约占六成，外江约占四成，以保证灌溉用水；洪水季节，二者比例又自动颠倒过来，内江四成，外江六成，使灌区不受水潦灾害。

（2）鱼嘴究竟是怎么形成的

李冰筑坝的地方并不在今天鱼嘴的位置，而是在其上游 1000 米处的韩家坝沙洲。当年的李冰并没有像今天这样顺水筑坝分流，而是用装满石头的竹笼阻塞水流，在岷江右侧筑起横坝，与江心天然沙洲相连，这样逼水东流进入宝瓶口。这也就是《益州记》中所说的"江至都安，堰其右，检其左，其正流遂东"。

910 年，岷江发了特大洪水，大坝全部倾倒，向下游移动了数百丈。江水携带大量沙石沿江向下游移动达 1000 米，砂石在今天的渠首位置形成沉积，最终形成了今天的鱼嘴。

（3）鱼嘴的位置

历史上"鱼嘴"的位置变化极大，上自白沙河口（1355年），下至人字堤头（1786年）。1910年所绘的鱼嘴图已大致在现在的位置，1933年在地震中被洪水全部冲毁，1935年重修时，从内江往外江移动了10米。1973年底修外江闸并加固鱼嘴时，其位置未动，只是向内江一侧加宽10米，但高度和长度有所增加。2002年维修加固时，鱼嘴上部又加高了0.15米。

在流量小、用水紧张时，为了不让外江40%的流量白白浪费，采用杩槎截流的办法，把外江水截入内江，使内江灌区春耕用水更加可靠。1974年，在鱼嘴西岸的外江河口建成一座钢筋混凝土结构的电动制闸，代替过去临时杩槎工程，使截流排洪更加灵活可靠。

2.飞沙堰溢洪道

飞沙堰位于鱼嘴分水堤和宝瓶口的连接部位，是一座堰顶高出河床仅2米的低堰。当内江水量过大时，洪水会翻越飞沙堰，自动进入溢洪道，由外江排走。另外，根据弯道环流原理，江水中的泥沙将被冲往凸岸，越过飞沙堰进入外江，飞沙堰的名称也正是由此而来。

飞沙堰溢洪道

（1）都江堰分沙经验

熊达成先生研究都江堰后总结了以下8个经验。

分水分沙，壅水沉沙。

泄流排沙，扎水淘沙。

束水攻沙，行水输沙。

输水均沙，御水堆沙。

（2）三次排沙

①第一次排沙。在渠首分流处，由于内江处在凹岸，外江处在凸岸，根据这种弯道的水流规律，表层水流向凹岸，底层水流向凸岸，因此随着洪水冲下来的沙石，大部分便随底层水被冲到了外江，小部分则流到内江，实现了第一次排沙。这就叫作"凹岸引水，凸岸排沙"。

②第二次排沙。利用内江北岸伸向江心的"虎头岩"的"支水向南"的作用，把流到内江的泥沙逼向位于分水堤尾部的飞沙堰排走，实现第二次排沙，叫作"正面引水，侧面排沙"。

③第三次排沙。江水中还有的部分泥沙就利用离堆对江水的顶托和宝瓶口的束水作用，形成横向漩流，将泥沙回旋到飞沙堰排走，实现第三次排沙。

远处是外江，近处是内江，夏季涨水时，内江水漫过堤坝，通过飞沙堰将多余的江水排到外江。其还有排淤的功能。20世纪80年代还未修建水闸，完全靠飞沙堰实现调水的功能。

飞沙堰

（3）飞沙堰选址

飞沙堰既位于虎头岩对岸的下方，又离宝瓶口不远。虎头岩是一座突出的岩体，可以将内江洪水和水中泥沙疏导至飞沙堰，排到外江。宝瓶口有很好的控水作用，即便内江的流量每秒高达3000立方米，宝瓶口的进水量也在700立方米左右。这样，洪水就在宝瓶口外形成回流，使大量的水、沙翻过飞沙堰，排往外江。

飞沙堰工业引水拦水闸

3. 宝瓶口进水口

宝瓶口是玉垒山在伸向岷江的长脊上凿开的一个口子，是人工凿成的控制内江进水的咽喉。留在宝瓶口右边的山丘，因与其山体相离，故名离堆。宝瓶口宽度和底高都有极严格的控制，古人在岩壁上刻了几十条分画，取名"水则"，这是我国最早的水位标尺。

宝瓶口进水口

在都江堰创建初期，正处于青铜与铁器并用时代，当时火药尚未发明，要在坚硬的角砾岩山体中开凿一个宽10多米，深20多米的取水口，实在是一项相当艰巨的工程。

根据常璩在《华阳国志》中记载的李冰修僰道（今四川宜宾）时"其崖崭峻不可凿，乃积薪烧之"推想，宝瓶口的开凿也可能采用了烧石开山的古法。其法乃在岩体上架柴灼烧使之炽热，然后浇水或醋使之淬裂，再以铁制工具凿去一层，如此逐层烧凿，反复进行，乃不愁宝瓶口开凿不成。

四、都江堰其他附属设施

1. 百丈堤

百丈堤，位于岷江左岸，上起观音岩，下至内江河口上游，因长百丈而得名。百丈堤是用竹笼装卵石筑成，其作用是使鱼嘴上游岷江左边的凹岸变成直岸，使江水顺流，以利鱼嘴分水和排沙。洪水期，使主流指向外江，减轻洪水对鱼嘴的冲力；枯水期，使主流指向内江，使内江取水量得到保证。

2. 金刚堤

金刚堤，上起鱼嘴，下至飞沙堰，靠内江的一侧叫"内金刚堤"，靠外江的一侧叫"外金刚堤"。《水经注》已有"金堤"之称，说明金刚堤的历史相当悠久。其作用是保护鱼嘴，保证内、外江分流。

金刚堤

3. 平水槽

平水槽位于分水鱼嘴和飞沙堰之间，是内江的头道旁侧溢流堰。其作用一方面是溢洪，另一方面是使内江中段保持一个较低的水位，这个水位与"鱼嘴"水位之间的落差又产生较高的流速，对飞沙堰排沙有利。

4. 人字堤

人字堤位于飞沙堰与离堆间，因堤形如"人"字而得名。其作用是护岸兼溢流，是内江的第三道旁侧溢洪道，与宝瓶口、离堆和飞沙堰配合运行，控制内江的洪水量。

五、都江堰运行情况判断标准——水则

《华阳国志·蜀志》记载："于玉女房下白沙邮作三石人，立于水中，水竭不至足，盛不没肩。"就是说，水位在石人脚，灌溉不足，灌区会受旱；水位达到石人肩，进入内江水过多，灌区会受淹。

宋代，把水则直接刻到宝瓶口旁边。《宋史·河渠志》记载："记堆之趾，旧续石为水则，则盈一尺，至十而止。水及六则，流始足用，过则从侍郎堰（飞沙堰）减水河泄而归于江。岁作侍郎堰，必以竹为绳，自北引而南，准水则第四以为高下之度。"

元代水则刻于斗犀台下崖壁上，共 11 画。《元史·河渠志》称："水及其九，其民喜，过则忧，没其则则困。"

现今水则设于宝瓶口左岸壁上，共 24 画。春耕用水，20 世纪 50 年代以前要求水位到 13 画；60 年代以后灌溉面积扩大，要求水位到 14 画。汛期警戒水位为 16 画，这时就须采取防洪措施。

1974 年 3 月修建外江闸时，在外金刚堤之西、安澜索桥之南的外江河床中发掘出的一个石人，高 2.9 米，石像上刻有铭文：故蜀郡李府君讳冰，建宁元年闰月戊申朔廿五日都水掾尹龙长陈壹造三神石人珍水万世焉。

岷江河中出土的石人

六、都江堰的管理维护

都江堰的管理维护主要体现在以下 3 方面：

①非常重视都江堰的维护管理，设有专职的管理机构和官员。

②建立了一套独特的农户参与的岁修制度。

③维修管理费用低廉，筑堰原料就地取材，有利于自然资源保护。

1. 岁修制度

都江堰渠首的分水鱼嘴、飞沙堰虽然将大部分泥沙运输到外江下游去，但仍有一部分沉积在内、外江及渠道中，无法达到自然的冲淤平衡，需要采用人工清淤的办法来保持平衡，特别是内江河床凤栖窝一带的淤积，如果不清除，来年春灌就引不到足够的流量。因此，每年枯水季节（当年 1 月至次年 4 月），采用竹笼、杩槎依次切断内、外江水流，进行筑堰、淘淤，整修内外江河道、堤岸，称为"岁修"。

2. 岁修标准

岁修标准——深淘滩，低作堰；水画符，铁桩见。

清中叶的何焕然所作的《深淘滩低作堰论》一文说："蜀守李冰，轸念民依，审度地势，以为欲治水当作堰，欲作堰必淘滩，盖堰不作，则水无所受，而泛滥无归；作堰而不淘滩，则水不畅，而冲决无已，故惟堰作而后水可治，惟滩淘而后堰可作，惟滩深淘而后堰可低作也。"

①"深淘滩"是指飞沙堰一段、内江一段河道要深淘。深淘的标准是古人在河底深处预埋的卧铁，岁修淘滩要淘到卧铁为止，才算恰到好处，才能保证灌区用水。

②"低作堰"就是说飞沙堰要有一定高度，但不宜筑得太高，以免影响飞沙堰的排洪和排沙效果；要低到能满足内江灌溉水位的要求。

③卧铁。

卧铁

3. 就地取材，维修费用低廉

都江堰岁修中，采用杩槎截江断流，采用笼石砌堰，工程所需原料实行就地取材。

（1）杩槎

杩槎是用长三四米、直径十几厘米的圆木3根，以篾索捆绑而成。杩槎推置江中，使槎脚开张如鼎足形，据需要数洞连成一线（杩槎单位，一座俗称为一洞）。杩槎腰间横作木架，木架上用石笼镇之，使其深固不摇。杩槎迎水一面，自腰以下，用木条纵横遮拦，外复以疏密两层蔑笆障水，然后搬运黏土，沿槎脚筑成一条小路宽的简易拦水堰，实现断江截流。

杩槎

（2）笼石

笼石（又称"篓石"）是把竹子剖成三四指宽的竹篾，编成竹笼，长度从1米到10米不等。砌堰时根据设计要求摆放好竹笼（可平放，亦可竖放），内实以卵石，层层堆垛而成。

笼石

采用杩槎和竹笼的好处：

①就地取材，节省资源与费用。

②技术简单，如搭积木，人人皆可操作。

③竹笼工程多为半透水结构，受水压力容易分散，故能避免大的破坏，即使遭到一定破坏，也易于修复。

七、都江堰的可持续发展

古代的都江堰，内、外两江灌溉总面积为 300 余万亩（古代每亩合今亩五分二厘，相当于今亩 156 万余亩，即 10 万多公顷），至中华人民共和国成立前，灌溉面积为 200 余万亩（今亩，合 13 万多公顷），比古代略有发展。中华人民共和国成立以后，经过大力整治扩建，现灌溉面积已扩大到近 70 万公顷，同时都江堰引水还保证了成都平原的工业发展用水和数千万人民的生活用水。经过几十年的建设和发展，现在的都江堰除了灌溉农田之外，还担负着灌区内城镇供水、防洪、发电、水产、种植、旅游、生态、环保等多目标综合服务。

1. 生态与水利的和谐发展

> 因高卑之宜，驱自行之势以尽水利而富国饶人，自古有焉；若夫西门起邺，郑国行秦，李冰在蜀，信臣治穰，皆此道也。

——东汉蔡邕《京兆樊惠渠颂》

（1）杨柳湖水库

美国前总统罗斯福在参观完科罗拉多大峡谷后说过一段话：

> 我请求你们为了自己也为了国家利益，为它做一件事情——让这件大自然的瑰宝保持它现在的模样……岁月已经和正在雕琢它，而人类只会损坏它。你们所能做的只有把它保存下来，为了你们的孩子，孩子的孩子，要让所有有幸目睹它的美国人都能看到同样的壮丽风景。

《杨柳湖水库坝址选比论证报告》显示，拟建的杨柳湖水库大坝高 23 米、长 1200 米，位于都江堰市城西 1.5 ～ 2.5 千米的岷江干流，库容为 680 万立方米，水库距成都市 60 千米，控制岷江流域面积 23037 平方千米。它是岷江下游的最后一个梯级，拟定坝址距离都江堰鱼嘴 1310 米，位于都江堰核心保护区外、缓冲区内，距核心保护区 350 米。

（2）相关意见

《杨柳湖水库坝址选比论证报告》显示，紫坪铺如果没有杨柳湖水库的反调节，将无法发挥灌溉、防洪、发电的综合效益，每年将亏损近 5000 万元。

在紫坪铺和都江堰之间建一个反调节水库，可以缓解紫坪铺泄洪时对鱼嘴的冲击。但是，在仅距都江堰核心保护区 350 米的地方修建大坝，对都江堰的破坏将是致命的。"无坝引水是都江堰整个工程的灵魂，在其上游修建大坝拦水，无疑破坏了都江堰无坝引水功能，也将使其失去原有的江河输予机制，这实际上是把都江堰的灵魂给抽走了，结果都江堰就只能变成一座死文物、一个模型了。"

2. 岷江上游水量减少

据有关资料显示，自 20 世纪后半期以来，岷江上游生态环境呈不断恶化趋势。森林被大片砍伐，植被遭到严重破坏，岷江沿岸水土流失严重，甚至不时有大规模山体滑坡入河的报道，岷江来水量有逐年下降的趋势。20世纪50年代，岷江来水量为年均15615亿立方米，70—80年代减少到年均14216亿立方米，90年代减少为年均13218亿立方米，而水中沙石含量却有逐年上升的趋势，岷江已经不是一条生态安全系数很高的河流。如果听任这种情况发展下去，一旦上游的松土沙石被特大洪水裹挟至都江堰，超过飞沙堰的"飞沙"能力，在都江堰造成大量堆积，导致河道淤塞，其对成都平原构成的威胁将是灾难性的。

应对措施：

对都江堰流域的治理，开源和节水仍是主要途径，应保护天然植被，实行退耕还林（草）工程，重建岷江上游，建造大型蓄水工程，节约用水，提高水资源利用率，严格控制工农业污染。

此外，为了满足工业、生活和环保用水大幅度增加的需要，必须进行水资源开发的研究。目前的设想主要有：合理利用地下水资源，人工降雨，协调利用临近沱江等流域的水资源。

3. 都江堰学、都江堰文化

（1）天人合一，以水治水

何谓"以水治水"，东汉文学家蔡邕在所撰的《京兆樊惠渠颂》中说："明哲君子，创业农事，因高卑之宜，驱自行之势，以尽水利而富国饶人，自古有焉；若夫西门起邺，郑国行秦，李冰在蜀，信臣治穰，皆此道也。"

这里所说的"因高卑之宜，驱自行之势，以尽水利而富国饶人"讲的就是"以水治水"，即根据水往低处流的习性，利用水自身的能量，达到避害兴利的治水目的。

（2）都江堰社会发展的辩证关系

水运系乎国运，水运也催兴国运。社会的稳定和发展促进了对都江堰的保护与发展；都江堰的完善和发展，又为社会的稳定和发展提供了保障，这是历史的辩证法。都江堰经久不衰的奥秘之一，就在于它能够依据这一历史法则，在不断地适应社会变革与发展中，与时俱进地发展自己。

第四节　锦官城外柏森森——武侯祠

一、成都武侯祠

武侯祠（汉昭烈庙），全国重点文物保护单位，国家AAAA级旅游景区，国家一级博物馆。

武侯祠位于四川省成都市武侯区，肇始于223年修建刘备惠陵时，它是中国唯一的一座君臣合祀祠庙和最负盛名的诸葛亮、刘备及蜀汉英雄纪念地，也是全国影响最大的三国遗迹博物馆。1961年国务院公布其为首批全国重点文物保护单位，2008年被评选为首批国家一级博物馆。

成都武侯祠现占地15万平方米，由三国历史遗迹区（文物区）、西区（三国文化体验区）以及锦里民俗区（锦里）三部分组成，享有"三国圣地"的美誉。

武侯祠

二、历史概况

武侯祠是纪念中国三国时期蜀汉丞相诸葛亮的祠堂。234 年
10 月，诸葛亮因积劳成疾，病卒于北伐前线的五丈原（今陕西省
宝鸡市岐山县城南约 20 千米），时年 54 岁。诸葛亮为蜀汉丞相，
生前曾被封为"武乡侯"，死后又被蜀汉后主刘禅追谥为"忠武
侯"，因此历史上尊称其祠庙为"武侯祠"。诸葛亮作为中国人民
智慧的化身，受到万世的崇敬。从"武侯祠"这一称谓，可以深
深领略其中历史文化积淀的况味。全国最早的武侯祠在陕西省汉
中的勉县，但目前最有影响的是成都武侯祠。

武侯祠——诸葛亮像

三、文物价值

223 年始，修建刘备陵寝。

明朝初年重建时，将武侯祠并入"汉昭烈庙"，形成现存武侯祠君臣合庙。现存祠
庙的主体建筑于康熙十一年（1672 年）重建。

1961 年，公布为全国重点文物保护单位。

1984 年，成立博物馆。

2008 年，被评为首批国家一级博物馆。

四、景点介绍

据《三国志》的记载，刘备于 223 年病故于白帝城之后，灵柩被运回成都，下葬于
此，史称惠陵。而按照汉制，有陵必有庙，所以在同时期，就有了汉昭烈庙。大约在南
北朝时期，成都武侯祠与惠陵、汉昭烈庙合并一处。

武侯祠本是刘备墓、祭祀刘备的汉昭烈庙和诸葛武乡侯祠的合祀之地，但人们都
用"武侯祠"这个名称来代称这几处遗迹。从武侯祠出发，沿着当年刘备入蜀的路线，
可以陆续拜谒大邑子龙庙、德阳庞统祠、绵竹诸葛祠、绵阳富乐山和蒋琬墓、昭化费祎
庙和剑阁翠云廊，北出汉中可到勉县定军山诸葛墓和武侯祠。一路上我们尽可以领略历
史淘尽千古英雄，是非成败转头空，铁马金戈变为渔樵江渚的沧桑变化，从中受到深深的
启迪和教益。

三国蜀汉文化的中心遗迹是成都武侯祠。其主要代表景点如下。

1. 南郊公园

原成都市南郊公园合并为武侯祠园林区。南郊公园原系民国时期四川省主席、抗战

时期第七战区司令长官刘湘的墓园。始建于 1938—1942 年，400 米的中轴线纵贯南北，石牌坊大门、三洞门、四方亭、荐馨堂、墓室等，是西南地区唯一一座北方陵园建筑群。在武侯祠的发展规划中，西区将打造成三国文化的传播体验中心。

1953 年经修整辟为公园，依次建有浮雕式石牌坊大门、旌忠门、碑亭、荐馨堂、刘湘墓等。武侯祠东侧的锦里由武侯祠博物馆恢复修建，锦里为清末民初建筑风格的古街。南郊公园依托武侯祠，扩展了三国文化的外延，并融入川西民风、民俗，集吃、住、行、游、购、娱于一体，成为成都文化旅游的新亮点。

2. 锦里古街

现紧邻武侯祠的锦里古街由成都武侯祠博物馆斥资复建，为"全国文化产业示范基地"。锦里作为武侯祠博物馆（三国历史遗迹区、锦里民俗区、西区）的一部分，占地 30000 余平方米，建筑面积 14000 余平方米，街道全长 550 米。建筑以清末民初四川民居风格为基础，内容以三国文化和四川传统民俗文化为内涵。锦里于 2004 年 10 月正式对外开放，其延伸段于 2009 年 1 月开肆。锦里延伸段大胆将活水引入循环，形成"水岸锦里"的新景观。"拜武侯，泡锦里"已成为成都旅游最具号召力的响亮口号之一。

传说锦里曾是西蜀历史上最古老、最具有商业气息的街道之一，早在秦汉、三国时期便闻名全国。今天的锦里依托成都武侯祠，以秦汉、三国精神为灵魂，以明、清风貌做外表，以川西民风、民俗为内容，扩大了三国文化的外延。在这条街上，浓缩了成都生活的精华——有茶楼、客栈、酒楼、酒吧、戏台、风味小吃、工艺品、土特产，充分展现了四川民风民俗的独特魅力。

3. 祠堂正门

大门内浓荫丛中，矗立着六通石碑，两侧各有一碑廊，其中最大的一通在东侧碑廊内，即唐代"蜀汉丞相诸葛武侯祠堂碑"，于唐宪宗元和四年（809 年）立，有很高的文物价值，为国家一级文物。文章、书法、刻技俱精。唐朝著名宰相裴度撰碑文，书法家柳公绰（柳公权之兄）书写，名匠鲁建刻字，都出自名家，因此被后世称为"三绝碑"。碑文对诸葛亮的一生做了重点褒评，竭力赞颂诸葛亮的高风亮节，文治武功，并以此激励唐代的执政者。碑文特别褒奖诸葛亮的法治思想。当年马谡因失街亭被诸葛亮依法处斩。临刑，马谡哭着表示自己死而无怨。李严与廖立，两人都是被诸葛亮削职流放的罪人，但他们也自甘服罪。当他们得知诸葛亮病逝，"闻之痛之，或泣或绝"。这些均属史实，裴度据史褒评，令人信服。碑文通篇词句甚切，文笔酣畅，使人百读不厌。

4. 刘备殿

入武侯祠正门，即可见到气势恢宏的昭烈庙。汉昭烈庙为单檐歇山式建筑。正中有刘备贴金塑像，高 3 米，仪容丰满庄重，耳大垂肩。左侧陪祀的是他的孙子北地王刘谌像。刘备像侧原有其子蜀汉后主刘禅像，因刘禅昏庸无能，不能守基业，丧权辱国，宋真宗时被四川地方官撤除，后来就没有再塑（在蜀汉后主刘禅降魏时，其子刘谌到刘备墓前哭拜，杀掉家人后自杀身亡）。两侧偏殿，东有关羽父子和周仓塑像，西有张飞祖孙三代塑像，表现了关、张两人的不同外貌和不同性格，又反映了他俩武艺超群、勇猛过人的共同特征。两侧东、西廊房分别塑有蜀汉文臣、武将坐像各 14 尊。东侧文臣廊房以庞统为首，西侧武将廊房以赵云领衔。每个塑像如真人大小，像前立有一通小石碑，刊其姓名、生平，便于游人了解。这些塑像个个气宇轩昂，形神兼备，反映了我国清代民间艺人的高超泥塑技艺。汉昭烈庙正殿西壁挂有据说是岳飞所书的《出师表》木刻，东壁为现代书法家沈尹默所书的《隆中对》木刻。

刘备殿

5. 惠陵

诸葛亮殿西侧是刘备墓，史称"惠陵"。由诸葛亮亲选宝地，葬刘备于此。《三国志·先主传》记载："八月，葬惠陵。"据《谥法》，"爱民好与，曰'惠'"，故名刘备墓"惠陵"。陵墓中还合葬有刘备的甘、吴两位夫人。刘备墓前有清乾隆年间所立"汉昭烈皇帝之陵"石碑，陵墓建筑由照壁、栅栏门、神道、寝殿等组成。陵前规模较小的神道为清代所建。惠陵与武侯祠的主要建筑一样，亦为坐北朝南，紧邻汉昭烈庙与武侯祠西侧，与武侯祠之间有红墙夹道相连。

成都武侯祠的字画、对联甚多，其中现代书法家沈尹默书写的《隆中对》最引人注目。武侯祠还有岳飞手书的诸葛亮《出师表》刻石（历来对此的真伪存有争议，有一种说法，此前、后两表实际上是明代士人白麟伪托岳飞之名所书）。

6. 诸葛亮殿

刘备殿后，下数节台阶（武侯祠低于汉昭烈庙，象征古代君臣关系），是一座过厅，挂有"武侯祠"匾额。诸葛亮殿悬"名垂宇宙"匾额，两侧为清人赵藩所撰"攻心"联，"能攻心则反侧自消，自古知兵非好战；不审势即宽严皆误，后来治蜀要深思"，是颇负盛名的一副对联，借对诸葛亮、蜀汉政权及刘璋政权的成败得失的分析总结，提醒后人在治蜀、治国时借鉴前人的经验教训，要特别注意"攻心"和"审势"。正殿中供奉着诸葛亮祖孙三代的塑像。殿内正中有诸葛亮头戴纶巾、手执羽扇的贴金塑像，像前的三面铜鼓，相传是诸葛亮带兵南征时制作，人称"诸葛鼓"。鼓上有精致的图案花纹，为珍贵的历史文物。大殿顶梁由乌木制成，上书诸葛亮写给儿子诸葛瞻的《诫子书》中句，"非淡泊无以明志，非宁静无以致远（不看轻世俗的名利就不能明确自己的志向，不是身心宁静就不能实现远大的理想）"。

7. 文武廊

蜀国的重要人物都有塑像。其中，刘备、诸葛亮、关羽和张飞，都有专殿，其余的重要文官与武将，则分别塑在文、武廊。东边是文官廊，西边是武将廊。

左右两廊各有文臣、武将 14 员，合计 28 员。东府文官廊以庞统为首，其次为简雍、吕凯、傅肜、费祎、董和、邓芝、陈震、蒋琬、董允、秦宓、杨洪、马良及程畿；西府武将廊则以赵云为首，依次为孙乾、张翼、马超、王平、姜维、黄忠、廖化、向宠、傅佥、马忠、张嶷、张南及冯习。

8. 三义庙

清康熙初年由四川提督郑蛟麟始建。乾隆四十九年（1784 年）因焚香引起大火被毁，乾隆五十二年（1787 年）重建，道光二十二年（1842 年）又全面修葺。现在所见建筑和匾联主要是道光年间的遗存。其建筑为混合结构，面积 569 平方米，四造五殿，规模宏大。后渐坍圮，仅存少量建筑尚完好，1981 年被公布为成都市级文物保护单位。1998年，因城建需要，三义庙由提督街迁建到武侯祠内。

三义庙

9. 三绝碑

三绝碑在武侯祠大门至二门之间的东侧碑亭中。碑高 367 厘米，宽 95 厘米，厚 25厘米，唐宪宗元和四年（809 年）刻建。由唐代宰相裴度撰文，书法家柳公绰书写，石工鲁建镌刻。裴文、柳书、鲁刻，三者俱佳，所以后世誉为"三绝碑"。一说三绝指诸葛亮的功绩、裴度的文章、柳公绰的书法。碑阳、碑阴、碑侧遍刻唐、宋、明、清时代的题诗、题名、跋语。

第五节　万里桥南宅——杜甫草堂

一、历史概况

成都杜甫草堂，是中国唐代大诗人杜甫流寓成都时的居所。759 年冬天，杜甫为避"安史之乱"，携家人由陇右（今甘肃省南部）入蜀到成都。次年春，在友人的帮助下，在成都西郊风景如画的浣花溪畔修建茅屋居住，称"成都草堂"，便是他诗中提到的"万里桥西宅，百花潭北庄"的成都草堂。

杜甫草堂

杜甫入川居住将近4年，因曾被授"检校工部员外郎"之衔，又被称作"杜工部"，留下诗作240余首，如《春夜喜雨》《蜀相》等名篇，其中《茅屋为秋风所破歌》更是千古绝唱。杜甫在成都寓居交游，赋诗题画，精彩之作层出不穷。其中，"两个黄鹂鸣翠柳，一行白鹭上青天。窗含西岭千秋雪，门泊东吴万里船"这首《绝句四首（其三）》生动形象地描绘出诗人在草堂所见的春色。

765年，友人严武病逝，失去唯一依靠的杜甫只得携家告别成都，两年后经三峡流落荆、湘等地。杜甫离开成都后，草堂便不存，五代前蜀时诗人韦庄寻得草堂遗址，重结茅屋，使之得以保存。杜甫草堂是经宋、元、明、清多次修复而成，其中最大的两次重修，是在明弘治十三年（1500年）和清嘉庆十六年（1811年），基本上奠定了杜甫草堂的规模和布局。1952年，杜甫草堂又经全面整修后，正式对外开放。1955年成立杜甫纪念馆，1961年被国务院公布为全国重点文物保护单位，1984年更名为杜甫草堂博物馆。

二、文物价值

杜甫草堂于1961年3月被国务院公布为第一批全国重点文物保护单位；1985年5月，杜甫草堂博物馆成立；2006年12月，被国家旅游局评为国家AAAA级旅游景区；2008年5月，被国家文物局评为首批国家一级博物馆。2008年6月30日，四川省首批国家一级博物馆授牌仪式在成都举行。成都杜甫草堂博物馆与成都武侯祠博物馆、广汉三星堆博物馆、自贡恐龙博物馆、广安邓小平故居陈列馆5家文博单位同获此殊荣。

成都杜甫草堂博物馆内珍藏有各类资料3万余册，文物2000余件，包括宋、元、明、清历代杜诗精刻本、影印本、手抄本以及近代的各种铅印本，还有15种文字的外译本和朝鲜、日本出版的汉刻本120多种，是有关杜甫平生创作馆藏最丰富、保存最好的地方。成都杜甫草堂因诗名扬天下，借诗圣而后世流芳。

三、景点介绍

杜甫草堂现被誉为中国文学史上的圣地。

杜甫草堂总面积有16公顷，其建筑为清代风格，园林是非常独特的"混合式"中国古典园林。草堂旧址内，照壁、正门、大廨、诗史堂、柴门、工部祠排列在一条中轴线上，两旁配以对称的回廊与其他附属建筑，其间有流水潆回，小桥勾连，竹树掩映，显得既庄严肃穆、古朴典雅又幽深静谧、秀丽清朗，令人遐想，已成为成都市的著名景观。1997 年 2 月，政府又拨出专款，借鉴川西民居的特点，重建了杜甫的茅屋。茅屋故居位于碑亭北面，占地 10000 平方米，建筑面积 240 平方米。主体建筑 5 开间，4 座配房，竹条夹墙，裹以黄泥，屋顶系茅草遮苫，再辅以竹篱、菜园、药圃，使整个建筑古朴中透露浓浓的文化色彩。游人漫步其中，既可发思古之幽情，又可享受悦目清心的乐趣。

成都杜甫草堂正门匾额的"草堂"二字是清代康熙皇帝第十七子果亲王爱新觉罗·允礼所书。诗史堂是杜甫草堂纪念性祠宇的中心建筑。诗史堂正中是雕塑家刘开渠所塑的杜甫像，堂内陈列有历代名人题写的楹联、匾额。工部祠内供奉有杜甫的画像，并有曾经寓居蜀地的诗人陆游、黄庭坚陪祀。工部祠东侧是"少陵草堂"碑亭，象征着杜甫的茅屋，"少陵"本为地名，汉宣帝墓称"杜陵"，宣帝皇后墓因规模小于帝陵而称"少陵"。杜甫曾在这里住过较长时间，在诗中曾自称"杜陵野老""少陵野客"，也就称其为"杜少陵"了。

工部祠后有 1997 年依据杜诗描写和明代格局，并借鉴川西民居的特点恢复重建的"茅屋景区"，重现了诗人故居的田园风貌，营造了浓厚的诗意氛围。杜甫草堂还有一处位于红墙夹道、修竹掩映的由碎瓷镶嵌、古雅别致的"草堂"影壁。在盆景园内有 1999 年建成的"杜诗书法木刻廊"，陈列着百余件杜诗书法木刻作品，是从馆藏数千件历代名人手书杜诗真迹中挑选出、用楠木镌刻而成的，颇具观赏价值，其诗歌、书法、用材、工艺有"四绝"之称。2005 年重建的万佛楼，矗立于草堂东面的楠木林中，复原了历史文化名城成都"东有崇丽阁，西有宋氏恢复重建的茅屋佛楼"之风貌。凭栏远眺，美景尽收眼底，是杜甫草堂又一标志性建筑和文化旅游新亮点。位于原梵安寺古建筑群第三重大雄宝殿的"大雅堂"内，陈列着迄今为止国内最大面积（64 平方米）的大型彩釉镶嵌磨漆壁画和 12 尊历代著名诗人雕塑，形象地展示了杜甫生平和中国古典诗歌的发展史。馆内的基本陈列《诗圣著千秋》，荣获第五届"全国十大陈列展览精品"最佳创意奖；采用现代的陈列手段和鲜明而形象的陈列语言，展示着杜甫诗歌的辉煌成就，表现了杜甫思想的深远影响。还有"情系草堂"文献图片资料展览，展示着国家领导人、外国贵宾、海内外知名人士到草堂参观留下的图片、签名、题词及礼物。

草堂中一处红墙夹道"唐风遗韵"游客服务中心是一个以杜甫草堂特色旅游商品开发和销售为一体的规模化市场。杜甫草堂诗书画院与"唐风遗韵"相邻，集书画展览、交流、购销、收藏为一体，是开发传统优秀文化、发展文化产业的高品位平台。

唐代遗址陈列馆位于杜甫草堂东北面。2001 年底，在遗址内发掘出大面积的唐代生活遗址和一批唐代文物，极大地丰富了杜甫草堂的历史文化内涵，印证了杜甫当年对居住环境及生活情景的描写，澄清了古今草堂寺位置之争，增加了杜甫草堂的历史厚重感，同时也为这块圣地增添了新的光彩。

第六节　成都古道场——青羊宫

一、历史概况

青羊宫，川西第一道观，坐落在成都西南郊，南面百花潭、武侯祠（汉昭烈庙），西望杜甫草堂，东邻二仙庵。相传宫观始于周，初名"青羊肆"。据考证，三国之际取名"青羊观"，到唐代改名"玄中观"，在唐僖宗时又改"观"为"宫"；五代时改称"青羊观"，宋代又复名为"青羊宫"……直至今日。

中华人民共和国成立以来，青羊宫也多次进行修缮，特别是1983年国家确定青羊宫为道教全国重点宫观以来，道教界在各级政府的帮助下，对青羊宫进行了全面维修。现青羊宫中轴线上的主要建筑有山门（灵祖楼）、混元殿、八卦亭、三清殿、斗姥殿、皇楼殿、唐王殿等，两侧还有三真殿、三宫殿、三法殿、七真楼、斋堂、云水堂、客堂、祖堂等配殿、配房。院内松竹苍翠，绿树成荫，十分幽静秀丽。

原青羊宫大山门内，有七星桩、龙凤桩、大狮子、龙王井等，山门占地600平方米，内供土地神、青龙、白虎塑像，为明代建筑。这些建筑和景点在修一环路时被拆除。

二、景点介绍

青羊宫是成都市区内现有的一座最大、最古老的道教庙宇，地处成都市西郊，原占地面积约20公顷。1982年为恢复旧观，经中央和省、市政府拨款，重点维修了灵祖楼、八卦亭和三清殿等建筑。殿内9米多高的玉清（元始天尊）、上清（灵宝天尊）、太清（道德天尊）等像，堪称全国道观一流。据《道藏辑要》记载，青羊宫曾是太上老君为关令尹喜演法传道之所。

青羊宫

步入青羊宫的第一座建筑是山门。原山门建于明代，左边塑有土地神、青龙像各一尊，还有明代正德十年（1515年）冬立的皇恩九龙碑一座，右边塑有白虎像一尊。并有七星桩，上刻有道教秘传天书云篆，根据中天北斗七星布局，称为"北斗七星桩"。还有龙凤桩、大石狮一对、龙王井一口等。

现建山门庄严宏伟，重叠飞檐。龙虎等吉祥物雕镶在飞檐壁柱上，雕刻精细，造型典雅。金字横匾"青羊宫"高悬在山门上方。此匾为清乾隆年间成都华阳县令安洪德的墨迹，笔力遒劲，为青羊宫中的一大文物。

混元殿是青羊宫的第二重大殿，重建于清光绪年间，占地面积616平方米。有石柱26根，木柱2根。柱上雕刻有镂空的鹿、凤凰望月、双狮戏球等图案，形象生动、活泼。宋真宗时，真宗崇奉道教，封太上老君为混元上德皇帝。殿内正中供奉的就是"混元祖师"。祖师面容慈祥，手持混元乾坤圈。将圈拉伸便是"一"字，故它展示着世界的本原还处于混沌状态；而祖师开天辟地后，使"道生一，一生二，二生三，三生万物"。

后殿供奉的是"慈航真人"，佛教称"观音大士"。她本是道教十二金仙之一，传说中的"慈航真人"是一位男仙，后因见世界苦难重重，女子却无出家修行之路，于是便转世为女身，修奉佛法，为女子开了不二法门，从此才有女子出家修行之路。真人端坐莲台，容貌秀丽慈祥，遍洒甘露，普度众生，故道教和佛教都供奉这位慈爱的"女神"。

坐落在三清殿与混元殿之间的八卦亭，突出地体现了道教教义特征，是一座标志性的建筑物。它布局紧凑，精巧大方，整体建筑共3层，建于重台之上。亭座石台基呈四方形，亭身呈圆形，象征古代天圆地方之说；两重飞檐鸱吻，四周有龟纹隔门和云花镂窗，南向正门是十二属相太极图的浮雕，造型古朴典雅。整座亭宇都是木石结构，相互斗榫衔接，无一楔一栓。亭高约20米、宽约17米。石板栏杆上两层均为八角形。每层飞檐都精雕着狮、象、虎、豹，各种兽物镶嵌在雄峙的翘角上。屋面为黄、绿、紫三色琉璃瓦，屋顶莲花瓣衬托着独具风格的琉璃葫芦宝鼎，高约3.6米，造型优美，甚为壮观。双排擎檐石柱共16根，皆由巨石凿成。高约4.8米，直径约50厘米。其中外檐石柱8根浮雕镂空滚龙抱柱，气势磅礴，栩栩如生，是我国罕见的石雕艺术珍品。八卦亭还有一个神话，传说当年建八卦亭时，竣工前夕的子时，面对三清殿的石柱盘龙复活，意欲腾云而去，被月御值日神仙发现，以神拳定于柱上。现在这个柱头上还留着那个拳头印。

八卦亭

三清殿，又名无极殿，是青羊宫的主殿，始建于唐朝，重建于清康熙八年（1669年）。

三清殿基长 40 米，为正方形，总面积 1600 平方米。其外檐柱上雕刻着六合童儿、双狮戏球等艺术木雕，有一副贴金对联："福地卧青牛石室烟霞万古，洞天翔白鹤蓬壶岁月千秋。"此联为原中国道教协会会长黎遇航所书。殿前左陈一钟，名曰"幽冥钟"，明朝时铸造，重 3000 多千克；右配一应鼓，每逢初一、十五和吉庆大典便击鼓鸣钟，晨钟暮鼓，幽远清晰，给人以更加宁静的感觉。

殿内供贴金泥塑三清尊神坐像。端坐在大殿中央莲台上的头戴芙蓉冠，身披云霞紫袍，指衔灵珠的天尊就是万神之主、宇宙的开辟者——元始天尊，《道德经》说他居住在清微天玉清境中，又称作"天宝君"。每至天地初开，他便以秘道授予诸仙，令其下凡济人。在他左边的天尊名上清灵宝天尊，又称作"灵宝君"。居住在禹余天上清境，故称上清。在他右边是道德天尊，即太上老君，又称作"神宝君"，居住在大赤天太清境中。《九天生神玉章》说，"三号虽殊，本同一也"，都是"道"的人格化与别名。《封神演义》中的老子，骑在青牛之上，作诗一首："先天而老后天生，借李成形得姓名。曾拜鸿钧修道德，方知一气化三清。"这首诗流传至今。

三清殿

大殿两边还塑有十二金仙，分别是太乙真人、广成真人、俱留孙、玉鼎真人、燃灯真人、道行真人、普贤真人、文殊真人、慈航真人、黄龙真人、赤精真人、清虚真人。

殿内共有 36 根大柱，其中木柱 8 根，代表着道教的八大天王；石柱 28 根，代表天上廿八星宿，即角、亢、氐、房、心、尾、箕、斗、牛、女、虚、危、室、壁、奎、娄、胃、昴、毕、觜、参、井、鬼、柳、星、张、冀、轸。此殿建筑宏伟而庄严，在全国尚属少见。

斗姥殿建于明代，为楼底式建筑。殿内供奉的斗姥，是道教信奉的一大女神。道书中说她名紫光夫人，共生了 9 个儿子（九皇），分别是玉皇、紫微、贪狼、巨门、禄存、文曲、廉贞、武曲、破军。斗姥额有三目，肩有四首，左右各出四臂，为三目四首八臂的女神，神像慈容照人，《太上玄门日诵晚课仙经》中云："显灵踪于尘世，卫圣驾于阎浮，众生有难若称名，大士寻声来救苦。"所以，斗姥也是一位掌管人间生死罪福的天神。在斗姥右边供奉的是女仙之首西王母，即民间所说的王母娘娘。古代神话中有着她的许多传说，最为脍炙人口的则是她和周穆王的一段爱情故事。唐代诗人李商隐诗中说："瑶池阿母绮窗开，黄竹歌声动地哀。八骏日行三万里，穆王何事不重来。"这一缠绵的爱情故事，为人们所共知。道书中说："天上天下，三界十方，女子登仙者、得道者，咸所隶焉。"每年阴历三月三日为蟠桃盛会，传说这一天是西王母的诞辰，各路神仙都要来为她祝寿。

斗姥殿

斗姥殿左边祀奉的是土皇地祇，为执掌阴阳生育、万物之灵与大地山河之秀的女神。道书中称"承天效法厚德光天圣后土皇地祇"，即民间所称的"地母"。两边分别塑有南斗六星、南极长生大帝（寿星）和北斗七星。斗姥殿是青羊宫现存的唯一明代原建筑物。

后苑三台建立在土坡之上。左为"降生台"，原塑一白发婴儿，这便是刚出世的老子，相传老君分身降化于其上。右为"说法台"，台上塑有"为关令尹喜著《道德经》说法之像，相传老君于此处为尹喜讲解道法。中间一台是紫金台，又名"唐王殿"。塑有唐王李渊夫妇之像和其子李世民之像。

三台按中轴线对称格式布局，十分严谨。唐五殿居轴线正中上方，另两台分别于左右两侧，平面布置呈三角鼎立之势，正应天上"三台星"之局。同时，也形成了青羊宫整个建筑群的有力压轴。

玉皇殿，原殿为清道光年间（1821—1850年）建造，后因危楼拆除。现新殿建于1995年，楼底结构。殿内楼上供奉玉皇大帝，楼下前供奉三官大帝，后供奉紫微大帝和真武大帝。

三清殿前的两只铜羊都是黄铜铸成。长90厘米、高60厘米，俗称"青羊"。其中，单角铜羊是清雍正元年（1723年）大学士张鹏翮（别号"信阳子"）从北京买来送给青羊宫的。其底座有记事性诗文："京师会上得铜羊，移往成都古道场。出关尹喜似相识，寻到华阳乐未央。"下款有"信阳子题"四字。单角铜羊其实是十二属相化身，即鼠耳、牛鼻、虎爪、兔背、龙角、蛇尾、马嘴、羊须、猴颈、鸡眼、狗腹、猪臀。相传这只青铜异兽是宋代河南开封经梅阁之物（羊颈部补疤处原有"红梅阁"三字）。另一双角铜羊是清道光九年（1829年）成都张柯氏延请云南匠师陈文炳、顾体仁铸造，献给青羊宫的。

第七节　敕赐"空林"——文殊院

一、历史概况

在成都市青羊区文殊院巷，有一座汉族地区佛教重点寺院，这便是迄今已有1400年历史的四川省重点文物保护单位——文殊院。

四川省重点文物保护单位——文殊院

文殊院有着悠久的历史。它始建于隋大业年间（605—616年），相传是隋文帝之子蜀王杨秀的宠妃为当时的"圣尼"信相所建，故称"信相寺"。五代时一度改名"妙圆塔院"。宋代仍称"信相寺"。据《成都县志》记载，明朝末年，信相寺毁于兵火。建筑俱焚，唯有10尊铁铸护戒神像和两株千年古杉历劫尚存。

清康熙二十年（1681年），慈笃禅师来到荒芜的古寺，在两杉之间结茅为庐，苦行修持，数年之间行著四方，声名远扬。传说慈笃禅师圆寂火化时，红色火光在空中凝结成文殊菩萨像，久久不散。市民群众认为慈笃禅师是文殊菩萨的化身，从此改信相寺为文殊院。康熙三十六年至康熙四十五年（1697—1706年），官绅军民捐资重修寺庙，嘉庆、道光年间，文殊院方丈本圆法师又采办了82根石柱，改建、扩建了主要殿堂，形成了现今的规模。这82根石柱今天已成为院中一景。

近代时，文殊院香火兴盛。历任方丈都在这里开坛传戒，并办有佛学苑、传习所，培养僧才。抗战时期，高僧大德佛源、太虚、能海等陆续到这里讲经说法。中华人民共和国成立后，人民政府多次拨款修缮寺庙。

二、景点介绍

文殊院位于成都市西北角青羊区，1983年，被国务院确定为汉族地区佛教全国重点寺院。它不仅是中国长江上下游四大禅林之首，四川省重点文物保护单位；而且是集禅林圣迹、园林古建、朝拜观光、宗教修学于一体的佛教圣地。

文殊院是成都市内保存最为完整的佛教寺庙。文殊院坐西向东，占地面积60多公顷，殿堂房舍共有200余间，总建筑面积1.16万平方米，有僧人60多人。清代时为川西"四大丛林"之一，现为成都市内保存最为完整的佛教寺庙，也是四川省、成都市佛教协会驻地。

文殊院

走近寺前，只见古色厚朴的围墙盘绕在古刹四周，正门上嵌着"文殊院"三个大字，与围墙上"南无阿弥陀佛""庄严国土、利乐有情""世界和平、人类幸福"相映衬，使文殊院显得十分庄严、肃穆。

寺内中轴线上依次分布着天王殿、观音殿、大雄宝殿、说法堂、藏经楼五重殿宇，两庑配以钟鼓楼、禅堂、观堂、客堂、斋堂、戒堂、念佛堂及各职事寮房，形成闭锁式的四合结构。

五重大殿连同前后照壁，分布在长200米的中轴线上，各殿堂楼阁古朴宽敞，飞檐翘角，是典型的清代建筑。殿堂之间，主次分明，错落有致，疏密得体，大小相同，院中有园，园中有院，院中有景，环境极是清静幽雅。又前临文殊院街，后畔万福桥侧，素有"寺殿接通衢，禅房远尘嚣"之说。

寺院东侧，还有充满禅味的碑廊和千佛和平塔。其中千佛和平塔为六角形，共11层，通高21米，塔身高15.2米，重27吨。塔壁上铸999尊浮雕佛像，连同底层中央铜铸释迦牟尼佛像1尊，共1000尊，故得名千佛塔。塔身铸《华严经》《法华经》等各类经文及建塔原因。飞檐翘角上装66条小青龙，佩戴响铃，微风习习，铃声朗朗。塔基下建有地宫，内藏珍贵法物。塔刹为青铜铸造，贴真金而就。赵朴初先生还为该塔撰写了"庄严千佛层层现，护念和平万万年"的对联，并书"千佛和平塔"横匾，置于塔身。千佛和平塔的三面，建有环绕长廊，称为"碑廊"，里面陈列着许多古碑文真迹，并有清代以来皇室、仕宦、名人赠寺的题咏以及文殊院历代大师佛语墨迹的石刻。

近年，成都市又在文殊院前打造了文殊坊，将这里建成集佛教文化、旅游休闲、餐饮购物为一体的多功能都市旅游商业文化区。

文殊院文物荟萃，宝物众多。就拿供奉的佛像来说，寺内共供奉大小300余尊佛像，有钢铁铸造，有脱纱、木雕，有石刻、泥塑，十分丰富。从年代而论，有出土的梁代石刻，有唐宋年间铁铸的戒神，更有清代青铜铸像，还有缅甸玉佛。这些塑像具有很高的文物价值和艺术价值，为我们研究古代雕塑、铸造等工艺提供了宝贵的资料。

护法韦驮像，1829年由本圆法师主持塑造，整个塑像均以青铜翻砂而成，韦驮威武而立，相貌端庄，盔、铠、靴、杵的链锁、浮雕花饰，都雕琢剔透、工艺精湛，是一尊难得的艺术珍品。

还有一尊观音大士像，也为 1829 年用青铜铸造。观音慈祥平和地坐骑在水兽身上，形象生动，璎珞衣纹、细致流畅。所骑水兽，似狮非狮，似犬非犬，造型独特，温顺可爱。这尊造像反映了清代较高的雕铸水平。

另有一尊缅甸玉佛，是文殊院和尚性鳞于 1922 年一路募化，历尽艰苦，步行到缅甸请回的，也十分珍贵。

藏经楼收藏了各种佛经上万册，其中有康熙皇帝御赐的《药师》《金刚经》等，十分珍贵。寺内还珍藏有明清以来的许多书画珍品。最著名的是康熙皇帝 1702 年御赐文殊院的"空林"墨迹，以及康熙临宋代书法家米芾的《海月》条幅，文曰："从皆趋世，出世者谁。人皆遗世，世谁为之。爰有大士，处此两间。非清非浊，非律非禅。惟是海月都师之式。庶复见之。众缚自脱。我梦西湖天宫化城，见两天竺，宛如生平，云披月满。遗像在此，谁其赞之，惟东坡子。"果亲王墨迹是清朝雍正年间，果亲王赠给文殊院的墨宝。条幅上写着"日面月面，胡来汉现。有时放行，有时把断。世法佛法，打成一片。苦作一片会，遇贵即贱。不作一片会，麦里有面。"另有一副于右任所书"圆满法界月，清凉功德池"的对联。

此外，还有印度贝叶经、唐代玄奘法师头骨、唐代日本鎏金经简、千佛袈裟、发绣观音、挑纱文殊、金刚经宝塔和舌血含宝等佛教文物。"印度贝叶经"是 1887 年寺僧明宽法师从印度请回的一部佛经，十分珍贵。"千佛袈裟"为明代崇祯皇帝的妃子所绣，绣工细美，至今已有 300 多年历史，仍保存完好。"发绣观音"是清朝嘉庆、道光年间，陕、甘总督杨遇春之女用自己的头发绣成的一幅水月观音像，衣纹、毛、林全用经文组成，是一件难得的艺术品。"挑纱文殊"为清代女信徒吴贞女用挑纱的方法制成，远看烟水茫茫，很像是绘画，十分精美。"金刚经宝塔"是清光绪八年（1882 年），杨光坼用蝇头小楷抄写《金刚经》，将全部经文组成一座宝塔，远看是图，近看是经。"舌血含宝"是指清朝时有 3 位和尚用舌血书写的《华严经》《楞严经》和《法华经》等经书。

藏经楼还珍藏着宋代墨龙、明清时期破山、丈雪的书法，碧眼、竹禅的绘画，以及书法家何绍基、郑板桥、张大千、丰子恺等人的书画作品。

文殊院以它优美的园林、庄严的殿堂、众多的文物吸引了大批中外来客。文殊院的素馔佳肴也闻名遐迩，中外来宾争相品尝，高朋满座，胜友如云。

第八节　"震旦第一丛林"——大慈寺

一、历史概况

大慈寺是成都著名的古寺，位于成都市中心地区，坐北向南，前为糠市街北口，后为蜀都大道大慈寺路，是一座历史悠久、规模宏大、文化积淀丰厚的中国名刹，世传为"震旦第一丛林"。

古大圣慈寺

大慈寺相传始建于隋唐时，由玄宗赐名"大圣慈寺"，寺内的楼、阁、殿、塔及各种神像、佛像、画像构成了一座"精妙冠世"的艺术宝库。

藏经楼

大慈寺的始建年代，据宋代普济的《五灯会元》中所载的印度僧人宝掌"魏、晋间东游此土，入蜀礼普贤，留大慈"推算，当为3—4世纪，距今已有1600多年。

唐代名僧玄奘法师曾在这里受戒。唐代扩建以后，大慈寺规模宏大壮观，当时寺内有96个院子，楼、阁、殿、塔、厅、堂、房、廊共8524间，壁上有各种如来佛像1215幅，天王、明王、大神将像262幅，佛经变像114幅。所有画像"皆一时绝艺"，是一座极其珍贵的艺术宝库。宋苏轼誉为"精妙冠世"。宋李之纯在《大圣慈寺画记》中称："举天下之言唐画者，莫如大圣慈寺之盛。"

唐代名僧玄奘法师

大慈寺历经兴废，多次毁于兵火。现存诸殿系清代顺治后陆续重建。殿宇有天王、观音、大雄宝殿及说法堂、藏经楼等。大雄宝殿、藏经楼以峡石为柱，雄伟壮观。寺内殿宇宏丽，院庭幽深，古木参天。现辟为市文物展览馆，内设茶园、棋苑、名小吃店。

二、现代发展

1981 年，公布大慈寺为四川省成都市文物保护单位。

1983 年，改建大慈寺为成都市博物馆。

2003 年底，经成都市人民政府批准，成立大慈寺恢复开放筹备小组。

2004 年 4 月 8 日，大慈寺正式对外开放。

2005 年 6 月 25 日，大恩大和尚荣膺成都大慈寺中兴第一代方丈。

第九节　青城天下幽——青城山

一、历史概况

四川青城山，素有"洞天福地""人间仙境""青城天下幽"之誉，位于四川省都江堰市西南，古称"丈人山"，方圆 100 余千米，高峰海拔 1800 多米，北接岷山。城外诸峰环绕，山上树木茂盛，山路两旁古木参天，浓荫覆地，群峰环抱，四季常青，故名"青城山"。青城山分青城前山和青城后山。前山景色优美，文物古迹众多；后山自然景观神秘绮丽、原始华美，如世外桃源。

青城山

青城山是邛崃山脉南段的东支，地质构造复杂，奇峰叠嶂、幽谷深潭，古洞苍岩纵横其间。这里属中亚热带湿润气候区，夏无酷暑，冬少严寒，雨量多，湿度大，常为云雾笼罩，满山林木葱茏，四季青翠。山上花卉资源丰富，观果、观叶植物繁多，盛产野生药材。

青城山是中国道教发源地之一，属道教名山。在追求质朴、崇尚自然的道家眼中，青城山的自然环境无疑是一处洞天福地。这里的道观亭阁多藏于绿荫丛林之中，或隐或现、意境幽深。

二、景点介绍

青城山分前、后山。前山是青城山风景名胜区的主体部分，约 15 平方千米，景色幽美，文物古迹众多，主要景点有建福宫、"天然图画"、天师洞、朝阳洞、祖师殿、上清宫等；后山总面积 100 平方千米，水秀、林幽、山雄、蔚为奇观，主要景点有金壁天仓、圣母洞、山泉雾潭、白云群洞、天桥奇景等。

古人记叙中，青城山有"三十六峰""八大洞、七十二小洞""一百〇八景"之说。

自古以来，人们以"幽"字来概括青城山的特色。青城山空翠四合，峰峦、溪谷、宫观皆掩映于繁茂苍翠的林木之中。道观亭阁取材自然，不假雕饰，与山林岩泉融为一体，体现道家崇尚朴素自然的风格。堪称青城山特色的还有日出、云海、"圣灯"三大自然奇观。其中，"圣灯"（又称"神灯"）尤为奇特。上清宫是观赏"圣灯"的最佳观景处。

1. 前山景点介绍

（1）建福宫

建福宫坐落于丈人峰下，是游山的起点，规模颇大，气度非凡。宫前有一条清溪，四周古木葱郁，环境幽美。它始建于唐代，后经历代多次修复，现仅存两殿三院。其左侧是明庆符王妃遗址，西行 1000 米，即至岩石耸立、云雾缭绕的"天然图画"。宋代诗人范大曾在此为宋帝祈祷，皇帝特授名为"瑞庆建福宫"。诗人陆游有诗描写当时的建福宫是"黄金篆书榜金门，夹道巨竹屯苍云。岩岭划若天地分，千柱眈眈在其垠"。宫内保存有古木假山、委心亭、明庆符王妃的梳妆台遗址，以及壁画、楹联等文物。

（2）"天然图画"

"天然图画"位于建福宫与天师洞之间，海拔 893 米，两峰夹峙。这是清光绪年间建造的一座阁，游人至此，可见亭阁矗立于苍崖立壁、绿荫浓翠之间，如置身画中，故名"天然图画"。亭阁后有丹鹤成群唳于山间的驻鹤庄；右有横石卧于两山之间的悬崖上，被称为"天仙桥"，传为仙人聚会、游戏处。

（3）天师洞

自建福宫北行 2000 米即至青城主庙——天师洞。天师洞始建于隋朝大业年间，三面环山，一面临涧，古树参天，十分幽静。相传东汉末年张道陵曾在此讲经传道，洞中有张道陵及其三十代孙虚清的天师像。观内正殿为"三清殿"，殿后有黄帝祠和天师洞等古迹。天师洞右下角有一小殿，名三皇殿，内有轩辕、伏羲、神农石像。洞门前有一株古银杏树，高约 50 余米，胸围 7.06 米，直径 2.24 米。据说乃张天师手植，树龄已达 2000 余年。

天师洞现存殿宇建于清末，规模宏伟、雕刻精致，其主殿——三皇殿中供有唐朝石刻三皇。殿内现存历代石木碑刻中最著名的有唐玄宗旨书碑、岳飞手书的诸葛亮《前出师表》《后出师表》等。附近还有三岛石、洗心池、上天梯、一线天等名胜。

1943 年夏，杰出的画家和美术教育家徐悲鸿先生曾来青城山写生。他在天师洞独居一室，先后创作了屈原《九歌》中的插图《国殇》《山鬼》等多幅作品，送给青城道士的《奔马》和《天马》已制成石刻陈列。

（4）祖师殿

祖师殿位于天师洞右后侧山腰间，出天师洞过访宁桥即到。祖师殿又名"真武宫"，创建于唐代。唐代诗人杜光庭、薛昌，宋代的张愈均在此隐居。唐僖宗的女儿玉真公主也曾在此修道，以求成仙。该殿环境幽静，殿内有真武祖师、吕洞宾、铁拐李等神仙塑像及八仙图壁画、诗文石刻等。

（5）朝阳洞

朝阳洞位于主峰老霄顶岩脚，洞口正对东方，深广数丈，可容百人，传为宁封丈人栖息处。清人黄云鹄曾在此结茅而居，并撰联曰："天遥红日近，地厌绛宫宽。"近代画家徐悲鸿也曾在此撰联："空洞亲迎光照耀，苍崖时有凤来仪。"

（6）上清宫

上清宫位于青城山第一峰、距峰顶约 500 米的半坡上。始建于晋代，现存庙宇为清同治年间所建，上有"天下第五名山""青城第一峰"等摩崖石刻，宫门"上清宫"三字由蒋介石题寅。宫内祀奉道教始祖李老君，有老子塑像和《道德经》五千言木刻，还有麻姑池、鸳鸯井等传说遗迹……上清宫后为老霄顶、建有呼应亭，是赏观日出、神灯和云海奇观的绝佳地点。

2. 青城后山介绍

青城后山位于青城山后泰安乡境内，距成都 60 千米，总面积约 1000 平方千米。西北与卧龙自然保护区为邻，东北与赵公山相连，东越天仓山、乾元山可到天师洞、福建宫，西南与六顶山、天国山接壤，与青城山一脉相承，深藏不露，极具神秘色彩，直至 20 世纪 80 年代才得以开发。乘车从青城山大门左侧公路西行，跨青溪桥，穿后山门，经飞仙亭、飞仙观、响水洞、白石碛、金鞭亭、八卦台、贡茶亭、迎仙亭、三龙亭等众多景点，方到青城后山景区的起点站——泰安寺。景区全程十几千米，现建有上山索道，可使游客走一半路程，即能欣赏到青城后山大部分景观。近年还新建了各类宾馆，为游客开辟了许多全新的旅游项目。

第十节　义所当为——建川博物馆

一、历史概况

建川博物馆，全称为"成都市建川博物馆聚落"，由民营企业家樊建川创建，位于中国博物馆小镇——大邑县安仁镇，占地 33 公顷，建筑面积近 10 万平方米，拥有藏品 800 余万件，其中国家一级文物 425 件。

建川博物馆聚落

建川博物馆以"为了和平，收藏战争；为了未来，收藏教训；为了安宁，收藏灾难；为了传承，收藏民俗"为主题，建设抗战、民俗、红色年代、抗震救灾4大系列30余座分馆，已建成开放24座场馆，是国内民间资本投入、建设规模和展览面积及收藏内容均可观的民间博物馆。

目前已对外开放的陈列馆有抗战文物陈列中流砥柱馆、正面战场馆、飞虎奇兵馆、不屈战俘馆、川军抗战馆及抗战老兵手印广场和中国抗日壮士群塑广场，红色年代系列瓷器陈列馆、生活用品陈列馆、章钟印陈列馆、镜面陈列馆、知青生活馆、邓公祠；民俗系列三寸金莲文物陈列馆、老公馆家具陈列馆、中医文物陈列馆、地震系列震撼日记5·12—6·12馆、地震美术作品馆、5·12抗震救灾纪念馆以及国防兵器馆、航空三线博物馆等。

建川博物馆聚落获得了国家文化产业示范基地、国家AAAA级旅游景区、全国光彩事业重点项目、全国爱国主义教育基地、全国先进社会组织、中国十大民间博物馆、四川省科普教育基地、国防教育基地、廉政文化教育基地、四川民营文化企业综合十强、四川省"十一五"期间旅游工作先进单位和建设成都杰出事件等荣誉称号。

二、现代发展

2003年5月5日，成都市将建川博物馆聚落项目列为成都市人民政府重点项目。

2004年4月8日，建川博物馆聚落正式开始进行场地平整。

2004年6月初，建川博物馆聚落地堪工程和总平面市政基础设计完成。

2005年8月15日，抗战胜利60周年之际，这座占地33公顷，建筑面积近10万平方米的博物馆首次向世人开放。

2006年1月17日，建川博物馆聚落被成都市委、市政府评为成都市全民国防教育先进单位。

2009年1月，建川博物馆聚落国防兵器馆开馆；同年，国家旅游局批准建川博物馆聚落为国家AAAA级旅游景区。

2011年，建川博物馆聚落被评为"2010四川民营文化企业综合十强"和"2010四川民营文博类十强"。

2018年9月，建州博物馆聚落被确定为国家二级博物馆。

建川博物馆聚落局部景观

三、景点介绍

建川博物馆聚落25个博物馆和2个主题广场分别由矶崎新、切斯特·怀东、邢同和、张永和、彭一刚、马国馨等国内国际知名建筑大师、雕塑大师担纲设计，成为国家级建筑、雕塑精品。

建川博物馆聚落现馆藏珍贵文物有1000余万件，其中国家一级文物达329件，这在国内民营博物馆中首屈一指。

中国壮士群雕广场

建川博物馆聚落匠心独具地突破了传统意义上单纯的"博物馆"的概念，不仅超乎想象的在国内第一次将多达25个博物馆汇集在一起，而且进一步将各种业态的配套设施如酒店、客栈、茶馆、文物商店等汇集在一起，让这些配套设施呈现亚博物馆状态，形成一个集藏品展示、教育研究、旅游休闲、收藏交流、艺术博览、影视拍摄等多项功能为一体的新概念博物馆和中国百年文博旅游及乡村休闲度假旅游目的地。

同时，建川博物馆聚落与老街、老公馆群街坊构成的古镇旅游区、刘文彩和刘文辉公馆田园风光区形成安仁古镇的3大旅游板块。

建川博物馆馆长樊建川曾说，"建博物馆、收藏文物是为了记录和还原历史，这不仅是为了纪念，而是为了让每个人的心灵都直面民族创伤，让战争的记忆成为民族的思想资源"；同时，也让世人铭记历史，"为了和平，收藏战争；为了未来，收藏历史"。

第十一节　府河要冲——黄龙溪古镇

一、历史概况

黄龙溪古镇坐落在黄龙溪省级风景名胜区中心，位于成都市双流县（今双流区）境内。

黄龙溪建镇已有2100多年，历史底蕴深厚，古名"赤水"。据《仁寿县志》载："赤水与锦江汇流，溪水褐，江水清，古人谓之黄龙溪清江，真龙内中藏"，《隶读》著录《黄龙甘露碑》记云："黄龙见武阳事，筑一鼎，象龙形、沉水中……故名曰'黄龙溪'"。

黄龙溪

秦汉时代，黄龙溪镇属于犍为郡武阳县（今四川彭山区）。

宋代，黄龙溪镇属于眉州彭山县（今四川彭山区）。元代，彭山县被撤销，合并到了眉州直辖。

明初，眉州降为眉县，今黄龙溪镇附近地方便归并仁寿县。《双流县地名录》第184页载，今黄龙溪镇回水村，在明代隶属于仁寿县的顺河乡。

清初，仁寿县属于资州直隶州；仁寿县对于偏在三县交界的这一大片地方，设立了3个乡，"编为东林、顺和、安下上乡"。今天黄龙溪镇及其周边地区同属于东北顺和乡。

清末，黄龙溪复从仁寿县划归成都府华阳县管辖。

1965年3月27日，国务院第154次会议决定，撤销华阳县建制，并入双流县。4月8日，原四川省人民委员会（今四川省人民政府）发出撤、并县通知。7月1日，华阳县正式并入双流县，其所辖的18个公社（含成都黄佛镇）、3个镇并入双流县。

1976年，仁寿县籍田区回水乡划入双流。

1992年10月10日，双流县决定开展区、乡、镇建制调整。黄佛乡、回水乡合并为黄龙溪镇。

2016年3月26日，市政府正式批复了《关于永安镇等6个镇增挂街道办事处的请示》，同意双流区黄龙溪镇增挂街道办事处牌子。

二、景点介绍

黄龙溪镇上的古牌坊、古寺庙、古建筑民居与古榕树、古崖墓浑然一体，古色古香。

黄龙溪古镇

镇内现有保存完好的民居 76 座，大院 3 座；有金华庵、三县衙门和古戏台等重点文物保护单位；有火龙、府河船工号子、漂河灯、打更等民间风俗文化。古色、古香、古风、古韵构成了黄龙溪古镇的旅游特色。镇内尚保存有传统建筑面积共 3.12 万平方米，其中极具保护价值、特征鲜明、结构良好的清代穿斗式木结构传统建筑 1.37 万平方米。一湖（上河衢田园水村）、两河（府河、鹿溪河）、六寺（镇江寺、潮音寺、古龙寺、大佛寺、观音寺、金华庵）、七街（镇在街、复兴街、新街、正街、横街、上河街、下河街）、九巷（烟市巷、担水巷、扁担巷、水巷子、艄公巷、蓑衣巷、鸡脚巷、打更巷、龙爪巷）组成了充满魅力的黄龙溪，古街、古巷、古树、古庙、古堤堰、古民居、古码头、古战场、古崖墓和古衙门构成了充满旅游特色的黄龙溪。

这里，是一个集山、水、城为一体的水乡古镇，是一个集古、韵、趣为一体的人文古镇，是一个体现了古人依托自然、亲近自然、天人合一人居环境构想的宜居古镇，是一个再现昔日水运繁荣，重塑"清明上河图"盛世繁荣景象的古镇。

黄龙溪的古文化旅游景点多如璀璨的珍珠，从景区上可以分为 3 个以水相连的古景区域，分别是核心景区、扩散景区和延伸景区。

黄龙溪的核心景区是以古镇为中心的 5 平方千米的地区，以古街、古树、古庙、古堤、古埝、古民居、古码头、古战场、古崖墓和古衙门的"十古"著称。古镇上还拥有"一街三寺庙""三县一衙门""千年古树伴古镇"等令全国叹为观止的奇观。古镇镇江寺对面是锦江与鹿溪河的交汇口，锦江水清、鹿溪水褐，可见"黄龙渡清江，真龙内中藏"的景观；泛舟水上，空灵飘逸，吟诗品茗，如梦如歌。从鹿溪河口泛舟而上 3000米，即到了黄龙溪的扩散景区，该景区有著名的"大佛寺"和"观音寺"。两寺坐落在两山之上，遥遥相望。鹿溪河北岸边即为大佛寺。大佛寺原建于明代，凿刻在陡峭的崖壁上，高约 7 米，为史称"蜀中第二"的小乐山大佛。观音寺，坐落于观音山上。从鹿溪河口沿锦江向上游的二公里是陈家小岛，是"黄龙五岛"之一。小岛现存川西仅有的一座不冲古磨水碾——"陈家水碾"。行近水碾岛时，远闻"吱吱呀呀"的古碾声，令人忆起几多农耕文化的甜蜜……

正是因其古味十足、古色古香，才吸引众多影视界朋友，成为古装影视片外景拍摄理想之地，先后有《卓文君与司马相如》《海灯法师》《秦淮世家》等 100 余部影视片在此拍摄。

第十二节　天府历史文化地标

四川历史悠久、文化璀璨，雄奇秀美的自然景观、独特的巴蜀文化与绚丽的民族风情有机结合，形成了一大批底蕴深厚的历史文化地标。

2018 年 8 月 31 日，由封面新闻、华西都市报主办，南充市政府协办的"天府十大文化地标"颁奖典礼在历史文化名城南充市举行。在颁奖典礼现场，"天府十大文化地标"的主榜单正式产生，分别为峨眉山、青城山——都江堰、三星堆遗址、广安邓小平故居、成都武侯祠博物馆、成都杜甫草堂博物馆、阆中古城及"春节源"纪念地、眉山三苏祠、凉山冕宁彝海结盟遗址和五粮液老窖池。

作为评选活动的"重头戏"，主榜单"天府十大文化地标"的竞争激烈异常。从 1月 19 日启动大型系列采访活动起，通过文化名人、专家学者等社会各界人士的推荐，产生了 600 多个文化地标的推选名单。3 月 1 日，"天府十大文化地标"网络投票通道开启，总票数达 2000 多万票。最终，在结合网络投票的排名后，专家评审从文化内涵、地理标志、艺术审美、现存状态、社会影响 5 个维度进行综合考量，最终确定榜单。颁奖典礼上，4 个子榜单也同时揭晓，即"四川十大历史文化地标""四川十大红色文化地标""四川十大产业文化地标"和"四川十大孝廉文化地标"。其中，"四川十大历史文化地标"的名单分别为石室精舍、江油李白纪念馆、青羊宫、宽窄巷子、攀枝花中国三线建设博物馆、彭山江口沉银遗址、成都双流黄龙溪古镇、国立戏剧专科学校江安旧址、华西坝—玉林街道和邛崃十方堂邛窑遗址。

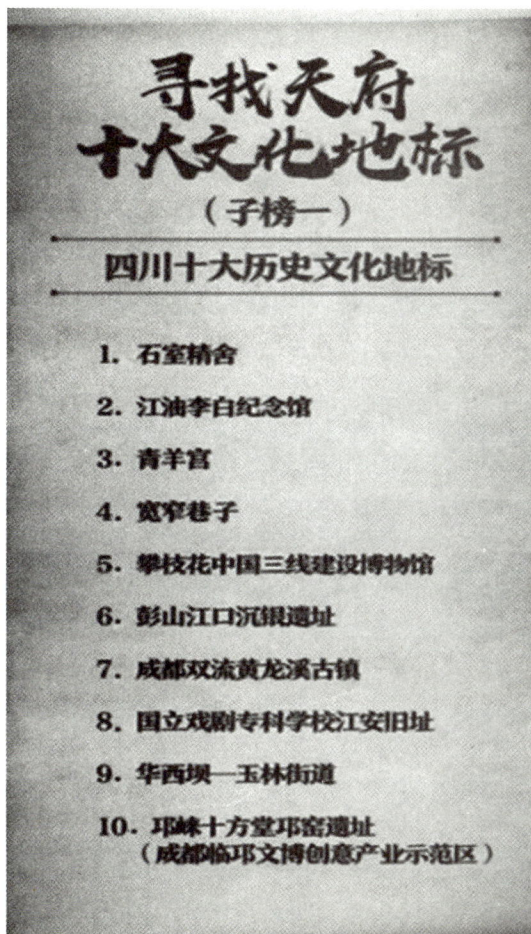

一、石室精舍

早在 2145 年前，西汉景帝末年（约前 141 年），由蜀郡太守文翁创立了"蜀郡郡学"，即"石室精舍"，是中国历史上第一所有记载的由地方政府创办的学校。"文翁化蜀"与"李冰治水"齐名天下，造福后人、功彪史册。而今，这里已被称为石室中学。1997 年 9 月，经过市委、市政府批准，原成都市十中依托石室中学联合办学，成立成都市石室联合中学（以下简称石室中学）。

石室中学是我国地方政府创办的第一所学校，被普遍认为是世界上"最古老的'官学'"。学校校名曾多次更改，但校址从未变动，这在中国及世界都很罕见。

除了历史悠久的先天优势外，石室中学还是四川省首批通过验收的国家级示范性普通高中学校，教育教学质量长期保持着成都市和四川省的一流水平：百分之百的高考升学率，四川省高考文理科状元频出，全国学科竞赛年年获奖，每年都有学生获得保送名牌大学的资格，百余名学生考入清华、北大，千余名学生进入"全国前十强"著名大学。成都石室天府中学是成都高新区引进石室中学品牌，由石室中学派出管理团队和骨干教师，按国家级示范性学校标准打造的，与世界一流经济园区相匹配的高起点、高标准、高品质，具备国际化、信息化、现代化的天府新城公办第一品牌高中，简称"石室天府"。

在四川省，石室中学绝对称得上是与北京四中齐名的学校。在石室中学的花园里，随处可见记录着校史的古老石碑，但如果身处教室，却一点儿也看不出这是一所拥有2000多年历史的学校。

二、江油李白纪念馆

李白纪念馆是为纪念唐代大诗人李白而修建的仿唐园林建筑群，位于四川省江油市北郊昌明河畔，与太白公园毗邻，筹建于1962年，开建于1978年，开放于1982年。

全馆建筑分8个景区，占地4万余平方米，建筑面积2.2万平方米。馆内收藏了众多的各代碑刻、古籍、文物、字画，是旅游江油的必去之处。馆内楹联是纪念馆的重要看点。

2009年，被中宣部命名为全国爱国主义教育示范基地。全国旅游景区质量等级评定委员会于2012年底发布公告，批准李白纪念馆为国家AAAA级旅游景区。

李白纪念馆

纪念馆门厅有5个开间，牌匾"李白纪念馆"几字由郭沫若1963年书。内柱联亦为郭先生书："酌酒花间，磨针石上；倚剑天外，挂弓扶桑。"门联为纽约潘力生撰写的隶书："古今尊国士，中外仰诗仙。"里侧有匾："闳肆俊伟。"这是李一氓录曾南丰（曾巩）语。柱联是由徐大昌原题于匡山书院，罗永嵩补书的："可怜头白未归；惟见长江流皓月；如问我来何事，思将奇句叩青天。"

馆内收藏有历代李白诗集版本、历代名家书画精品等文物资料共计 4000 余件，元、明、清李白著述版本 80 部、700 册，明清以及近代、当代书画珍品 2738 件。馆内珍藏有诗人李白的稀世墨宝、宋碑、李白塑像、匡山太白像、碑刻等。还有桃花潭、洗墨池、大石狮、明代的雷鸣堰等文物古迹。

"5·12"特大地震重建后的李白纪念馆在保留唐代园林式建筑风貌基础上，还扩大了陈列体量。重建后的李白纪念馆较之过去，建筑布局更加合理，功能更加完善。主要由纪念展示区、文物保护陈列区、李白文化研究交流区、李白文化普及区和旅游咨询服务区组成。

三、青羊宫

（略。详细内容见本章第六节"成都古道场——青羊宫"。）

四、宽窄巷子

宽窄巷子位于四川省成都市青羊区长顺街附近，由宽巷子、窄巷子、井巷子平行排列组成，全为青黛砖瓦的仿古四合院落，这里也是成都遗留下来的较成规模的清朝古街道，与大慈寺、文殊院并称为"成都三大历史文化名城保护街区"。

宽窄巷子是国家 AA 级旅游景区，先后获"2009 年中国特色商业步行街""四川省历史文化名街""2011 年成都新十景""四川十大最美街道"等称号。

宽巷子

康熙五十七年（1718 年），在平定了准噶尔之乱后，选留千余兵丁驻守成都，在当年少城基础上修筑了满城。清朝时居住在满城的只有满蒙八旗。清朝没落之后，满城不再是禁区，百姓可以自由出入。有些外地商人乘机在满城附近开起了典当铺，大量收购旗人家产，形成了旗人后裔、达官贵人、贩夫走卒同住满城的独特格局。此间的宽巷子名叫"兴仁胡同"，窄巷子名叫"太平胡同"，井巷子叫"如意胡同"（明德胡同）。

辛亥革命以后，清朝总督赵尔丰随后交出政权，拆除了少城的城墙，一些达官贵人来此辟公馆、民宅，于右任、田颂尧、李家钰、杨森、刘文辉等就先后定居在这里，蒋介石也曾经来过，使这些古老的建筑得以保存下来。民国初年，当时的城市管理者下文，将"胡同"改为"巷子"。

1948年，传说在一次城市勘测中，当时的工作人员在度量后，便随手将宽一点的巷子标注为"宽巷子"，窄一点的那条就是"窄巷子"，有井的那一条就是"井巷子"。

中华人民共和国成立后，将房子分配给了附近的国营单位用来安置职工，"文化大革命"时期又对房屋进行了重新分配。

20世纪80年代，宽窄巷子被列入《成都历史文化名城保护规划》。

2003年，成都市宽窄巷子历史文化片区主体改造工程确立，在保护老成都真建筑的基础上，形成以旅游休闲为主、具有鲜明地域特色和浓郁巴蜀文化氛围的复合型文化商业街，并最终打造成具有"老成都底片，新都市客厅"内涵的"天府少城"，宽窄巷子街区正式出现在世人的词典中。

2005年，宽窄街区重建工作启动。

2008年6月14日（第三个中国文化遗产日），宽窄巷子作为震后成都旅游恢复的标志性事件向公众开放。

五、攀枝花中国三线建设博物馆

攀枝花中国三线建设博物馆原名"四川攀枝花三线建设博物馆"，位于四川省攀枝花市花城新区干坝塘村，占地面积约4公顷，建筑总面积24023平方米，项目总投资3.4亿元。此博物馆是国内面积最大、展陈最全的三线主题博物馆，全面展示了全国13个省、区三线建设的历史面貌。

攀枝花中国三线建设博物馆

攀枝花中国三线建设博物馆展陈内容由全国三线建设的历史背景、党中央的决策发动、十三省区三线建设的展开情况、三线建设推动发展的中西部城市和重点项目、三线建设的重中之重——攀枝花的开发建设、三线建设的调整改造和成就、三线建设的精神传承 7 大部分组成。

攀枝花三线建设博物馆收集文物、文献史料 1 万余件（套），图片 2 万余张，口述历史视频 120 人、8000 多分钟，其他三线建设时期视频资料 3000 多分钟。身临其境，一件件鲜活的文物、一幅幅生动的照片、一个个微缩场景，再现了当时的生产生活场景，令人仿佛又回到了半个世纪前那段激情燃烧的岁月，感受到的是三线建设的恢宏气势和伟大成就，体会到的是当年千千万万三线建设者的"艰苦奋斗、勇于创新、团结协作、无私奉献"的三线精神。

三线建设博物馆是四川省党性教育基地、党史教育基地和统一战线中国特色社会主义教育基地。博物馆的建成，既反映了三线建设历史的全貌，宣传纪念了三线建设的巨大成就，又弘扬了三线建设的伟大精神，更充分展示了攀枝花形象，成为攀枝花最亮丽的文化名片。

六、彭山江口沉银遗址

四川眉山市彭山区江口镇，府河在此汇入岷江，是四川最古老的码头之一，迄今已有 2000 余年历史，历朝历代都将其视为兵家必争之地。

相传 1646 年，清军入川，张献忠"携历年所抢"的千船金银财宝率部向川西突围。但转移途中猝遇地主武装杨展，张献忠的运宝船队大败，千船金银沉入江底，张献忠只带少数亲军突围成功。清代以来的文献中对张献忠在此沉银一事多有记载。

南明建昌卫掌印都司俞忠良在其所著《流贼张献忠祸蜀记》中说："隆武二年丙戌九月十六日，副总兵曹勋率建南兵克邛州，距成都仅两日行程。献忠离成都，率贼营男妇百余万操舟数千蔽岷江而下。都督杨展起兵逆击之，战于彭山之江口，展身先士卒遣小舸载火器以攻贼舟，风大作，舟火，士卒鼓勇，皆殊死战，贼败。贼舟首尾相衔，骤不能退，风烈火猛，势若燎原。官兵枪铳弩矢百道俱发，贼舟多焚，所掠金玉珠宝及银鞘数千万，悉沉江底。群贼登岸走，旋奔川北，杨展率部追之。献忠虑各营家眷众多，不能急行，此皆历年抢掠而来，乃集众贼将共议，饬令将妇女尽杀之，献忠亦杀其妃嫔数百，死者数十万。献忠犹未已，恐川兵反，行次顺庆界。大阅，尽杀川兵，不留一卒。仅有都督刘进忠者一营，久自川北遁去，入秦降于虏。"

《蜀碧》记载："（张）献忠闻（杨）展兵势甚盛，大惧，率兵 10 数万，装金宝数千艘，顺流东下，与展决战。"

《蜀难纪实》中对沉银有更多细节的记载：张献忠部队从水路出川时，由于银两太多，木船载不下，于是张献忠命令工匠做了许多木头的夹槽，把银锭放在里面，让其漂流而下，打算在江流狭窄的地段再打捞上来。但后来部队遭到阻击，江船阻塞江道，所以大部分银两沉入江中。

江口沉银遗址位于四川眉山市彭山区江口镇的岷江河道内，2009 年 11 月 4 日，眉山市彭山县（今彭山区）欲投资 850 万元，在该县江口镇相传为张献忠沉银的原址旁耗费 3 年时间打造一个占地 200 亩左右，集考古、探密、休闲为一体的文化旅游项目——"张献忠千船沉银之谜遗址"。2010 年被公布为眉山市级文物保护单位，分布面积 100 万平方米。

江口沉银遗址

2016 年 12 月 26 日，对"江口沉银遗址"进行首次考古发掘。2017 年 1 月 5 日，彭山江口沉银遗址水下考古发掘正式启动。

2017 年 4 月 13 日，发掘面积 2 万余平方米，出水文物 3 万余件，西王赏功币数以百计，金器数以千计，银器数以万计。

2017 年 5 月 12 日，考古所有工作全部结束，考古发掘面积 2 万余平方米，出水文物 3 万余件，初步发现直接与张献忠大西国相关的文物上千件。

2017 年 10—11 月，新一轮发掘开展，前期规划 5 年内建成博物馆，成都市民或可乘船"江战"。

2018 年 4 月，考古发掘再次出水各类文物 12000 余件。

2018 年 4 月 10 日，四川彭山江口沉银遗址入选"2017 年度全国十大考古新发现"。

2018 年 6 月 26 日，江口沉银——四川省眉山市彭山江口战场遗址考古成果展在中国国家博物馆正式开幕。

七、成都双流黄龙溪古镇

（略。详细内容见本章第十一节"府河要冲——黄龙溪古镇"。）

八、国立戏剧专科学校江安旧址

江安国立戏剧专科学校是省级文物保护单位，在宜宾市江安县江安镇一街，原为县文庙。

国立戏剧专科学校江安旧址

国立戏剧专科学校原名"国立戏剧学校",又称"南京国立戏剧专科学校",是我国有史以来的第一所戏剧专科学校。1935年秋创建于南京,直属国民党中央宣传部,是中国当时的戏剧最高学府。校址设在南京鼓楼东南角的双龙巷,有一座纪念屈原的"屈子祠",即古妙相庵所在地内的曾国荃祠堂。因为余上沅在戏剧界声望很高,被聘为剧校校长。妙相庵环境及房舍设施甚好,又邻近两江师范学堂,校址即定在"暨南学堂"(今广东暨南大学前身)内。南京的校址现已无存。

中华人民共和国成立后在原址建县招待所,拆除部分建筑,现存原文庙中的中殿、乡贤祠、忠义厅和厢房,占地1500余平方米,建筑面积700多平方米,均为原师生教室、宿舍。1985年,江安县人民政府将旧址辟为国立戏剧专科学校江安史料陈列馆,收集陈列5000余件有关史料。

国立戏剧专科学校办校14年,校址几经迁徙,而在江安办学达6年之久,是时间最长、生活最丰富,也是最出成果的黄金时代。从1939年起,剧专演出的剧目共241个,其中在江安就上演了144个。在江安期间,先后公演了《蜕变》《北京人》《正气歌》《清宫外史》《日出》《伪君子》和《哈姆雷特》(此剧系首次在国内公演)等中外名剧。同时,还坚持排演抗日戏和进步戏,除了在江安演出外,还到附近的南溪、泸州等地演出,对抗日救亡起到了积极的宣传作用。江安因此被誉为"中国戏剧的摇篮""中国戏剧的圣地",蜚声海内外。

为纪念国立戏剧专科学校在中国戏剧史上的重大意义和卓越功绩,江安县于1998年10月在其旧址(江安文庙)建立了"国立剧专史料陈列馆",曹禺、谢晋等分别为其题了词。

九、华西坝—玉林街道

玉林街道位于成都市中心城区南部,人民南路三、四段的西侧,北与锦江宾馆隔河相望,南接武侯区火车南站街道辖区,西靠浆洗街道辖区、高新区的芳草地街道辖区,东连武侯区的跳伞塔街道辖区。

成都武侯区玉林辖区有 77 条街道，背街小巷有 53 条，占辖区街道总数的 2/3 以上，为了让老百姓回家的路"靓"起来，街道启动了"四大工程"：

（1）城市管理"织网"工程。整合社会力量，提高自治能力，形成自上而下的推力与自下而上的融合。

（2）"花开玉林"工程。以"五横七纵"12 条街为起点，厚植成都文化、培育玉林文化，让城市治理与城市文化无缝隙结合。

（3）老旧院落整治工程。分批提升院落的硬件与软件管理，提升群众宜居指数和幸福感。

（4）队伍提升工程。以执法人员的招聘、监督、考核、激励等为重点进行队伍改革，坚持"1+2"学习培训，提升队伍素质。

在玉林街道辖区，"五横七纵"都可以为城市文化代言。"五横"中临江西路变为临江文化艺术街区，玉林东路为音乐文化街区，玉林上横街为慢生活文化街区，玉林横街为书信文化街区，倪家桥路为芙蓉文化街区。

"七纵"中玉林南街打造成老成都特色文化街区，玉林北街打造成玉林记忆文化街区，玉林下横街打造成爬山虎文化街区，玉林五巷打造成成都记忆文化街区，玉林南路和玉林中路打造成城市民谣文化街区，玉林北路打造成法治文化街区。

在临江文化文艺街区，花卉满间，以文艺涂鸦墙和老照片故事演绎着华西坝的地名典故传承文化。玉林横巷书信文化街区设立了邮政博物馆、主题邮局，以书信发展史文化墙和诚信文化墙为载体，传播"信达天下"的书信文化精髓——诚信。玉林东路结合周边小酒馆音乐氛围浓郁的特点，打造音乐文化街区，立面改造植入音乐文化和符号……

十、邛崃十方堂邛窑遗址

邛窑遗址，位于邛崃市郊西南的南河乡十方堂。始于南朝、盛于唐和五代。现发掘 14 处窑包，都被作为"文化之根"进行本体保护。它是中国彩瓷发源地之一、全国重点文物保护单位、被列入国家大遗址保护名录，与三星堆、金沙遗址并列为四川三大考古遗址公园。

邛崃十方堂邛窑遗址

邛窑历史悠久，在陶瓷史上占有很重要的地位。自南朝至两宋，共经历了8个多世纪，是目前已知的四川古陶瓷窑址中烧造时间最长、产品最丰富、造型纹饰最美的名窑。邛窑遗址向我们揭示了：在南朝，人们即广泛使用化妆土美化陶瓷；在隋代就独树一帜地创造了釉下彩绘；唐至五代则以其釉下彩绘著称于世，达到了瓷业的历史高峰；五代至两宋，还创烧了有名的"省油灯"，大大扩展了瓷业生产范围。

邛窑遗址现存有13个窑堡，其中以十方堂邛窑遗址和固驿瓦窑山邛窑遗址最为著名。

1983年，四川省考古队在十方堂邛窑遗址发掘，出土各种完残器物10000余件。出土器物不仅数量大、种类多，而且从产品到窑炉、窑具都有完整的实物，对中国古陶瓷史的研究有着很重要的价值。

1988年1月，十方堂邛窑遗址由国务院正式公布为国家级重点文物保护单位。

1988年10月，省考古队对固驿瓦窑邛窑遗址进行正式发掘，清理出45.7米的龙窑1座，虽有一定损坏，但主要部分（火膛、炉身、烟道）是齐全的。在古陶考古中保存情况如此良好的窑炉还真不多见。古陶学界一般都认为唐以前的窑炉没有超出30米，而瓦窑山出土的龙窑竟长达40多米，这就使得古陶瓷学界的定论将予以修正。另外，在固驿窑出土的大批隋代陶瓷器中，还发现有联珠纹釉下彩3件，较《中国陶瓷史》认定的中国釉下彩生产最早的湖南长沙窑（中唐时期）早将近200年。据此考证，固驿窑是我国已发现的生产釉下彩瓷的最早窑堡。

第十一章　传承创新天府文化，建设世界文化名城

第一节　文学中的成都

一、驷马桥上的司马相如

如今成都与司马相如确切相关的地方只有一处，那就是城市北部的驷马桥。

成都北部的驷马桥

司马相如

2000 多年前，司马相如初入长安，决心干出一番事业。他出成都北门，必须通过升仙桥，桥边有一个送客观。

面对着送行的朋友，司马相如在送客观的大门上提笔写下："不乘赤车驷马，不过汝下。"那时的司马相如年方二十，正是青春年少、豪情万丈之时。

在宋朝时，升仙桥被更名为"驷马桥"，一直沿用至今。

中华人民共和国成立后，修建成渝铁路，原有河道被改道，木石结构的驷马桥便被拆掉了，改修了一座铁路与公路两用的小型立交桥，仍命名为驷马桥。如今的驷马桥是成都北部的一个较大片区，川陕公路从中穿过。

成都还有条著名的琴台路，是一条仿古街。杜甫曾有诗曰："酒肆人间世，琴台日暮云。"

司马相如与卓文君在成都的居所被后世称为"琴台"，但琴台的具体位置现在已经说不清楚了。晋人李膺在《益州记》中说："市桥西二百部，得相如旧宅。"据此推算，大概就是在现在的琴台路一带。

西出成都市区几十千米，到邛崃，还保存着文君井，相传为司马相如与卓文君开设"临邛酒肆"时的遗物。

《史记》上说，司马相如是成都人，小名"犬子"，从小胸怀大志，因慕战国名相蔺相如而改名。司马相如家庭条件不错，父母资助他读书、击剑，并拜在蜀中大学者胡安门下。司马相如为文武全才，写得一手好文章，不仅是个才子，且举止高雅，《司马相如传》称："从车骑雍容，娴雅甚都。"人才气质，都是一时之选。

汉武帝即位后，发现了司马相如的才能，于是召他入朝为官。他的代表作有：两赋

《子虚赋》《上林赋》，两文《喻巴蜀檄》《难蜀父老》，除《子虚赋》外，都完成于汉武帝时期。

司马相如在成都度过了晚年，过着他自己喜欢的生活。返家的司马相如，一面瞻仰蜀地先祖们留下的遗迹，一面浏览所能获得的全部书籍。除了继续练习击剑外，他还喜欢斗鸡走马，观看杂技。

这时的成都是汉朝通往西南丝绸之路的起点，城中往来的有西南部各族商旅、艺人。世界在司马相如的眼中是广袤繁复的，充满了灵性和神秘感。

二、草堂中的杜甫

安史之乱天下残破，而成都却没有受兵火之灾，仍然物阜民丰，歌舞升平。759年底，即唐肃宗乾元二年，杜甫携家眷经过艰难的跋涉来到了成都。他感到自己仿佛来到了另一个世界。在《成都府》一诗中，杜甫叙述说："曾城填华屋，季冬树木苍。喧然名都会，吹箫间笙簧。"杜甫对成都的第一印象，除了城内高大华美的房屋和冬天也郁郁葱葱的树木外，就是满城的音乐之声。他对音乐的赞美，在另一首诗《赠花卿》中更明显："锦城丝管日纷纷，半入江风半入云。此曲只应天上有，人间能得几回闻。"

杜甫在成都的草堂居住了3年零9个月，前后作诗约250首。在成都的这几年是他人生中最为安定舒适的一段岁月。这位诗人终于可以静下心来，仔细品味生活，享受闲暇时光。这段时期，他观察和描写的视角与心态明显有别于其他时期。

成都温润宜人的气候，草堂清新自然的景色，滋润了杜甫的内心。他暂时抛开了功名和世事的重负，享受平静、本真的生活。诗风也一改沉郁孤愤，而转向恬淡、清雅和愉悦。除了与乡村野老打成一片，杜甫与当时成都周围的文人都有广泛的交往，常常把酒唱和。

杜甫于永泰元年（765年）离开了曾令他魂牵梦绕的成都草堂。他身后的历朝历代，无论政权如何变换，帝王将相怎样更迭，有一点却不变，那就是人们没有忘记过胸怀苍生的诗圣。

1000多年来，每当草堂衰败之时，总有人出面倡导修复振兴，以彰显斯文。也正是在这个意义上，老诗人冯至在《杜甫传》中写道："从此这座朴素简陋的茅屋便成为中国文学史上的一块圣地，人们提到杜甫时，尽可以忽略杜甫的生地与死地，却总忘不了成都的草堂。"

三、菱窠中的李劼人

菱窠是李劼人的故居，在成都东郊的狮子山下。原先此处是乡下，桑田密布，水网纵横。因门前有一水塘种着菱角，所以李劼人将自己的家命名为菱窠，意为菱塘边的居巢。近些年，城市化的速度实在太快，菱窠附近的农田早就消失了，种菱角的水塘也不见了，取而代之的是宽阔的马路和新式高楼。好在菱窠还在，而且已经过了整修，面积也扩大了一些。

1939年，日本飞机轰炸成都。李劼人在友人资助下，于沙河铺修建了几间茅草房作为居所，命名"菱窠"。最初的菱窠是一座土墙草顶的房子，坐北朝南，隔为3间，东为客厅，西为卧室，中间是书房，书房中有一张书桌，数架图书，几幅宋画。1957年，故居进行了翻修，将草顶换成小青瓦，阁楼升高为一楼一底，楼上楼下均以走廊环绕。

底楼布局、功能不变，为餐厅、客厅、书房、卧房，楼上为藏书楼。藏书楼中存放其苦心收集的 4 万余册中外文图书和千幅古今字画。现在房屋的格局并没有变，当年的家具也保留了下来。因李劼人家属早已将其全部藏书捐献，所以现在的藏书陈列，都是工作人员后来照单搜集的现代版本。

从 1939 年春举家迁入菱窠到 1962 年 12 月与世长辞，李劼人一直在这里居住、创作。他完成了长篇小说《天魔舞》和《死水微澜》《暴风雨前》《大波》三部曲的修改与重写，出版了中短篇小说集《好人家》，翻译了相当数量的法国文学作品，整理了有关成都地理历史、风土人情的《说成都》《二千余年成都大城史的衍变》等。现在的成都已经不再是李劼人笔下的面貌，但他的故居还尽力维持原样，作为城市记忆的一部分而顽强存在着。

李劼人（1891—1962 年），原名李家祥，四川成都人，是中国现代具有世界影响的文学大师之一，也是中国现代重要的法国文学翻译家，知名社会活动家、实业家。中学时代大量阅读中外文学名著，擅长讲述故事。1912 年发表处女作《游园会》，1919 年赴法国留学，曾任《群报》主笔、编辑，《川报》总编辑，成都市副市长。代表作有《死水微澜》《暴风雨前》和《大波》。另外，还发表各种著译作品几百万字。

李劼人是一个索群独离的作家。从他的作品内容看，一系列短篇小说虽然取材现实，富于强烈的批判现实主义的特点，但奠定他地位的"大河小说"系列，却全部是历史题材。用今天时髦的话来说，那就是远离了当时文学的"主旋律"。可以用李劼人评价早年鲁迅的话来评价他自己："他不是弄潮儿，他是开山祖师啊！"郭沫若先生首次提出李劼人是"中国的左拉"，而《大波》是"小说的近代《华阳国志》。"李劼人正是新文学长篇历史小说的"开山祖师"。

李劼人的一生经历了晚清、民国和中华人民共和国三个时期。他当过衙门小吏，办过报纸、杂志；曾赴法国留学，在大学做过教授；做过自由撰稿人，担任过机器厂的经理；合股开过造纸厂，开过饭馆，还在新时期当过成都市副市长，主管文化与城市建设。他交友广泛，五行八作，三教九流，可以说是上自达官显贵，下至江湖中人。他为官，为商，亦为文。

如果想通过文学来了解"老成都"，最好的选择就是读李劼人。他本身就是巴蜀社会和文化所孕育出来的"土生土长"的作家，除了少年漂泊和留学法国的短暂时光外，终其一生，都固守本土。成都平原物产丰足养成的人文性格，众多名胜古迹等文化美学积淀的熏染，市井酒肆中的说书、道情、清音等民俗艺术的影响，都铸造着李劼人的艺术个性，使其作品散发着浓郁的市民趣味。

李劼人是成都历史的忠实记录者，始终以一种近乎欣赏的态度来描摹他眼中的西蜀古都。尽管他在作品中不时对地方文化、国民性进行深入的反思和批判，但他又不自觉地因沉迷其中而减弱了批判的声音。

他在创作时大量收集四川的各种资源，包括一些家谱、族谱，一些流水账式的东西，乃至外国传教士向本国宗教团体介绍四川风土民情的信件；他走访事件的当事人，了解辛亥革命的史实；为了一句话他可以翻阅几十万字的资料，甚至在细枝末节上也要力求准确。他在作品中描写的那些成都名胜古迹、街道、消防设施、日常用品、生活时尚都是符合当时实际情况的。例如，小说中经常写到"允丰正"的绍酒，《成都通览》就记载，晚清时期，绍酒"允丰正为著名"。

李劼人写吃，也是有滋有味，不矜持，不炫异。如他写猪肉："成都西北道的猪，在川西坝中又算头等中的头等。它的肉，比任何地方的猪肉都要来得嫩些，香些，脆些，假如你将它白煮到刚好，切成薄片，少蘸一点白酱油，放入口中细嚼，你就察得出它带有一种胡桃仁的滋味，因此，你才懂得成都的白片肉何以是独步的。""胡桃仁味"的白切肉片究竟是怎样的味道？这已经不是简单的口腹之欲，而上升为饮食的艺术了。

他用成都人喜欢的"摆龙门阵"的叙事习俗来讲述故事。他的"大河三部曲"，从保路风潮的兴起到辛亥革命的发生，来龙去脉，不少情节就是众人在"摆龙门阵"中讲出来的。例如，他在《死水微澜》中写到天回镇赶场的盛况，便索性插入一大段关于川猪的叙述，体形、重量、饲料，甚至猪圈的修建方法、防病措施，等等，应有尽有。他在《大波》中写葛寰中进万县（今万州区）拜访陆知县，随后又将笔一拐，不紧不慢地大讲这位陆知县的戒烟史，对大补药"龟龄集"说得头头是道。读者仿佛跟着李劼人的笔，进入了"龙门阵"的现场，听得津津有味，意兴盎然。

李劼人的小说还将成都人的幽默精神表现得淋漓尽致。他在《死水微澜》中写道，罗歪嘴走进蔡大嫂的卧室，"看见……她那只御用的红漆洗脸木盆，正放在架子床侧面的一张圆凳上"。"御用"一词，调侃地表达出罗歪嘴对蔡大嫂的仰慕与爱恋，简直如女皇一般。《大波》里黄太太在悦来戏园看戏，给前来献殷勤的老妈子开了个玩笑，"逗得那坏东西连屁股上都是笑"。调笑幽默是成都市民文化的一部分。巴蜀大地没有太多正统文化积淀，天府之国物产丰富，生活相对轻松，调笑氛围在成都有着广泛的民间基础。正如《通典》所说："巴蜀之人少愁苦，而轻易荡佚。"

四、"家"里的巴金

巴金，原名李尧棠，1904 年出生于成都正通顺街 98 号的一个大家庭。

1923 年 5 月，19 岁的巴金同三哥李尧林一起离开成都，前往上海读书。虽然远走他乡，但故土成为他取之不竭的创作宝库。

巴金一生漂泊在外，大部分时间住在上海，可他的 5 部优秀的长篇小说以及众多短篇、散文，都是写成都生活的，其

"家"里的巴金

中《家》《春》《秋》《憩园》又都是以成都大家庭生活做背景的，繁华摩登的大上海在他的创作中却很少留迹。在家人建议下，巴金于 1960 年 10 月回到成都静心写作。在这期间，他根据入朝采访的大量素材，陆续写了以朝鲜战争为题材的 4 个短篇小说《回家》《军长的心》《无畏战士李大海》《再见》和 1 个中篇小说《三同志》。同时，他还修改了长篇小说《寒夜》。他的《成都日记》详尽记录了他在成都 4 个月的写作和生活情况，其中有观川剧、会亲友、访名胜、逛老街、品小吃、啖三花（啖，成都方言中为"品茶"之意）的闲情逸趣，也有他勤奋笔耕的创作以及多封家书。1990 年，巴金将《成都日记》赠予成都市档案馆永久保存。

庆幸的是，成都还给我们保留了两个去处：一处是位于百花潭公园内的慧园。这座园林于20世纪80年代根据《家》中的高家花园建成，园门前立有巴金雕像及冰心题写的"名园觉慧"石碑。另一处是位于龙泉驿区的巴金文学院。里面展出的巴金作品、图片及其获得的意大利但丁国际奖奖章、法国荣誉军团指挥官勋章等，再现了这位世纪老人的风雨人生路。

五、鹤鸣茶社里的马识途

鹤鸣茶社是人民公园湖边的一座仿古门楼。

人民公园从前叫少城公园，前身是清朝时候成都少城的一座园林，也是成都的第一个公园。李劼人在作品里写过它的来历。宣统年间，成都将军玉昆把关帝庙旁边一片荒芜的野树、荷花池和周围空地开辟为公园，修了几所假洋楼和亭榭，招了几家餐馆茶铺，门票是十铜圆二枚，生意很兴隆。鹤鸣茶社也因少城公园而成了成都民国时候的名地，在电影《让子弹飞》的原著小说《夜谭十记·盗官记》里有其详细的描述。

著名作家马识途

《夜谭十记》的作者马识途2018年时已有104岁，除了因关节炎腿疼，身体很好，思路非常清晰。他的原名叫马千木，"马识途"不是一个笔名，而是他在党内的名字，因为参加"一二·九"抗日救亡运动而顺理成章地加入了中国共产党，他觉得找到了人生道路，他这匹老马识途了，所以改叫"马识途"。

由于经常泡在茶馆里，马识途对茶馆文化很熟悉，专门写过关于四川茶馆的文章。他说，四川人是明末清初从外面移民过来的，各地混在一起，这里又很富庶，所以都喜欢喝茶。四川茶馆，实际上官方办公，做买卖、做生意，调解纠纷，流氓打架都在这里。《盗官记》中写到的鹤鸣茶社里买官卖官在当时确有其事。

除了人物形象鲜明，他的小说里也涉及大量四川的方言和民俗。马识途说，从技术上说，选择使用方言是为了凸显人物的形象。而且四川人的叙述方法本身就喜欢幽默和讽刺的东西，它不像普通话一样很直接，四川人的对话经常是用拐个弯、很有趣味的语言来表达，这是很优美的。"所以我们四川人好几个作家把方言当作一个很重要的创作手段，像李劼人、沙汀还有我，都喜欢用方言写四川的故事。描写四川的故事当然是用四川的方言才更生动真实一些。"

第二节　天府历史上的世界第一、中国第一及突出成就

一、中国最古老的地方官办学校——石室学校（文翁石室）

在四川省成都市，石室中学算得上是有名的学校。当地许多人都知道石室中学作风严谨、办学条件好、师资力量强，更重要的是它的教学质量高。因此，它成了许多学生向往的一所学校。然而，这所学校还有更神奇的一面，那就是它的历史。

一提起成都地区的名胜古迹，不少人都知道著名的都江堰、武侯祠等，其实，文翁石室（石室学校）的声名丝毫不逊于它们。

前143年，蜀郡守文翁上任后继续整修都江堰，扩大了水利工程，而且在文化教育方面做出了巨大的贡献，这也就是人们常说的"文翁化蜀"。

当时蜀郡守文翁看到四川文化教育比较落后，便一面派人去京师求学，一面在成都城南修建学堂，因为讲堂是用汉白玉石（或花岗石）建筑的，所以称为"文翁石室"，这就是我国的第一所地方官办学校。

由于文翁办学成就卓著，四川文化教育事业得到了大大的发展，汉武帝下令全国效仿文翁办学的模式，各郡皆设立官学。所以，文翁办学不仅推动了四川文化教育事业的发展，也对全国文化教育事业产生了巨大的影响。

人们曾将"文翁化蜀"与"李冰治水"并提，这是很有道理的，在现代发现的汉代画像砖中，其中有一幅"石室讲经图"，还有一幅"传经讲学图"，生动地记载了石室授课、研讨的情景，也形象地说明了石室在汉代的地位与影响。成都石室中学校友、文化巨匠郭沫若在《蜀道奇》一诗中写道："文翁治蜀文教敷，爱产扬雄与相如。诗人从此蜀中多，唐有李白宋有苏。"正因为如此，唐代的卢照邻、岑参、杜甫、王维，宋代的苏轼、陆游，清代的彭端淑、李调元等都写诗赞美过文翁办学。如此众多的大诗人饱含崇敬之情去讴歌一所学校，讴歌一件教育事业的义举，这在中国历史上是绝无仅有的。

石室中学是一个有着光荣传统的学校。历史上，从这里培养出无数的社会栋梁，造就出一批又一批忧国忧民的精英，许许多多有知识、有才华的石室同学投身革命。在成都十二桥长眠着几十位热血青年，为了人民的利益，为了中国的解放，他们在中华人民共和国成立的前夜倒在了反动派的屠刀之下。这中间就有石室中学的刘骏达、王建昌、杨伯恺3位热血师生。

2000多年来，文翁石室屡遭战乱、兵火，但始终没有消亡，一直延续到今天。2000多年来，无论是办学方针、教育思想还是教学方式都为我们留下了很多珍品，它是我国教育史上光辉的篇章，也是我国教育事业的宝贵财富。老校友郭沫若对这一点非常了解，因此，1957年他为母校题写楹联时这样写道："爱祖国爱人民为建设社会主义而学习，求真理求技艺愿增进文翁石室之光荣。"那么，文翁石室的光荣传统是什么呢？简言之，就是郭沫若在楹联中所写的"爱祖国爱人民"和"求真理求技艺"。说得具体一些，就是"爱国利民，因时应事，整齐严肃，德达材实"。当然，2000多年的光荣传统有待于我们进一步挖掘、整理和研究。

作为一所有2000多年历史、四川省重点中学的成都石室中学，就不仅要继承光荣传统，更重要的是要开拓教育的新篇。为此，学校在确定了"传统·基础·创造"的办学思想的指导下，形成了将石室光荣传统与现代教育思想相结合的办学特色，大力推进素质教育，培养学生的创新能力。

文翁（前156年—前101年）名党，字仲翁，西汉官吏，庐江郡舒县（今安徽庐江西南）人，汉景帝末年为蜀郡守，兴教育、重贤能、修水利，政绩卓著。

文翁——公学始祖

汉初四川成都一带为边陲。文翁治蜀首重教育，选派小吏至长安，受业博士，或学律令，结业回归，择优"为右职，次举官至郡守刺史者"；在成都修建学堂，办地方"官学"，招下县子弟入学，免除入学者徭役，以成绩优良者补郡县吏，促进当地文化的发展。班固在《汉书》中评论其说："至今巴蜀好文雅，文翁之化也。"

据《都江堰水利述要》记载：文翁在任职期间，带领人民"穿湔江，灌溉繁田一千七百顷"，是第一个扩大都江堰灌区的官员。由于文翁注重兴修水利，发展农业，蜀郡出现了"世平道治，民物阜康"的局面。

后世人缅怀文翁，蜀立专祠，岁时祭祀；故里庐江城建乡贤祠（移建易名"忠义祠"），首立文翁崇祀，以启后贤。

二、北宋时期诞生了世界上第一张纸币——"交子"

"交子"是人类历史上第一张纸币，它诞生于1000多年前的四川成都，比近代西方第一张纸币早了整整600多年。

成都在北宋时期是一个商业繁荣、商品交易发达的地区，然而最初使用的交换货币是铁钱。这种铁质的钱虽然很重，但价值却很低。据说当时人们要买一匹布，须带上的铁钱有七八十斤重，遇上大买卖就更麻烦了，这对商人来说极不方便。

铁钱的使用不便，促使一些商人在交易中发明了楮（用构树制成的纸）卷。他们在楮卷上暗藏标记，隐蔽密码，并以此代替铁钱，从而大大方便了商人们的商品交易。当时这种楮卷被称为"交子"，它的性质与现在的存款凭据相近。

有了"交子"的流行，就有了商人所开设的专门经营"交子"的铺子，即经营现金保管业务的"交子铺户"，使用、交换时需要交纳保管费用等。存款人将现金交给铺户，铺户将现金数额填写在楮卷上作为保管凭证，储户可以随时凭"交子"支取现金，铺户收取一定的保管费用。但有的商人唯利是图，乱用储户的钱，以致发生纠纷。于是1005年前后，益州（成都）知府对所有"交子"铺进行了整改，统一由十余户富商经营，但还是发生了一些争端。

宋仁宗天圣元年（1023年），"交子"改由地方政府垄断发行，并禁止民间私造，设置了益州"交子务"，发行"官交子"。成都的府河边过去有条小街，名叫"椒子街"，据说原为"交子街"，是"交子"铺曾经聚集的地方，后因谐音，讹为今名。1105年，宋代朝廷将"交子"改称为"钱引"，并在全国大部分地区通用。到了元代，纸币制度进一步完善。

意大利旅行家马可·波罗来到中国后，发现了元代使用的纸币，在1298年撰写的《马可·波罗游记》中，详细介绍了我国纸币的印制工艺和发行流通情况，从此让欧洲人了解了纸币。美国学者罗波特·坦普尔说："最早的欧洲纸币是受中国的影响，于1661年由瑞典发行。"

曾在四川广泛使用过的"交子"，迄今尚未发现其实物。据说，传世的著名北宋"交子"钞版已被日本人所收藏。

世界第一张纸币诞生在成都，充分反映了历史上成都经济之繁盛、文化之包容、社会之诚信以及勇于创新的区域文化特质。"交子"是古代中国为世界文明做出的又一巨大贡献，有中国古代第五大发明之誉，积淀出天府文化悠久厚重的工商文脉——在印刷史、版画史、货币史上都占有重要的地位。

三、地方志"鼻祖"——《华阳国志》

《华阳国志》是我国现存的一部最早的、比较完整的地方志。它记载了4世纪中叶以前今四川、云南、贵州3省以及甘肃、陕西、湖北部分地区的历史、地理，涵盖远古至西晋时期巴蜀地区丰富的民俗资料，对研究古今巴蜀民俗的延续与传承具有很高的史料价值，是一部重要的史籍，堪称地方志的"鼻祖"。

《华阳国志》是由东晋时期的史学家常璩所著的有关蜀地的地方志。"华阳"一名，最早见于《尚书·禹贡》的"华阳黑水为梁州"，意思是说，梁州东至华山之阳，西至黑水之滨地区。

常璩在《华阳国志·序志》中说，"唯有天汉，鉴亦有光。实司群望，表我华阳"，并注释说将汉水作为华阳地区的标志。

《华阳国志》全书共十二卷，约11万字。全书内容大体由3部分组成：一至四卷主要记载巴、蜀、汉中、南中各郡的历史、地理，其中也记载了这一地区的政治史、民族史、军事史等，但以记地理为主，其类似于"正史"中的地理志；五至九卷以编年体的形式记述了西汉末年到东汉初年割据巴蜀的公孙述、刘焉刘璋父子、刘备刘禅父子和李氏成汉4个割据政权以及西晋统一时期的历史，这一部分略似"正史"中的本纪；十至十二卷记载了梁、益、宁3州从西汉到东晋初年的"贤士列女"，这部分相当于"正史"中的列传。

刘琳在《华阳国志校注·前言》里指出："从内容来说，是历史、地理、人物三结合；从体裁来说，是地理志、编年史、人物传三结合。"常璩将历史、地理、政治、人物、民族、经济、人文等综合在一部书中，这点无论是从体例上还是内容上，都具备了方志的性质，但又明显区别于传统方志只偏重于记载某一地区的特点。这种区别，正是常璩的《华阳国志》在中国方志史上的一个伟大创举，也是《华阳国志》千百年来能挺拔于方志之林并成为方志之鼻祖的主要原因之一。

《华阳国志》自成书以来，受到历代学者的高度评价和推崇。唐代著名史评家刘知几在《史通·杂述》中说："郡书者，矜其乡贤，美其邦族。施于本国，颇得流行；至于他方，罕闻爱异。其如常璩之详审……而能传诸不朽，见美来裔者，盖无几焉。"

北宋学者吕大防在《华阳国志·序》中也说："蜀记之可观，未有过于此者。"徐广的《晋记》、范晔的《后汉书》、裴松之的《三国志注》、刘昭的《续汉志注》、李膺的《益州记》、郦道元的《水经注》、贾思勰的《齐民要术》、唐初修的《晋书》以及司马光的《资治通鉴》等，都大量取材于《华阳国志》。

当代人对古代中国西南进行研究，都把《华阳国志》作为重要的史料，尤其是撰写四川、重庆、云南、贵州等地方的史志，更是离不开《华阳国志》。

后人因研究此书产生了大量研究成果，而这些研究成果，也都得益于《华阳国志》中关于古代西南地区政治、经济、历史、地理、物产资源、生态、民族、文化等多方面的记载。

四、中华人民共和国第一只股票——"蜀都大厦"

1980 年，中华人民共和国第一只股票——"蜀都大厦"在成都诞生。20 世纪 90 年代初期，全国第一个股票场外交易市场成都"红庙子"繁荣起来。不管是对于第一只股票还是第一个交易市场，当时人们对于股票交易的认知是懵懂的，当时的股票交易是疯狂的。经过几十年的风雨变迁，如今的成都已成为西部地区最活跃的资本市场之一，而对于普通的成都市民来说，曾经神秘的股票交易也已经变得十分寻常。

五、世界最大最全的熊猫基地——中国四川大熊猫栖息地

世界自然遗产——四川大熊猫栖息地由世界第一只大熊猫发现地宝兴县及中国四川省境内的卧龙自然保护区等 7 处自然保护区和青城山—都江堰风景名胜区等 9 处风景名胜区组成，涵盖成都、雅安、阿坝和甘孜共 4 市州的 12 个县，面积 9245 平方千米。

四川大熊猫栖息地保存的野生大熊猫占全世界 30% 以上，是世界最大、最完整的大熊猫栖息地，是世界所有温带区域（除热带雨林以外）植物最丰富的区域，被保护国际（CI）选定为全球 25 个生物多样性热点地区之一，被世界自然基金会（WWF）确定为全球 200 个生态区之一。

六、天府文化博大精深，与时俱新

1. "拜水都江堰，问道青城山"

这里曾经诞生过世界上年代最早、唯一留存、一直使用的无坝引水工程——都江堰。

2. "中国最美幸福城市"

2013 年，成都被授予"中国最具幸福感城市最高荣誉大奖——中国最美幸福城市大奖"。

3. "最佳时尚生活城市"

成都获评"2015 年最佳时尚生活城市"。开放、活力、宜人的成都正在大力建设现代化国际化大都市。它既有蜀锦等古老的时尚基因，又有现在致力于建设宜居、宜业、宜商、宜人城市的时尚土壤，人们幸福指数高。

4. 具有典型的大国工匠精神和聪慧勤巧的秉性

2013 年，成都天回镇老官山罕见出土 4 部西汉蜀锦织机模型，中国丝绸博物馆馆长赵丰教授认为："这是世界上发现最早的提花织机模型，代表当时最为高超的中国织锦技术。"

5. "天府四川"——神话、历史、现实叠加的区域文化形象

以"天府"作为区域文化形象概念，其内涵只有随着社会发展而不断丰富，才能适应时代需要。四川在古史神话传说、历史文明、现实世界 3 个层面形成了"富庶、兴旺、和谐、智慧、美丽、幸福"6 大"天府"要素的形象叠加。这种形象叠加，进一步展现了"天府"的区域文化形象。

发起"十大新天府"评选活动的《中国国家地理》杂志，2003 年曾出版四川专辑，封面以"上帝为什么造四川？"为主标题感叹四川山水之绝美和文化的绚丽多姿。按照我国古史神话传说，"上帝"原本就在四川，"上帝"在四川，当然会特别钟爱四川。仙境九寨、瑶池黄龙、道源青城、仙山峨眉、国宝熊猫、河曲草原与"香格里拉"等皆汇聚在四川的"昆仑"岷山，岷山下的成都平原亦为人间乐园"广都之野"，古史神话传说与现实的种种重合，从世俗文化心理上讲既是巧合，也可谓"天意"使然。

"天府"在四川，四川为"天府"之域，"天府"的内涵与当代人类社会所追求的社会生活目标一致；"天府四川"不仅是一顶美丽的桂冠，对塑造和提升四川的区域文化形象，发展文化产业、旅游与休闲产业以及提升农牧业、医药保健、食品饮料等生态产业和其他相关产业的产品文化形象，亦可提供重要的文化内涵支撑，因此，应当予以大力宣传和对外传播。

七、天府文化——"创新创造、优雅时尚、乐观包容、友善公益"

1. 寻根天府文化，蜀人历来聪慧多智、好文雅

成都文化的优雅，在于历来重文史、重文学，"西蜀自古出文宗"，意思是天下文坛的宗主领袖多出自天府。他们有些出生在成都，有些生活在成都，历经蜀山、蜀水、蜀文化的熏陶，成就了文学大才。

由西汉赋圣司马相如开端，后有汉代的"孔子"——扬雄，唐代"开风气之先"的陈子昂、"诗仙"李白、"诗圣"杜甫，宋代的"千古第一文人"苏轼、"剑南诗宗"陆游，明代的"文坛宗匠"杨慎，清代"函海百科"李调元、"性灵南宗"张问陶，直到现代文化巨人郭沫若、巴金，成都的几千年文史未断，而且每个历史时期出的文人都傲立于时代之巅。

蜀地文人的创作风格，想象奇谲、浪漫风流、从容不羁，跳脱出中原文化背景下的诗人创作风范，带有蜀地的鲜明特点，这是成都文化沃土厚植出的果实，尤其要提的是成都文化的优雅，还在于培育的才女多。凌濛初在《二刻拍案惊奇》中盛赞"蜀中女子自古多才"。要说"成都姑娘"，卓文君、薛涛、浣花夫人都是，而且今天的成都仍保存了成都姑娘们遗留的蜀风雅韵。

成都文化的"优雅"可以理解为一种细腻雅致的风格，更可以扩展为博大风雅的品性，成都的文化悠长厚重、独具魅力，是一种"大雅"。最好的例子就是儒、释、道在成都完美的融合。古蜀是仙源故乡，传说的古蜀三王蚕丛、柏灌、鱼凫皆得仙道。原始儒学兴于古蜀，古蜀人做了开源性的贡献，后来才有孔子对儒学的集大成。佛教传入古蜀后，南宗的顿悟和北宗的渐悟在蜀地是兼容的，独创了蜀中禅系。佛教向来有"言禅者不可不知蜀，言蜀者尤不可不知禅"的说法，就是指西蜀在禅宗发展史上的重要地位。所以成都的文化厚重包容，在文化版图上独具一格。

2. 对比西蜀文化，天府文化是传统的不断转型创新

李白写"蜀道之难，难于上青天"，蜀人却从来没有固守盆地，早在古蜀时代就有了陇蜀金牛道的开凿。到秦汉时，蜀栈道达于极盛阶段，"四塞之国，无所不通"，冲破盆地桎梏，建立四通八达的交通体系，这是古蜀的对外开放。

不过，我们要承认，厚重的传统文化是建立在农耕文明之上的，在今天，如何在工业文明、信息文明的时代，传承城市文化的个性和神韵，是我们这代人要思考的问题。天府文化实质是传统的天府之国文化概念的创造性转化和创新性发展。传统文化的传承到创新是一个漫长的过程。古蜀人经营蜀地有2000多年，到东汉才被称为天府之国，得到外界承认，接下来的2000多年，成都一直保持着天府之国的文明追求。现在，我们该如何保护这个"优越秀冠"的称号呢？保护的过程就是继续经营，并不断转型，不断创新。

现在的"天府文化"是历史根脉开出的现代文明之花，如同西蜀在唐代移植天台牡丹一样，"牡"是根上长苗，"丹"是红色，牡丹的本意就是在母根上开出红花，用它来

比喻"天府文化"的传承和革新很恰当。

例如，"乐观包容"和"友善公益"，看起来是现代社会的价值要求，其实在传统中能找到根源。在天府的儒、释、道融合的文化之中，人们对生活的"进""退"张弛有度，生活态度行云流水。在金沙遗址的太阳神鸟金饰中，我们也能看到古蜀人乐观向上、向往光明的生活态度和精神追求。友善公益的社会风气我们能从古诗中得到最直接的认知，如杜甫一生颠沛流离，创作的许多诗带有强烈的批判精神，但是客居成都的几年，他过得平和舒展了许多，邻里间有很好的互动，"花径不曾缘客扫，蓬门今始为君开"。放在现代社会，这是对每个处在特殊历史时期的市民提出的期盼，既敢于挑起历史担当，又生活乐观，涵养出上善若水的社会风气。"天府文化"不是停在历史的、不是留给政府的，是每个市民内化于心、外化于行的精神标杆。

3. 破解千城一面，保护历史印记，留住城市神韵

像成都，建城史长达 2000 多年，本身有着独具魅力的城市文脉，在现代化的建设进程中，更要突出城市文化特色，保护城市历史印记，用城市的文脉和内涵，把城市的神韵留住。例如，正在建的"杜甫千诗碑"，就让盛唐文脉延续到当今。又如成都在农耕时期的人居文化是林盘文化，"小桥流水、竹林茅屋"，这在世界上都是独一无二的。

再如，成都历史名人资源非常丰富。北宋著名药学家唐慎微就是成都人，他对发展药物学和收集民间单验方做出了非常大的贡献，可以说他编纂的《经史证类备急本草》是李时珍《本草纲目》的蓝本。

除了城市，周边城镇同样可以用特色文化建设来打造古镇旅游。古镇不是附会历史、编造历史，而是真正体现民俗文化和历史背景。成都周边的城镇跟北方的乡镇是不一样的，其呈现乡镇联排店居与林盘文化相结合的形态。这些古镇多将街市、场镇、商埠、水陆码头、庙宇祠堂、会馆书院聚集为一体，形成多元一体的城镇布局，人文内涵极其丰富。

参考文献

［1］严正道.唐五代入蜀诗与巴蜀文化研究［M］.北京：中国社会科学出版社，2016.

［2］林军，张瑞涵.巴蜀文化［M］.北京：时事出版社，2018.

［3］罗二虎，阮荣春.古代巴蜀文化探秘［M］.沈阳：辽宁美术出版社，2009.

［4］《巴蜀历代文化名人辞典》编委会.巴蜀历代文化名人辞典(古代卷)［M］.成都：
四川人民出版社，2018.

［5］管勇，黄琳.崇文尚武　敏思践行：天府学院特色文化育人实践［M］.北京：光
明日报出版社，2018.

［6］姚锡伦.成都老街记忆［M］.成都：成都时代出版社，2017.

［7］聂作平.成都滋味［M］.成都：成都时代出版社，2017.

［8］成都市地方志编纂委员会办公室.成都精览［M］.成都：巴蜀书社，2017.

［9］任乃强.华阳国志校补图注［M］.上海：上海古籍出版社，1987.

［10］袁珂.山海经校注［M］.上海：上海古籍出版社，1980.

［11］刘琳.华阳国志校注［M］.成都：巴蜀书社，1984.

［12］谭红.巴蜀移民史［M］.成都：巴蜀书社，2006.

［13］陈世松.大迁徙：湖广填四川历史解读［M］.成都：四川人民出版社，2005.

［14］孙晓芬.清代前期的移民填四川［M］.成都：四川大学出版社，1997.

［15］谭兴国.蜀中文章冠天下：巴蜀文学史稿［M］.成都：四川人民出版社，2001.

［16］王明珂.羌在汉藏之间：川西羌族的历史人类学研究［M］.北京：中华书局，
2008.